21세기 대공황의 시대

이 도서의 국립중앙도서관 출판예정도서목록(CIP)은 서지정보유통지원시스템 홈페이지(http://seoji.nl.
go.kr)와 국가자료공동목록시스템(http://www.nl.go.kr/kolisnet)에서 이용하실 수 있습니다.
(CIP제어번호: CIP2015018746)

21세기 대공황의 시대

다시 등장하는 파시즘과 제국주의 침략전쟁에 맞서기 위하여

박승호 지음

한울
아카데미

차례

21세기 대공황의 시대

들어가며

　이 책은 21세기 대공황의 배경, 원인, 경과, 전망에 관한 것이다. 애초에는 필자의 저서 『좌파 현대자본주의론의 비판적 재구성』(2판, 2015)에 부록으로 실을 계획으로 집필되었으나, 분량이 너무 많아 별도의 단행본으로 간행하게 되었다. 애초의 기획이 이렇게 변경되면서 이 책의 구성과 서술도 크게 변경되었고, 그래서 전반적으로 책의 얼개와 서술이 단행본으로서는 조금 엉성한 편이다. 또한 『좌파 현대자본주의론의 비판적 재구성』의 연장선상에서 집필된 것이기 때문에 엄밀한 이론적 검토보다는 21세기 대공황에 대한 현상 분석에 중점을 두었다. 즉, 21세기 대공황을 둘러싼 여러 이론적 쟁점에 대해 치밀하게 따져서 하나의 이론적 입장을 제출하기보다는 1980년대 이후 현대자본주의인 신자유주의적 자본주의의 맥락 속에서 21세기 대공황이라는 큰 숲을 그려내고 또 앞으로의 전망을 추론해보려고 노력했다. 또한 이 주제에 대해 그동안 필자가 경상대학교, 성공회대학교, 전태일노동대학에서 강의할 때 작성한 강의안을 토대로 해서 짧은 시간에 집필했다. 그래서 방대한 주제에 비해 많이 부족하다는 점을 미리 말해두고 싶다. 이 점 독자 여러분의 양해를 구한다.

21세기 대공황이라는 숲을 그려내면서 필자가 견지한 몇 가지 관점에 대해 미리 밝히고자 한다.

첫째, 21세기 대공황은 2008년 세계금융공황으로 폭발해서 7년이 지난 2015년 현재도 진행 중이라는 관점이다. 이러한 관점은 2008년 경제위기를 대공황이 아니라 단순한 금융공황으로 보는 관점이나 순환적 공황에 지나지 않는 것으로 보는 관점과 대립한다. 실제로 2008년의 경제위기는 극복되거나 지나간 것이 아니라 금융공황, 경제공황, 재정위기·국가부도위기, 지구적 불황 등으로 형태를 달리하거나 이전되어 2015년 현재까지 지속되어왔다. 또 그 범위가 선진국에서 신흥국으로 확산되어 전 지구적 위기로 발전했으며, 그 심각성 측면에서 보면 디플레이션이 전 세계에 현실화될 정도로 심화되어왔다.

둘째, 21세기 대공황이 2008년 세계금융공황으로 폭발했지만 신자유주의적 자본주의는 그보다 10여 년 전인 1997년 동아시아 경제위기 때부터 이미 과잉생산 위기 경향을 드러냈다고 보는 관점이다. 이 10여 년 동안 신용과 투기에 의한 IT거품과 주택거품에 의해 거품 성장과 붕괴가 이루어졌는데, 이것은 한편으로 공황의 발발을 지연시켰지만 다른 한편으로 2008년 경제위기를 대공황으로 만들었다. 그리고 1980년대에 등장한 신자유주의적 자본주의가 이처럼 1990년대 말부터 조기에 과잉생산 위기를 드러낸 것은 노동에 대한 유연화·세계화 공세를 본질적 특징으로 하는 신자유주의적 자본주의가 자본주의의 모순과 위기를 극단적으로 심화시키는 매우 불안정한 축적체제를 구성하고 있기 때문이다.

셋째, 21세기 대공황의 원인을 이윤율 저하 경향과 그 상쇄요인의 법칙, 생산과 소비의 모순이라는 자본주의의 고유한 모순이 복합적으로 작용한 것으로 보는 관점이다. 이러한 관점은 이번 대공황의 원인을 이윤율 저하 경향이나 또는 과소소비라는 단일요인으로 환원하는 관점들과 대립한다. 공황은 자본의 생산과정과 유통과정, 즉 자본의 순환과정에서 두 과정의 괴리와 모순에 의해 발생한다.

넷째, 21세기 대공황의 전개 과정에서 경제와 정치는 토대와 상부구조로서 유기적으로 통일되어 변화·발전해왔고, 앞으로도 그러할 것이라는 관점이다. 이러한 관점은 21세기 대공황을 단순한 경제 현상으로만 파악하는 경제주의적 분석이나 21세기 벽두의 '테러와의 전쟁'이나 미국·유럽 제국주의의 아프가니스탄·이라크 침략전쟁을 정치·군사적 패권 추구로만 파악하는 정치주의적 분석과 대립한다. '테러와의 전쟁'과 아프가니스탄·이라크 침략전쟁은 1990년대 말에 과잉생산 위기에 직면한 초국적 자본·제국주의 세력의 이 위기에 대한 하나의 대응전략으로서 중동 지역과 석유에 대한 패권을 추구한 것이었다.

다섯째, 21세기 대공황에 대한 경제적 대안을 찾지 못한 초국적 자본·제국주의 세력이 대내적으로 노동자와 민중의 저항이 확산되고 격화되자 파시즘 경향을 노골적으로 드러내고, 대외적으로는 제3세계에 대한 약탈전쟁에 적극적으로 나서는 등 경제외적 방식으로 21세기 대공황의 출구를 모색하고 있다고 보는 관점이다. 세계자본주의의 지배세력의 전략과 구도에 대한 이러한 관점은 소득주도 성장, 금융규제와 같은 케인스주의적 대안이나 사회민주주의적 대안을 현 시기 경제위기에 대한 대안으로 제시하는 관점과 대립한다. 이러한 대안들은 21세기 대공황이라는 심각하고 냉혹한 현실에 비추어보면 비현실적인 주관적 소망일 뿐이다.

여섯째, 21세기 대공황의 심화 속에서 미국·유럽·일본 제국주의와 중국, 러시아 등 신흥 강대국 간의 제국주의적 경쟁과 대립이 갈수록 첨예해지면서 군비경쟁이 격화되고 세계적 규모의 전쟁 위험을 배제할 수 없다고 전망하는 관점이다. 이러한 관점은 핵전쟁의 우려 때문에 국지전을 넘어서는 핵 강대국 간의 세계적 규모의 전쟁은 불가능하다고 보는 관점과 대립한다. 역사가 단순히 반복되지는 않는다고해도, 현재의 경제·정치 정세는 대공황·파시즘·전쟁이라는 면에서 80여 년 전의 상황과 너무나 유사하다. 1929년 대공황과 제2차 세계대전이 자본주의의 모순에서 비롯된 것이었고, 21세기 대공황 역시 같은 이유로 발생했다. 이러한 정세 인식은 우리에게 경각심을 불러일으키고 분발할 것을 촉구한다.

이와 같은 여섯 가지 관점에도 불구하고 이 작은 책에서 이러한 관점들에 대해 객관적인 근거를 충분히 제시하고 여러 연관들을 잘 포착해서 분석했는지에 대해서는 부족함을 많이 느낀다. 특히 21세기 대공황 정세하에서의 노동자와 민중의 저항과 투쟁을 제대로 분석하지 못했다. 초국적 자본·제국주의 세력의 전략과 구도를 파탄 내고 인류를 핵전쟁의 참화에서 구해내며 자본주의를 극복할 수 있는 희

망인 세계 노동자와 민중의 저항과 다양한 실험적 모색에 대한 구체적 파악과 분석이 그 어느 때보다 절실히 요구되는 정세임을 절감한다. 이는 필자를 포함한 모든 진보적 연구자, 활동가의 과제라고 생각한다. 더욱 분발할 것을 다짐할 수밖에 없다.

한편, 이 책의 부록으로 한국경제의 당면 과제에 대한 필자의 최근 토론문을 포함시켰다. 21세기 대공황의 분석과 직접 연관된 것은 아니지만 대공황 정세에서 한국경제의 당면 과제를 구체적으로 모색하는 데 도움이 될 것으로 생각한다. 짧은 토론문이지만 한국경제의 당면 과제로 재벌의 실질적 해체와 대기업의 사회화를 제시하고 있다.

끝으로, 필자의 부족함은 이 책의 초고를 읽고 여러 좋은 조언을 해준 분들에 의해 조금은 보완될 수 있었다. 독자의 관점에서 초고를 읽고 조언해준 경상대학교, 성공회대학교의 여러 대학원생들과 성공회대학교 학부생들에 의해 이 책의 문장이 다듬어지고 빠진 부분도 많이 추가될 수 있었다. 학생들에게 감사드린다. 또한 이 책의 초고를 꼼꼼히 읽고 보완할 지점을 조언해준 성공회대학교 이재현 선생과 한국외국어대학교 김의연 선생, 그리고 여러 통계수치를 도표로 만드는 데 많은 도움을 준 경성대학교 김명록 선생에게 특별히 감사드린다. 이분들의 요구만큼 보완하지는 못했지만, 이분들의 도움으로 그나마 어느 정도 책으로서의 구색을 갖출 수 있게 되었다. 물론 부족하고 잘못된 점은 모두 필자에게 그 책임이 있음은 두말할 필요가 없다.

이 부족한 작은 책이 21세기 대공황에 대해 과학적이고 총체적으

로 파악하고 대안을 모색하는 토론에 조금이나마 도움이 되기를 소
박하게 소망한다.

2015년 4월

박승호

1

신자유주의적 자본주의
지구적 자본주의

21세기 세계대공황에 대한 본격적인 분석에 들어가기에 앞서 이번 대공황이 발생한 현대자본주의의 성격과 특징에 관해 간단하게 살펴볼 필요가 있다. 우리가 살고 있는 현재의 세계자본주의체제의 모순과 위기는 대공황으로 폭발했을 것이기 때문이다. 1980년대 이후의 현대자본주의의 성격과 특징을 일반적으로 신자유주의나 세계화, 또는 신자유주의적 세계화로 요약하는데, 이를 신자유주의적 자본주의 또는 '지구적 자본주의Global Capitalism'로 부르고자 한다.

제1장에서는 현대자본주의인 신자유주의적 자본주의의 성격과 특징, 그리고 모순에 대해 알아볼 것이다. 신자유주의적 자본주의는 1970년대를 전후로 케인스주의적 자본주의의 위기 속에서 10여 년 이상 오랜 기간의 계급투쟁을 거쳐 1980년대 이후 등장했다. 물론 신

자유주의적 자본주의의 성격과 특징, 모순은 자본주의의 모순과 특징의 신자유주의적 형태 이외의 다른 것일 수 없다. 그러한 신자유주의적 형태가 역사적으로 어떻게 형성되고 자본축적 형태와 국가 형태에서 어떤 특징으로 나타나는가를 주로 살펴볼 것이다.

1. 케인스주의적 자본주의의 위기와 계급투쟁

제2차 세계대전 이후의 자본주의의 '황금시대 Gold Age'는 1974년 세계공황의 발발로 끝이 났고, 1980년대 초반 다시 이윤율을 일정하게 회복할 때까지 케인스주의적 자본주의는 자본축적의 위기와 계급관계의 위기를 겪게 된다. 위기의 주요 특징은 불황 속의 물가상승 현상인 스태그플레이션 stagflation 으로 나타났다. 그런데 선진국의 포드주의 축적체제[1]와 복지국가는 1960년대 후반부터 이미 위기가 나타나기 시작했고, 그 상징이 바로 1968년 유럽혁명으로 분출된 노동계급의 반란이었다. 그 후 계급투쟁이 광범하게 확산되었다. 그러한 가운데 1971년 세계경제를 떠받치던 브레턴우즈체제 Bretton Woods system 가 달러위기로 붕괴되었고, 1973년 석유위기를 계기로 1974~1975년 세계공황이 발발했으며, 스태그플레이션 현상이 심각하게 나타났다.

포드주의 축적체제와 복지국가의 위기

포드주의 축적체제의 위기는 생산성 정체 위기와 이윤율 저하로
나타났다.[2] 자본주의의 '황금시대'의 물질적 토대인 포드주의 생산방
식이 노동의 소외를 극단화시킴에 따라 1960년대 후반부터 노동자의
저항이 시작되었고, 그 결과 생산성이 정체하면서 고생산성-고임금-
고이윤의 선순환 체제에 위기를 초래했다. 포드주의 생산방식은 생
산성을 높이기 위해 노동의 단순화와 조립라인assembly line 속도를 그
극한까지 발전시켰다. 이러한 빠른 속도의 단순반복노동은 노동의
소외 현상을 극단적으로 심화시켰고, 이에 맞서 노동자들은 1960년
대 후반부터 저항하기 시작했다. 처음에는 무단결근이나 무단조퇴,
병가病暇, 태업, 직장이동 등 소극적 형태로 저항하다가 점차 부분적
인 비공인파업 등 적극적으로 저항하기 시작했다.

그런데 포드주의 조립라인 공정은 노동자의 저항에 매우 취약하
다. 노동자 일부의 소극적·부분적 저항도 생산라인 전체를 멈출 수
있기 때문이다. 그래서 이러한 노동자 저항의 확산은 생산성 증가를
둔화시켰다. 자본은 노동자의 불만과 저항을 높은 임금인상으로 무
마했고, 이윤율을 유지하기 위해 다시 생산성 증가를 위한 투자 확대
에 나섰다. 이러한 과정은 자본의 유기적 구성(불변자본/가변자본)을
더욱 고도화시켰다. 그런데 이로 인한 이윤율 저하를 상쇄할 수 있도
록 착취도를 높이는 것이 생산성-임금연동제와 노동조합의 저항으로
인해 어렵게 되자, 이윤율 저하 경향이 나타나기 시작했다. 실제로

선진국에서는 대체로 1965년을 정점으로 1960년대 후반부터 이윤율이 저하하는 추세로 전환되었다.

한편, 복지국가의 위기는 재정위기로 나타났다. '황금시대' 내내 복지국가가 확장되었다. 특히 1960년대 후반부터 노동계급의 투쟁에 의해 사회복지지출이 급격히 증가했다. 이 증가는 두 요인에서 비롯되었다. 하나는 백인남성 노동자를 중심으로 한 보장노동자층의 불만과 임금인상 요구를 억제하는 대신 사회보장제도를 확충해야 했던 점이다. 또 하나는 백인여성 노동자, 유색인종 노동자, 이주노동자 등 배제된 비非보장노동자층의 차별철폐 요구와 투쟁에 대응하는 과정에서 사회복지지출이 증가한 점이다. 복지국가의 이와 같은 확장은 재정위기를 가져왔다. 미국은 신식민주의 전략에 따라 1960년대 후반부터 베트남 전쟁에 전면 개입하면서 군비지출이 급격히 증가했는데, 이러한 요인까지 함께 작용하면서 복지국가의 확장이 재정위기를 격화시켰다.

미국은 재정위기에 대처하기 위해 달러를 찍어 재정을 조달했는데, 그 결과 달러가치가 하락했다. 또한 미국 자본의 해외투자, 경제원조와 군사원조 등으로 달러가 해외에 살포되면서 미국은 무역수지 흑자에도 불구하고 국제수지는 만성적으로 적자 상태였다. 이러한 국제수지의 만성적 적자로 인해 막대한 달러가 해외로 유출되어 달러가치는 하락했고, 국제사회에서 달러에 대한 금 교환 요구가 증가했다. 이에 따라 미국의 금 보유고는 급격히 감소했다. 1971년부터는 무역적자까지 발생했고, 결국 리처드 닉슨Richard Nixon 대통령은 달러위기를 막기 위해 1971년 8월 달러화의 금태환 정지를 선언했다. 그 후 달러는 급격히 평가절하되었고, 국제 환율제도는 1973년 고정환율제가 완전히 포기되어 변동환율제로 이행했다. 이로써 전후戰後 세계경제체제를 밑받침한 국제통화체제인 브레턴우즈체제는 붕괴했다. 그리고 달러증발에 따른 달러가치 하락과 달러의 과잉유통은 세계적인 인플레이션을 가져왔다.

석유위기와 세계공황, 그리고 스태그플레이션

포드주의 축적체제의 위기는 1973년 석유위기를 계기로 세계공황(1974~1975년)으로 발전했고, 전후 '황금시대'는 끝났다. 1973년 제1차 석유위기로 인해 원유가격이 배럴당 3달러에서 12달러로 4배 폭등한 것을 계기로 1974년 세계공황이 발생했다. 1974~1975년에 선진국 공업생산은 10% 감소하고, 1975년 상반기에 국제무역량이 13% 감소했다. 1929년 대공황 이래 최대 규모의 세계적 공황이었다. 또한 원유가격이 다시 2배 이상된 1979년 제2차 석유위기를 계기로 세계경제는 또 한 번 크게 위축되었고 1982년까지 불황이 지속되었다.

1970년대의 경제위기는 석유위기에 의해 촉발되어 증폭되었지만, 근본적으로 석유위기 때문에 발생한 것은 아니었다. 포드주의 축적체제의 위기가 석유위기를 계기로 공황과 불황으로 터져 나온 것이었다. 1960년대 후반부터 노동자의 저항과 생산성 정체로 인해 이윤율 저하 경향이 나타나기 시작했고, 1960년대 말부터 노동자투쟁이 폭발적으로 확산되면서 이윤율 저하 압력은 더욱 커졌다. 자본은 이에 대해 투자 확대로 대응했고, 선진국 정부는 신용팽창과 재정지출 확대로 대응했다. 그래서 인플레이션은 1960년대 중반 이래 꾸준히 상승했는데, 1970년대 초부터 가속화되었다. 이에 대해 노동계급은 임금인상투쟁으로 대응했고, 다시 독점자본은 이윤율을 유지하기 위해 임금인상을 제품가격 인상으로 전가해 인플레이션을 가속화시켰다. 이러한 인플레이션을 배경으로 1972~1973년 원자재 투기와 주식 투기에 따른 '거품호황'이 이루어졌고, 인플레이션은 더욱 가속화되었다. 이러한 위기 과정에서 1973년 석유위기로 원유가격이 폭등한 것을 계기로 1974년 세계적 공황이 발생했던 것이다(암스트롱 외, 1993: 254~337).

불황 속의 물가상승이라는 새로운 현상인 스태그플레이션은 1974년 세계공황 이후 불황과 인플레이션이 악화됨으로써 확연하게 나타나 1982년까지 지속되었다. 1970년대의 스태그플레이션은 포드주의 축적체제의 위기, 복지국가의 위기, 브레턴우즈체제의 붕괴, 그리고 노동계급의 저항 등이 복합적으로 작용해서 나타난 것이었다.

전후 30년간 장기 고도성장 과정에서 순환적 공황에 의해 과잉자본이 청산되지 않고 지속적인 자본축적이 이루어지면서 자본의 유기적 구성의 고도화가 누적되었다. 자본은 유기적 구성의 고도화에 따른 이윤율 저하 경향을 착취도를 높이는 것으로 상쇄해야 했는데, 노동자의 저항으로 인해 그렇게 하지 못하면서 이윤율 저하와 공황이 발생했고, 스태그플레이션이라는 새로운 현상이 나타났던 것이다.

계급투쟁과 노동계급의 패배

복지국가의 재정위기, 스태그플레이션, 노동자투쟁의 확산과 급진
화로 구조적 위기에 직면한 자본가계급은 특히 노동자 자주관리 등
노동계급의 급진적 요구에 체제위기를 느끼며 노동운동에 대대적인
반격을 가했다.[3] 자본가계급은 이윤율을 회복하기 위해 착취를 강화
하는 전략을 선택하고 제도와 정책을 반反노동적으로 개편했다. 그
래서 완전고용을 위한 케인스주의 정책을 포기하고 노동운동을 무력
화시켜 노동규율을 강화하려는 다양한 공세를 취했다. 이에 따라 격
렬한 계급투쟁이 1960년대 말부터 1980년대 초까지 장기간에 걸쳐
진행되었다. 이 시기 계급투쟁에서 착취 강화를 위한 자본의 주요 전
략은 다음과 같다.

첫째, 외주하청을 광범위하게 실시하는 '탈집중화' 전략을 통해 노
조의 힘을 무력화하는 것이다. 이는 일본의 '도요타주의'[4]를 그 모델
로 한다. 선진국 내에서도 노조가 약한 지역으로 공장입지를 옮기거
나 노동집약적인 단순조립라인을 제3세계로 이전했다. 이에 따라 '신
국제분업체제'와 신흥공업국들이 등장했다.

둘째, 브레턴우즈체제 붕괴 이후 자본이동의 자유화와 금융시장
등을 활용해 복지국가를 해체하는 것이다. 대표적인 예를 들면, 1976
년 미국 뉴욕 시의 재정위기 때 연방정부가 뉴욕 시 부채에 대해 더
이상 지불보증을 해주지 않고 금융자본에게 재정위기에 대한 통제를
넘김으로써 금융자본은 시장원리에 따라 뉴욕 시에 긴축예산과 사회

복지지출 삭감을 강제했다. 또 국제투기자본은 외환시장에서 프랑화를 공격함으로써 1983년 프랑스 프랑수아 미테랑François Mitterrand 사회당 정부의 케인스주의 정책을 후퇴시켰다.

이러한 자본의 전략에 맞선 노동계급의 대응전략을 보자. 자본의 공격에 대해 노동계급 대중은 노동시간 단축, 은행과 대기업의 국유화 등 급진적 대안으로 맞설 것을 당대회 등에서 결의했다. 그러나 노조운동 및 노동자정당 상층부는 그러한 급진적 요구들을 수용하지 못하고 케인스주의 정책 수준으로 후퇴시키는 등 수세적으로 대응했다. 예를 들면, 1973년 영국 노동당은 아래로부터의 급진적 요구에 밀려 급진적인 '대안경제전략'을 수립했다. 이는 영국의 100대 기업 중 25개 기업을 국유화하고, 75개 기업에 대해 계획협정을 맺어 경제정책 전반에 걸쳐 국가의 계획적 통제를 수행한다는 것을 골자로 했다. 그런데 1974년 총선의 실제 노동당 선거강령에서는 노동당 지도부에 의해 이러한 급진적 내용이 대부분 사라졌다. 이는 복지국가하에서 제도화된 노동운동(노조, 노동자정당)이 국가기구로 포섭된 데 따른 결과였다.

그 결과는 노동계급의 역사적 패배로 나타났다. 1960년대 말부터 시작한 10여 년에 걸친 계급투쟁에서 노동운동의 수세적 대응은 1970년대 말부터 선진국들의 주요 투쟁에서 노동계급의 패배를 가져왔다. 대표적으로 당시 세계 최대 노조인 독일 금속노조는 총파업(1978~1979년)에서 패배해 20만 명의 노동자들이 해고되었고, 이탈리아 피아트자동차노조는 총파업(1980년)에서 패배해 2만 명이 해고되었다. 또한 미국 항공관제사노조의 파업(1981년)은 로널드 레이건 Ronald Reagan 대통령에 의해 1만 2000여 명의 조합원 전원이 영구 해고 되었고, 영국 광부노조의 총파업(1984~1985년)은 마거릿 대처 Margaret Thatcher 수상의 무단 탄압으로 분쇄되면서 12만여 명이 해고되었다. 이처럼 노동계급이 패배한 결과, 1980년대 초부터 자본가계급은 신자 유주의 구조조정을 본격적으로 실시해 제도와 정책 등 경제체제를 케 인스주의 형태에서 신자유주의 형태로 개편했다.

2. 신자유주의 구조조정

자본의 신자유주의 구조조정 공세는 착취 강화를 통해 이윤율을 높이려는 것으로, 말하자면 자본의 '위로부터의 계급투쟁'이었다.[5] 그 런데 자본은 이를 은폐하기 위해 '황금시대'에 노동조합과 노동자정 당으로 조직된 노동계급의 힘에 의해 강제되었던 자본의 이윤활동에 대한 사회적 통제를 '경직성'이라고 공격하는 한편, 자본의 구조조정 을 '유연화'로 미화美化했다. 이 공세는 두 방향에서 이루어졌다. 하나 는 조직된 노동계급의 힘, 그중에서도 노동조합을 무력화하기 위한 생산의 유연화·세계화 공세이고, 또 하나는 제도화된 자본의 이윤활 동에 대한 사회적 규제를 폐지하기 위해 탈규제·사유화·개방화 등의 추진을 통한 복지국가 해체 공세이다.

이러한 공세가 매우 의식적으로 추진된 '위로부터의 계급투쟁'이었음은 신자유주의의 기수인 영국 수상 대처의 수석 경제자문 앨런 버드Alan Budd의 발언에서 적나라하게 드러난다.

실업 상승은 노동계급의 힘을 약화시킬 수 있는 매우 바람직한 하나의 방법이다. 대처 내각 당시 우리가 만들어낸 기획이, 마르크스주의자들이 말하는 바로 그 공황이었다. 그 공황을 통해 산업예비군이 재창출되고, 이로 인해 자본가들이 더 많은 이윤을 남길 수 있었다 [*observer*, June 21, 1992. 맥널리(2011: 192)에서 재인용].

생산의 유연화·세계화 공세는 다방면에서 이루어졌다. 우선 정보기술IT혁명을 활용해 생산과정에 컴퓨터를 도입해서 자동화와 노동조직의 재편성을 추진했다. 1980년대 '합리화', '감량경영' 등의 이름으로 수행된 자동화를 통해 정리해고를 상시화하고 외주하청·비정규직화 등을 통해 노동과정과 고용을 탈집중화시켰다. 이것으로 노동운동을 무력화함으로써 노동계급에게 엄격한 노동규율을 강요하고 착취를 강화했다. 생산의 유연화 공세는 저숙련을 필요로 하는 단순 조립공정이나 노동집약적인 공정을 제3세계[6] 또는 개발도상국(개도국)으로 이전하는 것도 포함하므로 생산의 세계화 공세이기도 하다. 따라서 생산의 유연화·세계화 공세는 세계 노동계급을 서로 경쟁시켜 노동조건의 하향평준화를 추구했다. 이 생산의 유연화·세계화 공세에 따라 출현한 기업이 초국적기업이다. 또한 이 공세는 노동계급에 대해 성·인종·연령 등을 매개로 차별화함으로써 초과착취와 노동계급의 양극화·파편화를 추구했다. 불안정 고용과 저임금 형태의 이러한 차별화의 주요 대상은 여성, 소수인종, 청년 노동자 들이었다. 그 결과, 각국 내부에서 그리고 세계적 차원에서 사회 양극화가 심화되었다.

한편, 복지국가 해체 공세는 탈규제·사유화·개방화 공세를 통해 이루어졌다. 탈규제(자유화)는 자본의 이윤 추구를 통제해왔던 모든 사회적 규제를 폐지하는 것이었다. 산재 예방, 공해 방지, 직업병 예방 등을 위한 사회적 규제 완화 및 폐지, 투기적 금융자본에 대한 통제 폐지(예를 들면, 자본이동 통제 폐지, 이자 상한제 폐지) 등이 그것이다. 사유화(민영화)는 복지국가 해체를 통해 사회적 임금의 삭감을 추구했다. 복지국가하에서 사회보장제도를 통해 제공된 교육·보건의료·주거·실업급여 등 공공서비스 지출을 삭감함과 동시에 이러한 공공서비스를 자본의 상품으로 전환함으로써 복지국가를 통해 지급된 사회적 임금을 삭감했다. 이러한 실질적 임금 삭감을 통해 노동규율을 강화하려는 것이다. 개방화(세계화)는 제3세계 경제를 선진국 경제에 통합시킴으로써 제3세계 나라들을 착취하고 수탈하려는 것이다. 즉, 자본, 기술, 생산성 등 모든 수준에서 상대적·절대적 열위에 있는 제3세계 경제를 선진국 경제에 통합시키기 위해 상품, 서비스, 자본시장을 강제 개방시키는 것이다. 국제통화기금IMF, 세계무역기구WTO 등의 국제기구가 이러한 공세의 앞잡이 노릇을 했다. 그 결과 출현한 것이 '지구적 자본주의'이다.[7]

따라서 신자유주의와 세계화는 내용적으로 분리될 수 없을 정도로 여러 차원에서 밀접하게 연관되어 있다. 한국 또한 1997년 IMF사태를 통해 이를 경험한 바 있다. 자본가 계급은 유연화·세계화 공세와 복지국가 해체 공세를 통해 노동계급에 대한 착취를 획기적으로 높임으로써 1980년대 초반부터 이윤율을 일정하게 회복했다.[8] 미국에서는 1983년부터 이윤율이 회복되기 시작했고, 1997년에 이르러 이윤율은 1982년에 비해 2배로 증가했다.

1989~1991년 소련 및 동구권의 붕괴를 계기로 자본의 신자유주의 세계화 공세는 가속화되어 1990년대 전반에는 자본의 일방적인 '신자유주의 세계화'가 전면화되었다.

3. 세계화와 '지구적 자본주의'

1970년대 중반부터 제국주의 독점자본의 유연화·세계화 공세에 따른 제3세계로의 생산기지 이전, 즉 생산의 세계화는 제3세계에 신흥공업국New Industrial Countries: NICs을 출현시켰고, 신국제분업체제가 등장했다. 신흥공업국은 초기에 아시아의 네 마리 용(한국, 타이완, 싱가포르, 홍콩)에서 시작해 브릭스BRICS 나라들(중국, 러시아, 브라질, 인도, 남아공), 자본주의로 체제를 전환한 동유럽 나라들, 타이, 말레이시아, 베트남 등 동남아시아 나라들로 확대되었고, 이 나라들에서 급속한 산업화가 이루어졌다.

특히 저임금 노동과 거대한 시장을 노린 초국적 자본의 중국에 대한 해외직접투자의 거대한 증가는 중국을 '세계의 공장'으로 만들었다. 중국은 1978년 개혁·개방정책으로 전환한 이후 세계 최대의 해외직접투자 유치국이 되면서 세계 제조업에서 차지하는 비율이 2%에서 18%(2005년 기준)로 급격히 증가하는 고도성장을 달성해 '세계의 공장'으로 도약했다. 예컨대, 미국의 초국적기업 애플Apple Inc.의 타이완 하청업체 팍스콘Foxconn은 중국에서 노동자 120만 명을 고용한다. 마침내 2010년 중국은 국내총생산GDP에서 일본을 제치고 미국에 이어 세계 2위로 올라섰다.

이 시기에 중국, 인도 등 제3세계 나라들에서 현대판 '원시 축적primitive accumulation'이라 할 수 있는 토지 사유화에 의해 농민이 대규모로 토지를 상실하고 프롤레타리아로 전락함으로써 거대하고 값싼 산업예비군이 창출되었다. 1980년에서 2005년 사이 25년 동안 세계시장에 진출할 수 있는 노동자 수가 4배나 증가했다. 그 대부분은 1990년대 이후에 증가했고, 절반 이상이 동아시아 지역에서 증가했다. 동아시아 노동계급은 1억 명에서 9억 명으로 9배 증가했다. 전 세계 노동력 30억 명 가운데 15억 명을 동아시아와 남아시아가 차지한다. 이 가운데 중국 노동계급은 7억 5000만 명으로 추정된다(맥낼리, 2011: 90~91).

신국제분업체제에 따라 신흥국들이 세계 GDP에서 차지하는 비율은 1997년에는 20.7%, 2013년에는 40%로 급격히 증대했다. 세계자본주의가 더 이상 선진국에 의해서만 좌우되지 않는, 말 그대로 '지구적 자본주의'로 발전한 것이다.

한편, 제국주의와 초국적 자본은 외채를 통해 제3세계를 수탈했다. 석유위기로 막대한 달러를 벌어들인 석유수출국기구OPEC 나라들의 석유달러, 그리고 투자기회가 부족한 초국적 자본 등이 금융자본으로 축적되었고, 이는 제3세계 나라들에 대부자금으로 유입되었다. 1982년 미국의 9대 은행들은 자신의 총자본금의 2배 규모의 돈을 중남미 등 제3세계 나라들에 대출했다. 1982년 중남미 나라들을 시작으로, 대출받은 제3세계 나라들에서 외채위기가 반복적으로 발생했다. 개도국들은 고금리로 인해 채무를 상환해도 총부채액이 갈수록 증가했다. 1980~2002년 개도국들은 4조 6000억 달러의 채무를 상환했는데, 이는 초기 부채액(1980년 5800억 달러)의 8배에 달한다. 이러한 상환에도 불구하고 이자 때문에 개도국의 부채는 다시 2조 4000억 달러(초기 부채액의 4배)에 육박했다(맥널리, 2011: 210~211).

외채 원리금 상환이 어려워 외채위기에 내몰린 개도국들은 외채를 상환하기 위해 국제통화기금IMF과 세계은행IBRD으로부터 계속 대출을 받아야 했고, 그 대가로 신자유주의 구조조정을 강요받았다. 제3세계 나라들에 대한 이러한 외채를 통한 수탈은 부국과 빈국 간의 격차를 더욱 확대시켰고 제3세계 노동자와 민중의 삶을 황폐화시켰다.

제3세계 나라들은 1980년대 초반부터 자주 발생한 외채위기를 계기로 '지구적 자본주의'에 전면적으로 통합되었고, 이후 초국적 자본세력에 의한 신자유주의 구조조정 공세가 반복되었다. 1980~1990년대 동안 100여 개국이 IMF에 의해 강요된 구조조정 프로그램을 경험했다. 이 프로그램은 1989년 '워싱턴 컨센서스Washington Consensus'

로 정리되었는데, 이는 남미경제를 신자유주의적으로 구조조정을 하기 위한 정책보고서였다.[9] 외국 자본을 유치하기 위해 사유화, 탈규제, 개방화의 신자유주의 정책 외에 노동계급을 수탈하기 위한 긴축재정, 정부보조금 철폐, 환율 평가절하, 재산권 보장 등을 요구한 것이었다.

그 결과는 참혹했다. 라틴아메리카는 경제성장률이 급격히 하락했고(1인당 연평균 소득성장률이 1960~1979년 4%에서 1980~2005년 0.7%로 하락), 사하라 이남 아프리카는 장기적인 위축 상태에 빠졌다(1980~2005년에 -0.75%). 아프리카 대륙의 1인당 보건의료비 지출이 절반으로 줄었고, 주민들의 수명이 대폭 단축되었다[남부 아프리카 7개국의 평균수명이 40세 이하로 단축되었다(맥널리, 2011: 209~215)]. 그 결과, 제3세계에 강요된 신자유주의 구조조정 정책은 이들 나라에서 반정부 폭동 형태의 사회적 저항을 야기했다.

이처럼 신자유주의 세계화는 제3세계 나라들의 입장에서는 이를 매개로 초과착취와 수탈이 심화되었다는 의미에서 실질적으로 경제적 재식민지화였다.[10]

사회 양극화와 저성장

신자유주의 시대 경제의 특징은 사회 양극화와 저성장, 그로 인한 경제의 금융화와 부채경제화, 그리고 제한된 세계시장을 둘러싼 경쟁의 격화 등으로 나타났다.[11]

먼저 사회 양극화와 저성장의 연관을 살펴보자. 신자유주의 구조조정 공세는 착취 강화에 따른 노동계급의 빈곤화, 즉 사회 양극화를 가져왔다. 선진국에서 10%대의 높은 실업률이 구조화되고, 선진국 노동계급의 실질임금은 1980년대 이래 정체하거나 감소했다.

선진국에서의 구조조정이 대규모 공장 폐쇄와 섬유, 전자, 가구, 제조, 철강 등 제조업 생산기지를 제3세계 나라들로 이전하는 결과로 나타남에 따라 선진국에서 높은 실업률이 구조적으로 조성되었다(구조적 실업). 자본의 노동에 대한 유연화·세계화 공세는 '상시常時 구조조정'으로 표현되었다. 그리고 이 '상시 구조조정'은 주식시장에서 적대적 인수합병M&A을 통해 개별 자본에게 외적으로 강제되었다. 만약 스스로 구조조정을 하지 않으면 외부에서 적대적 인수합병 후에 구조조정을 실시해서 막대한 단기수익을 올릴 수 있기 때문에 적대적 인수합병의 표적이 되는 것이다. 이것이 신자유주의의 특징인 '단기수익성주의' 또는 '주주자본주의'이다. 이는 노동에 대한 유연화 공세, 즉 구조조정의 시장적 표현이자 반영이다.

미국에서 구조조정은 대기업들에 의해 주도되었다. 1980년대 중반 호경기 속에서도 수백 개의 주요 공장들이 폐쇄되었다. 1983년부터 1987년까지 460만 명의 노동자들이 해고되었다. 특히 보수가 높고 안정적인 생산직 일자리의 감소는 제조업 노동조합 조직률의 감소로 나타났다(1970년 47.7% → 1983년 27.8% → 1994년 18.2% → 2009년 7% 대). 영국은 1980~1984년 사이 제조업의 25%를 상실했고, 유럽 주요 6개국의 제조업 종사자 수는 1973년부터 1980년대 후반까지 700만 명(총고용의 25%) 감소했다(홉스봄, 1997: 422). 일본에서는 1992~2001년 중국으로의 아웃소싱(외주하청)으로 인해 250만 개의 제조업 일자리가 사라졌다.

만성적인 대량실업(즉, 구조적 실업)과 불안정 고용의 증가는 실질임금의 정체와 하락, 노동시간의 연장과 노동강도의 강화 등을 초래해 선진국 노동계급의 빈곤화를 가져왔다. 미국 노동계급의 실질임금은 1978~1993년 사이에 15% 감소했다. 1990년대 미국의 노동생산성은 노동자 임금보다 20배나 더 빨리 증가했다. 이처럼 생산성 증가의 성과가 자본에 귀속되면서 1979년 이후 1990년대 말까지 미국의 착취도(잉여가치율)는 40%나 증가했다(맥널리, 2011: 80~88).

이처럼 선진국 내부에서는 사회 양극화가 진행됨과 동시에, 외부적으로는 제3세계 나라들과 선진국 간의 격차가 더욱 크게 벌어졌다. 초국적 자본·제국주의 세력이 제3세계 나라들에 대해 외채를 통해 수탈하고 또 외채위기를 통해 신자유주의 구조조정을 강요함으로써 수탈을 더욱 강화했기 때문이다.

한편, 자본의 유연화·세계화 공세는 노동계급을 세계적 차원에서 서로 경쟁시킴으로써 세계 노동계급의 하향평준화를 가져왔고, 이에 따라 세계적 차원의 노동계급 빈곤화를 가져왔다. 이러한 세계적 차원의 사회 양극화는 세계적 차원에서 수요 증가를 둔화시키고 구조적인 저성장을 가져왔다. 결국 경제성장률은 '황금시대'의 절반으로 반토막 났다. 세계의 실질 GDP 성장률은 1960년대 5.4%에서 1970년대 4.1%, 1980년대 3%, 1990년대 2.3%로 저하되었다.

이러한 사회 양극화와 저성장은 경제의 금융화로 귀결되었다. 구조적인 저성장으로 생산적 투자기회가 감소한 자본은 누적된 이윤을 외환, 채권, 주식 등 금융시장에 투자했다(금융적 축적). 예를 들면, 미국의 비금융기업의 실물자산 가치 대비 금융자산의 비율은 1984년 40%에서 2001년 100%로 2.5배나 증가했다. 그 결과, 자본가계급의 총이윤 가운데 초국적 자본에 의한 금융이득의 비율이 크게 증가했다. 미국경제에서 총이윤 대비 금융이득의 비율은 1973년 16%에서 2007년 41%로 급증했다.

경제의 금융화는 실물부문의 저성장과 금융부문의 급속한 팽창으로 나타났다. 1980~2007년 사이에 세계 명목 GDP는 10조 달러에서 55조 달러로 5.5배 증가한 반면, 세계 금융자산은 5조 달러에서 196조 달러로 39.2배 증가했다. 경제의 금융화는 필연적으로 경제의 투기화를 가져왔고, 주식거품, 주택거품 등 거품성장과 붕괴로 귀결되었다.

사회 양극화와 경제의 금융화의 동시적 진행은 필연적으로 가계와 기업의 부채 증가를 가져왔다. 그 이유는 첫째, 사회 양극화로 인한 노동계급의 저항을 무마하고 수요를 유지하기 위해 신용팽창이 불가피했다. 반反인플레이션을 위한 엄격한 통화관리라는 '통화주의' 이데올로기에도 불구하고 1980년대 초반부터 케인스주의적 신용팽창 정책이 재도입되었다. 1979년 미국 중앙은행인 연방준비제도이사회 Fed는 불황임에도 불구하고 반인플레이션을 명분으로 고금리정책으로 급격히 전환했다. 즉, 이자율을 1979년 8월 1일 10.94%에서 1980

년 4월 1일 17.61%, 그리고 1981년 19.10%로 급격히 인상함으로써 유례없는 고금리정책을 실시했다. 영국도 고금리정책으로 전환했다. 미국은 금리를 인하해 1983년 9%의 금리로 돌아왔는데, 이는 기업의 대량 파산과 실업 증가 등의 사회적 소요가 우려되고, 고금리로 인한 제3세계의 외채위기로 세계경제가 위협받았기 때문이다. 그 이후 사회 양극화와 저성장으로 인한 가계와 기업의 적자를 신용팽창, 즉 부채를 통해 보존하려는 정책이 계속되었다.

둘째, 1990년대에 경제의 투기화가 급속히 진전되자 주식투기, 주택투기를 위한 가계와 기업의 부채가 크게 늘어나면서 가계와 기업의 부채경제화가 경제의 주요 특징이 되었다. 주식투기에 의해 세계 주식자산은 1990~2000년 사이에 9조 달러에서 32조 달러로 3.5배 증가했다. 세계 민간부채 규모는 1990~2007년 사이에 10조 달러에서 51조 달러로 5배 이상 증가했다. 특히 금융부문에서 투기를 위한 부채가 급증했다. 미국의 경우 1980~2007년에 소비자의 은행 부채가 GDP 대비 2배 증가한 반면, 금융부문 부채는 25%에서 121%로 무려 5배 증가했다. 은행들은 다른 은행들, 그리고 헤지펀드 같은 그림자은행들로부터 천문학적인 액수의 돈을 대부받아 투기적 대출이나 파생금융상품에 대한 투기에 사용했다(맥낼리, 2011: 141~142).

다른 한편, 저성장은 초국적 자본 간 세계적 경쟁과 과잉설비·과잉생산을 구조화했다. 각국은 사회 양극화에 따른 국내수요의 감소를 해외수요의 증대로 벌충하기 위해 수출증대에 나섰고, 그로 인해 국민국가 간 경쟁이 한층 더 격화되었다. 세계 최대의 내수시장을 가진 미국조차 경기회복을 위해 수출증대 전략으로 전환했다. 제한된 세계시장을 둘러싼 초국적 자본 간의 치열한 경쟁은 자동차, 조선, 철강, 전자 등 주요 산업에서 과잉설비·과잉생산을 만성화했다. 즉, 세계적 범위에서 과잉자본을 구조화한 것이다. 예컨대, 파산한 삼성자동차, 대우자동차가 시장원리에 따라 청산되지 않고 초국적 자본의 세계적 경쟁의 필요에 따라 권역 거점 격인 르노삼성, GM대우로 존속됨으로써 자동차산업에서의 세계적 과잉설비 문제가 전혀 해소되지 않은 것이다.

요컨대, 신자유주의 시대 자본축적은 착취를 강화함으로써 이윤율은 일정하게 회복했으나, 자본주의의 고유한 모순인 생산과 소비의 모순, 그리고 그로 인한 과잉자본·과잉생산 문제를 구조적으로 심화시켰다.

노동연계 복지국가

신자유주의 시대의 국가 형태는 케인스주의 시대의 '복지국가 welfare state'에서 '노동연계 복지국가workfare state'[12]로 변화되었다. 케인스주의적 자본주의의 특징인 국가 개입이 폐지된 것이 아니라 국가 개입의 내용과 성격 그리고 수단이 변화되었다. 복지국가에 대한 공격을 통해 제도와 정책을 변화시켜 노동규율을 강화하려는 시도가 '복지국가'를 '노동연계 복지국가' 또는 '규율국가'로 탈바꿈시킨 것이다.

요컨대, 국가 개입의 내용과 수단은 1979년 미 연방준비제도이사회의 고금리정책으로의 전환이 상징하는 완전고용정책의 폐기와 통화주의·재정 긴축정책의 채택, 공공서비스의 사유화 정책, 노동계급을 공격하는 정책과 제도의 도입, 자본과 부유층을 위한 조세감면, 기술개발에 대한 직접적 국고지원 등 자본에 대한 국가의 일방적 지원 정책 등으로 바뀌었다.

신자유주의적 국가 형태의 특징은 노동계급이 국가권력에 대해 정치적 영향력을 행사하는 것을 차단하기 위해 국가를 탈脫정치화하고 시장화하는 것이다. 대표적 예가 중앙은행을 정부로부터 독립시킨 것이다. 케인스주의하에서는 경기불황 시에 경기부양의 필요에 따라 정부의 '재량'에 의해 금리, 통화량 등을 결정했는데, 이제는 중앙은행을 정부로부터 독립시킴으로써 그러한 정부의 '재량'에 의한 통화정책을 허용하지 않은 것이다. 즉, 통화정책의 목표가 인플레이션을 억제하는 것으로 설정되고, 이를 위해 엄격한 '규칙'에 따라 통화정책이 실시되었다. 이는 정부에 대한 노동계급의 정치적 압력을 차단하고, 노동계급에게 노동규율을 강제하기 위한 것이었다.

그 대신 국가운영에 정치논리가 아니라 시장원리를 부과함으로써 국가를 시장화했다(시장국가). 대표적 사례가 앞서 논의되었던 1976년 뉴욕 시 재정위기를 해결하기 위해 시장원리를 적용해 긴축예산과 사회복지지출의 삭감을 강제했던 방식이다.

2

'지구적 자본주의'의 위기

21세기 세계대공황은 2008년의 세계금융공황으로 갑작스럽게 발발한 것이 아니다. 위기의 조짐은 이미 10여 년 전부터 나타나기 시작했다.

1980년대 초에 수립된 신자유주의적 자본주의, 즉 '지구적 자본주의'는 안정적인 축적체제를 구축하지 못했다. 왜냐하면 신자유주의적 자본주의하에서 자본주의의 고유한 모순인 노동계급의 빈곤화, 과잉생산 경향 등이 더욱 극단화된 형태로 나타났기 때문이다. 예컨대, 유연화 공세에 따른 노동계급 빈곤화의 극단화, 만성적 수요 부족에 의한 과잉생산 경향의 구조화, 그리고 그 필연적 귀결인 금융적 축적과 거품성장 및 붕괴 등이 그러하다. 그리하여 일찍이 1990년대 말부터 과잉생산 위기가 나타나기 시작했다. 그 후 10년 동안 IT거품성장과 붕괴, 주택거품성장과 붕괴를 거쳐 2008년 세계금융공황에 이르게 되었다. 또한 초국적 자본·제국주의 세력은 경제위기에 대한 돌파구로 제3세계에 대한 침략전쟁도 시도했다. 미 제국주의는 '테러와의 전쟁'을 명분으로 내세워 아프가니스탄·이라크 침략전쟁을 주도했다.

제2장에서는 2008년 세계대공황이 발발하기 전까지 이러한 '지구적 자본주의'의 모순과 위기, 그리고 이에 대한 초국적 자본·제국주의 세력의 대응과 그 귀결을 구체적으로 살펴볼 것이다.

1. '지구적 자본주의'의 위기

1980년대 이후 초국적 자본·제국주의 세력의 신자유주의 세계화 공세를 통한 자본축적은 착취와 수탈의 강화로 인해 세계적 차원에서 노동계급의 빈곤화, 즉 사회의 양극화를 가져왔다. 그리고 이는 자본주의의 고유한 모순인 생산과 소비의 모순(과잉축적·과잉생산)을 격화시켜 수요부족으로 인한 만성적 저성장과 과잉설비·과잉생산 경향을 악화시켰다. 또한 만성적 저성장으로 인한 경제의 금융화는 필연적으로 경제의 투기화, 가계와 기업의 부채경제화를 가져와 거품 성장과 붕괴 등 경제를 불안정화시키고 세계 노동자와 민중의 삶을 황폐화시켰다. 지구적 자본주의는 1990년대 말부터 과잉생산 위기를 드러내기 시작했다. 과잉생산 위기는 1997년 동아시아 경제위기 때부터 나타나기 시작했고, 2000년 미국경제의 IT거품붕괴에 의해 본격적으로 드러났다. 지구적 자본주의의 이러한 모순은 세계적 차원에서 계급투쟁을 확산시켰다.

'지구적 자본주의'의 모순

세계적 차원에서 사회 양극화가 심화된 양상을 살펴보자. 세계 인구 상위 20%와 하위 20%의 평균소득 간 격차는 1960년 30배, 1990년 60배, 1997년 74배로 점점 더 확대되었다. 세계 인구 70억 명 가운데 20억 명이 하루 2달러 정도로 생계를 유지했다. 반면에, 2011년 백만 달러 이상의 부자 2970만 명(70억 인구의 0.4%)이 세계 부의 38.5%를 소유했다. 이 비율은 2010년에는 35.6%였는데, 1년 사이에 2.8%가 증가했다.

선진국에서도 양극화는 심화되었다. 대표적으로 미국의 소득 양극화(소득격차 확대) 실태를 보면, 경영자층과 노동자의 급여 대비는 1970년 25:1에서 2004년 90:1(스톡옵션 등을 포함할 경우 500:1)로 크게 확대되었다. 1980년부터 2006년까지 상위 1%의 세후 소득은 3배로 증가한 반면, 하위 90%의 세후 소득은 20% 감소했다. 상위 1%가 금융자산 전체의 70%를 차지했고, 상위 1%의 기업재산 소유는 1991년 38.7%에서 2003년 57.5%로 증가했다(맥널리, 2011: 80~82 참조).[1]

제3세계 나라들의 사회 양극화는 더욱 심각하다. 특히 중국으로 대표되는 신흥국에서 빈부격차 확대가 심화되었다. 중국의 경우,

1990~2005년 사이에 노동계급의 총소득은 GDP의 50%에서 37%로 감소했다. 중국 인구의 0.4%를 차지하는 백만장자 25만 가구가 중국 전체 부의 70%를 장악한 반면, 1억 명의 중국인들은 하루 1달러 정도의 생활비로 생계를 유지한다. 중국 인구의 겨우 4%만이 공공의료 서비스를 받고 있다.

최초의 신자유주의 실험장이었던 칠레에서는 국민소득 중 노동자 소득이 차지하는 몫이 1970년 47%에서 1989년 19%로 급락했다. 1994년 미국·캐나다와 북미자유무역협정NAFTA을 맺은 멕시코의 경우, 고임금 노동자 임금은 18% 감소하고 최저임금은 34% 급락했다. NAFTA 체결 15년 후인 2009년 멕시코 인구의 80%가 빈곤 상태에 빠졌고, 상위 0.3%가 멕시코 전체 부의 50%를 차지했다. 또한 제3세계 노동자들이 빈곤을 벗어나기 위해 선진국에 들어와 무권리의 프롤레타리아 하위계급을 형성하고 있는 선진국의 경우, 미등록(불법) 이주노동자는 미국 1400만 명, 이탈리아 400만 명 등에 달한다.

한편, 사회 양극화, 즉 노동계급의 빈곤화로 인한 만성적 저성장은 경제의 투기화를 가져와 이른바 '카지노 자본주의' 시대를 열었다. 과잉자본의 금융적 투기화는 외환시장, 채권시장, 주식시장 등 각종 자본시장에서 투기를 활성화시켜 경제의 투기화를 가져왔다.

금융적 투기화는 무엇보다 먼저 투기 목적의 외환거래가 급증하는 것으로 나타났다. 1973년 하루 평균 기준, 세계 외환시장에서 거래된 통화가치는 상품무역 거래액의 2배였는데 1995년에는 70배로 폭등했다. 1990년대 말에 이르러 세계 외환거래는 세계 GDP의 10배 이상이 되었다. 외환 관련 파생금융상품을 거래하는 장외시장 규모도 1992년 1조 2000억 달러에서 2007년 4조 2000억 달러로 커졌다.

다음으로 1990년대 중반 이후 IT산업으로의 주식투기, 이른바 '묻지마 닷컴'이 극성을 부렸다. 2000년 미국 주식시장의 주가수익비율 PER은 44였다(일반적으로 선진국의 PER은 12 내외이다). 나중에 세계금융공황을 불러일으키게 되는 이 파생상품시장은 엄청난 규모로 커졌다. 2006년 세계 주식시장에서 40조 달러가 거래되고 채권시장에서 65조 달러가 거래된 데 비해, 파생상품시장에서 450조 달러 이상이 거래되었다.

2000년 IT거품붕괴 후 저금리 기조하에서 미국뿐 아니라 유럽의 주요 나라들 모두가 부동산거품을 조성해 경기침체를 저지했다. 이에 따라 주택투기가 선진국뿐 아니라 신흥국에서도 일반화되었다. 21세기 초 부동산거품은 선진국 대부분과 중국 등 주요 신흥국들에서 광범하게 조성되었다.

원유 등 원자재투기도 활발했다. 원유투자부문에서 세계 1위를 차지하고 있는 골드만삭스 같은 투자은행들은 석유 선물거래를 통해 석유가격의 급격한 상승을 야기해 투기이득을 올렸다.

이와 같은 경제의 투기화는 반복적인 거품성장과 붕괴를 초래했다. 특히 초국적 금융자본의 제3세계에 대한 투기적 대출이나 주식과 채권에 대한 투기에 의해 제3세계 나라들에서 거품성장과 붕괴가 자주 나타났다. 그리고 1990년대 말부터는 선진국에서도 똑같이 거품성장과 붕괴가 나타났다. 그 결과, 세계 노동자와 민중, 특히 제3세계 노동자와 민중의 삶은 날이 갈수록 불안정해지고 황폐화되었으며, 또 파괴되었다.

다른 한편, 가계와 기업의 부채경제화가 심화되었다. 가계의 부채 증가는 신자유주의체제하에서 이루어진 착취 강화에 따른 필연적 현상이자, 부분적으로는 정책적으로 유도된 투기의 결과이다. 미국의 가계부채 규모는 가처분소득 대비 1970년대 말 90%, 1980년대 후반 110%, 2002년 130%로 급증했다. 1980~2007년 가계부채는 GDP 대비 2배로 증가했다. 기업에서는 특히 금융회사들의 부채가 투기로 인해 급증했다. 1980~2007년 미국 금융부문의 부채는 GDP 대비 25%에서 121%로 무려 5배나 증가했다.[2]

과잉생산 위기

1990년대 중반 이후 전 세계적으로 제조업 제품가격이 지속적으로 하락했다. 미국에서 내구소비재의 가격은 1995년 가을부터 하락하기 시작했다. 달러 기준 세계 제조업 제품가격은 1994년 6.6% 상승했는데, 1995년에는 2.7% 하락했고 1997년에는 7.3% 하락했다. 유럽과 유엔의 가격지표들도 1996년 이후 제조업 제품가격이 절대적으로 하락하기 시작했음을 보여준다. 이러한 제조업 제품가격의 하락은 과잉생산의 전형적인 표현이다.

한편, 1990년대 초에 동아시아 지역에서는 투자 열풍이 일어났고, 산업투자 지출이 GDP의 40%에 육박했다. 이 투자 열풍은 투자처를 찾지 못한 세계의 과잉자본이 1990년대 초 동아시아에 집중적으로 투자되면서 이루어졌다. 1996년 일본을 제외한 동아시아 지역의 총자본 형성(기업투자, 정부투자, 주택투자)은 1990년보다 300% 증가했다. 같은 기간 일본과 미국은 40%, 유럽은 10% 증가에 그쳤다. 세계 과잉자본의 동아시아 집중투자는 컴퓨터칩, 자동차, 반도체, 화학, 철강, 석유화학, 섬유광학 등에서 엄청난 규모의 과잉설비와 과잉생산을 유발했다. 이러한 투기적 축적에 의한 과잉생산은 결국 1997년 동아시아 경제위기를 초래했다. 1997년 타이, 말레이시아, 한국, 필리핀, 인도네시아 등에서 발생한 동아시아 경제위기는 바로 이 과잉투자와 과잉축적 때문이었다.

1997년 동아시아 지역에서 경제위기가 제일 먼저 발생한 타이의 경우, 일본의 해외직접투자가 1986~1991년 사이 5년 동안 16배 이상 증가했다. 공장뿐 아니라 공항, 고속도로, 쇼핑몰, 호텔 등의 건설 열풍이 일어났고, 이는 1990년대 초반 부동산과 주식가격을 폭등시킨 투기 열풍으로 이어졌다. 동시에 국제투기자본인 핫머니가 급격히 유입되기 시작했다. 결국 과잉투자에 따른 과잉생산으로 1995~1996년 제조업 제품가격이 하락하기 시작했고, 1997년 국제투기자본이 급격히 이탈하면서 경제위기가 발생했다. 투기적 자본축적에 의한 거품성장과 붕괴의 전형적 사례였다.

한국에서는 독점재벌들이 세계화 전략에 따라 1994년 자본시장 개방 이후 해외단기자본을 차입해 과잉중복투자에 나섰다. 이에 따라 1994, 1995년 설비투자가 대폭 증가했다. 이러한 과잉축적의 필연적 귀결로 과잉생산이 나타나자 판매가 부진해졌다. 그래서 한국의 제조업 이윤율은 1994~1995년 최고 수준을 보이다가 1996년 75%나 급락했다. '대마불사大馬不死'를 믿고 과잉투자에 나섰던 한국의 30대 재벌들은 1996년 말부터 1997년 상반기에 걸쳐 10여 개나 부도가 났다. 한국의 과잉생산공황은 외환위기로 발전했고, 1997년 IMF사태를 초래했다.

1990년대 초·중반에 타이, 말레이시아, 한국, 필리핀, 인도네시아 등 동아시아 지역에 해외자본 950억 달러가 유입되었는데, 1997년 동아시아 경제위기를 전후해 추세가 역전되면서 200억 달러가 유출되었다. 이러한 외국자본의 급격한 이탈을 계기로 동아시아 지역에서 과잉생산공황이 폭발했던 것이다.

동아시아 지역의 경제위기는 연쇄적으로 전 세계로 확산되었다. 처음에는 여타 제3세계로, 그리고 나중에는 미국으로 확산되었다. 1997년의 동아시아 경제위기는 1998년 러시아 경제위기와 디폴트 default(채무불이행) 선언, 그리고 그 여파로 인한 미국의 롱텀캐피털매니지먼트Long-Term Capital Management: LTCM 헤지펀드의 파산과 긴급구제금융, 1999년 브라질 경제위기와 중남미 지역으로의 확산, 2000년 미국의 IT거품붕괴와 IT기업들의 파산, 2000~2001년 아르헨티나의 경제위기 등으로 이어졌다. 이러한 경제위기들은 세계 중앙은행들이 강력한 경기부양책으로 대응하고 세계의 투자가 중국으로 급속히 이동함에 따라 일정하게 조절되거나 통제될 수 있었다.

그럼에도 불구하고 그 여파는 1998년부터 미국의 비금융기업 이윤율이 하락추세로 전환하는 것으로 나타났다. 미국 제조업부문 이윤율은 1998년에 14% 하락하면서 이윤율 추세가 하락세로 전환되었다. 그뿐만 아니라 1998년 러시아 경제위기를 계기로 세계 2위의 헤지펀드인 LTCM이 파산위기에 몰리자 세계금융공황이 심각하게 우려되었다. 이 헤지펀드가 미국의 대형 은행들로부터 자금을 대규모로 차입해 러시아 국채에 투기했기 때문이다. 미국 중앙은행은 이 헤지펀드에 긴급히 구제금융을 투입해 구제하고, 금리인하와 신용공급을 크게 확대함으로써 금융위기를 모면했다.

반신자유주의·반세계화 투쟁의 확산과
초국적 자본·제국주의 세력의 위기극복 전략

1991년 소련 붕괴 이후 신자유주의의 세계화 공세가 전면화·가속화되었다. 그로 인해 노동자와 민중의 삶이 황폐화·파괴되었고 이에 맞서 세계적 차원에서 노동자와 민중의 저항이 재개되었으며 점차 격화되었다. 1994년 북미자유무역협정NAFTA으로 인해 삶의 터전을 빼앗긴 멕시코 원주민의 무장봉기(사파티스타Zapatista 투쟁), 1995년 신자유주의 구조조정에 반대하는 프랑스 공공부문의 총파업 투쟁, 1996년 한국 노동자들의 정리해고 반대 총파업 투쟁, 1999년 세계무역기구WTO 각료회의에 반대하는 시애틀 대규모 시위(7만여 명이 참여해 회의를 무산시켰다) 등을 대표적 사례로 들 수 있다. 1999년 시애틀 시위 이후 반신자유주의·반세계화 시위가 세계적으로 확산되었다.

한편, 1990년대 말 나타나기 시작한 과잉생산 위기에 대응해 초국적 자본·제국주의 세력은 우선 저금리와 신용팽창을 통해 거품을 조성하고 그에 의한 거품성장을 통해 과잉생산 위기를 지연시키려 했다. 이들은 처음에는 IT거품성장을 조성했다. 1995년부터 조성되기 시작한 IT산업 주가거품과 그로 인한 거품성장을 강화함으로써 1998년 말 우려되던 경제위기를 모면했다. 2000년 IT거품이 붕괴하자 다시 경제위기가 전면화되었고, 이들은 또다시 초저금리와 신용팽창을 통해 주택거품을 조성했다. 이 거품성장은 2006년까지 지속되었고 과잉생산 위기를 지연시켰다.

동시에 초국적 자본·제국주의 세력은 경제위기의 구조적 성격에 대응하기 위해 신자유주의 세계화 공세를 더욱 강화했다. 그리고 이 공세에 저항하는 노동자와 민중의 투쟁을 분쇄하기 위해 파시즘화하는 경향을 보였고, 또한 세계화를 거부하는 제3세계 나라들에 대한 침략전쟁에서 경제위기의 돌파구를 찾으려 했다. 이를 위해 미국은 2001년 극우파인 이른바 '네오콘neocons(신보수주의)'의 주도하에 조지 부시George Bush 정권을 등장시켰다. 그리고 정리해고, 임금삭감, 노동강도 강화 등 구조조정 공세를 더욱 밀어붙임으로써 착취를 심화시켰고, 노동자와 민중의 저항을 억압하고 탄압하기 위해 '테러와의 전쟁'을 명분으로 민주적 기본권을 억압했다. 미 부시 정권은 또한 2001년 9·11 사건을 계기로 '테러와의 전쟁'을 선포하고 신자유주의 세계화를 위한 제3세계 침략전쟁에 나섰다. 2001년 아프가니스탄 침략전쟁, 2003년 이라크 침략전쟁이 그것이다. 그리고 2001년 이라크, 이란, 북한 등 세 반미국가를 '악惡의 축軸'으로 규정함으로써 공략 대상으로 공표했다. 2005년에는 공략 대상을 신자유주의 세계화를 거부하는 6개 대륙의 6개 나라(이란, 벨로루시, 짐바브웨, 미얀마, 북한, 쿠바 등)로 확대해 '폭정暴政의 전초기지'라 지목했다.

2. 거품성장과 붕괴

IT거품의 성장과 붕괴(2000년)

IT기업 주식(기술 주와 인터넷 주)에 대한 투기 붐이 1995~2000년에 크게 조성되었다. 1995년 인터넷 기업 넷스케이프(소프트웨어 프로그램 제작회사)의 주식상장을 시작으로 인터넷 기업들에 대한 주식투기 붐이 일어났다. 이른바 '묻지마 닷컴.com'이다. 이 주식투기 열풍은 미국 정부에 의해 정책적으로 조장되었다. 미국 중앙은행이 시중에 돈의 공급을 크게 증가시켰던 것이다. 1995년 미국의 통화공급 증가율은 1994년 대비 4배로 증가했다.

그뿐만 아니라, 주식투기 과열에 대해 미국 중앙은행은 전혀 대응조치를 취하지 않았다. 1996년 12월 미국 중앙은행 의장 앨런 그린스펀Alan Greenspan은 주식시장의 "비이성적 과열irrational exuberance"을 경고했으나, 1995년 2월부터 1999년 5월까지 4년여 동안 거의 금리인상을 하지 않았다. 오히려 그린스펀은 1998년 '신新경제'의 생산성

향상 효과를 언급하며 폭등하는 주가를 정당화했다. 또한 자산가치 폭등에서 비롯된 자산효과가 기업투자와 가계소비를 증가시키는 현상에 대해 호의적으로 평가함으로써 거품성장을 '신경제' 현상으로 호도했다.[3]

이 과정에서 주가폭등을 주도한 것은 기업들의 주가부양을 위한 자사주 매입이었다. 이는 자사주 매입을 통해 유통되는 주식 수를 줄여 주가를 올리는 것이다. 1994년부터 1999년까지 비금융법인들의 주식 매입은 두 가지 이유로 급증했다. 첫째는 인수합병을 위한 주식 매수이고, 둘째는 주가부양을 위한 자사주 매입이다. 1994~1998년에 비금융법인들의 주식 순매수는 5902억 달러로 이 기간의 미국 주식 순매수 총액의 37%에 달했는데, 특히 1996~1999년에는 주가부양을 위한 자사주 매입이 합병을 위한 주식 매수보다도 더 많이 이루어졌다.

그 결과 기업들의 자사주 매입이 주도한 주가거품이 크게 부풀어올랐다. 뉴욕증권거래소NYSE의 다우지수는 1995년 31.3%, 1996년 20%, 1997년 27%, 1998년 20.5%, 1999년 12.5% 상승했다. 이러한 주가상승은 이윤율의 증가보다 훨씬 더 컸다. 특히 1998년부터 비금융법인의 이윤율이 저하한 상황인데도 주가가 폭등했다. 1997~2000년 제조업법인부문 이윤율은 20% 하락했고, 비금융법인부문 전체의 이윤율은 10% 하락했다. 1998년 LTCM의 파산위기에 대한 대응으로 미 중앙은행이 3회 연속 금리를 인하한 후 기술 주와 인터넷 주의 주가는 극단적으로 폭등했다. 즉, 1998년 10월~2000년 3월 사이에 무려 두 배 이상이나 상승했다.

여기에 해외 투자자들의 투기 참여는 미국의 자산거품을 더욱 크게 확대시키는 데 기여했다. 1995~2000년 상반기에 미국 재무부 채권, 회사채, 주식에 대한 외국인 매수 금액은 직접투자 금액 9000억 달러보다 많은 1조 6000억 달러에 달했다. 외국인 투자자들이 미국 기업 주식의 순매수에서 차지하는 비율은 1995년의 4%에서 2000년 상반기에는 52%로 대폭 증가했다.

한편, 주가상승으로 인한 자산가치 인플레이션은 이른바 '자산효과'를 가져와 소비지출을 증가시키는 한편 자본투자의 증가로 이어져 1996~1997년의 경기과열을 초래했다. 미국의 개인소비지출은 1985~1995년 사이에 연평균 2.9% 증가(GDP 증가의 67% 차지)에서 1995~2000년 상반기까지 연평균 4.3% 증가(GDP 증가의 73% 차지)로 확대되었다. 특히 1997~2000년 상반기까지 연평균 5%로 증가했다 (GDP 증가의 82% 차지). 이러한 개인소비지출 증가는 1990년대 가계 금융자산 증가의 80%를 차지했던 '여피족yuppies(젊은 부자)'에 의한 것이었다. 그래서 1995~2000년 상반기까지 주가거품에 의한 자산효과가 호황을 견인했다. 특히 동아시아 경제위기 이후인 1998년부터는 확실히 주가거품에 의한 거품성장이었다.

이처럼 크게 부풀어 오른 IT거품은 2000~2001년에 걸쳐 붕괴했다. 먼저 주가거품의 정도를 살펴보면, 2000년 미국 주식시장의 주가수익비율은 44로 통상 선진국의 주가수익비율 12 내외에 비하면 4배에 가까운 거품이 끼었다. 1994~2000년 초 사이에 미국 비금융법인

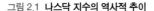

그림 2.1 **나스닥 지수의 역사적 추이**

주: 2000년 IT·기술 주 중심의 나스닥 지수는 최고점에 도달하고, 그때의 나스닥 지수는 미국 500대 기업 주
　가지수(S&P 500)의 3배(Nasdaq/SPX ratio)를 넘어설 정도로 거품이 부풀어 올랐다. 2015년 현재 나스닥
　지수는 다시 2000년 당시만큼 거품이 커지고 있다.
자료: http://stockcharts.com/

의 GDP 대비 시가총액 비율은 1.3에서 3으로 급등했다. 첨단기술 기업, 특히 인터넷 기업의 주가 수준은 이해하기 힘들 정도의 거품이었다. 상장된 371개의 인터넷 기업 가운데 242개의 인터넷 기업에 대한 조사에 따르면, 37개 기업만이 1999년 3/4분기에 흑자를 기록했다. 이 흑자기업들은 주가수익비율이 평균 190이었고, 그중 35개 기업은 평균 270이었다. 나스닥 지수의 역사적 추이를 보여주는 그림 2.1이 당시의 IT거품을 잘 보여주고 있다.

　　1999년부터 과도한 주가상승으로 거품붕괴가 우려되었으나 주식투기는 계속되었다. 2000년 3월 20일 월가의 한 기자가 인터넷 기업의 적자와 현금부족에 대해 폭로한 것이 계기가 되어 IT기업 주가가 폭락하기 시작했다. 2000~2001년 닷컴거품이 붕괴되었을 때, 미국 주식의 시장가치 5조 달러가 사라졌다. 미국 정부는 주식시장 붕괴로 인한 공황을 우려해 초저금리를 실시하고 돈을 무제한으로 공급했다. 이는 또 다른 거품인 주택거품으로 이어졌다.

주택거품과 파생금융상품

현실경제에서 실물부문과 금융부문은 분리가 불가능할 정도로 밀접하게 연관되어 있다. 2008년 세계금융공황은 자산거품의 붕괴에 의해 촉발되었다. 이 자산거품은 주택과 금융자산에서의 거품인데, 주택거품은 주택담보대출mortgage(모기지)을 토대로 한 파생금융상품인 모기지담보부증권Mortgage Backed Securities: MBS, 부채담보부증권 Collateralized Debt Obligation: CDO, 그리고 이와 연관된 신용부도스와프 Credit Default Swap: CDS 등과 상승작용을 하며 조성되었다.[4]

먼저, 주택거품의 배경을 살펴보면 첫 번째로, 미국 정부의 주택보유 증대 정책을 꼽을 수 있다. 신자유주의적 사회 양극화, 즉 노동계급의 빈곤화로 인한 불만과 정치적 저항을 줄이기 위해 빌 클린턴 Bill Clinton 정부는 저소득 계층을 위한 서민주택 건설을 적극 추진했다. 이를 위해 클린턴 정부는 반관반민半官半民의 주택대출 및 보증업체인 패니메이Fannie Mae와 프레디맥Freddie Mac을 통해 저소득계층에 대한 대출을 늘리도록 했다. 그러나 이때는 주택 붐이나 투기 열풍이 불지 않았다. 주택투기는 부시 정부가 들어선 이후에 시작되었다. 부시 정부는 클린턴 정부의 주택 보유 증대 정책을 이어받아 주택 보유를 '아메리칸 드림American Dream'이라며 정책적으로 부추겼다.

> 무언가를 보유한다는 것은 아메리칸 드림의 일부이기도 하다고 나는 믿고 있습니다. 국민 누군가가 내 집을 마련한다면, 그들의 아메리칸 드림은 현실이 되는 것이라고 나는 믿고 있습니다. 어제 애틀랜타에서 새롭게 집을 마련한 주민들이 입주한 신규 주택단지를 방문할 기회가 있었는데, 나는 그곳에서 아메리칸 드림이 실현되는 현장을 직접 내 눈으로 확인할 수 있었습니다. 어느 집주인은 자부심 넘치는 얼굴로 "내 집에 오신 것을 환영합니다"라고 말했습니다. …… 그의 얼굴은 자부심으로 빛나고 있었습니다. 나는 그와 같은 자부심이 미국 전국 방방곡곡으로 퍼져나가기를 바랍니다[George W. Bush, "Remarks by the President on Homeownership," Speech at the Department of Housing and Urban Development, Washington DC, June 18, 2002. 라잔(2011)에서 재인용].[5]

비우량 주택융자는 1997년 850억 달러에서 2003년 4460억 달러로 대폭 증가했다.

주택거품의 두 번째 배경은 IT거품붕괴를 상쇄하기 위한 초저금리 정책이다. 미 중앙은행은 IT거품붕괴의 악영향이 확산되는 것을 막기 위해 2001년 1월 이자율을 처음으로 6%로 낮추었다. 그 뒤로 2년여에 걸쳐 이자율을 계속 내렸고, 마침내 2003년에는 역사적으로 가장 낮은 금리인 1%가 되었다. 미국의 주택가격은 1997년부터 2006년 사이에 124%나 비정상적으로 상승했다. 이러한 주택거품의 출발점과 근거가 된 것은 주택융자, 즉 주택담보대출이었다. 특히 주택담보대출 가운데 채무불이행 확률이 높은 저소득층 대상의 '서브프라임 모기지론subprime mortgage loan(비우량 주택담보대출)'이 차지하는 비율이 1994년 5%에서 2006년에는 20%까지 증가했다. 주택담보대출의 급격한 확장은 부시 정부가 IT거품붕괴에 따른 주식시장 붕괴를 저지하기 위해 실시한 초저금리에 의해 정책적으로 조장되었다. 기준금리는 2000년 6.5%에서 2003년 6월 미국 사상 최저금리인 1%로 단계적으로 인하되었다.

한편, 주택가격의 지속적인 상승을 밑받침한 것은 주택담보대출 채권을 증권화해서[6] 그것을 파생금융상품[7]으로 만든 '금융혁신'이었다. 이 파생금융상품을 통해 주택대출 자본이 투기적으로 공급되었다. 주택담보대출은 그 위험도에 따라 우량이면 '프라임prime', 비非우량이면 '서브프라임sub-prime', 그 중간이면 '알트-A Alternative-A' 모기지로 구별되었고, 이러한 모기지를 토대로 모기지담보부증권MBS이 만들어져 유통되었다. 1990년대 초부터 본격적으로 출시된 이 금융상품들의 판매고는 IT거품이 붕괴된 2000년 무렵 폭증하기 시작했다. 부채담보부증권CDO은 모기지담보부증권을 자동차대출담보증권, 소비자대출담보증권, 중소기업대출담보증권 등과 적절하게 조합해서 다양한 수익과 위험도를 가지도록 만들어진 것이다.

상업은행, 투자은행 모두 이러한 부채담보부증권을 발행함으로써 막대한 수수료를 벌어들였다. 상업은행은 1980년대 이래 금융자유화에 따라 산하에 펀드와 구조화투자전문회사Structured Investment Vehicle: SIV를 설립해 증권거래 등의 자산운용에 참여했는데, 이로 인해 투자은행과 상업은행의 엄격한 업무 구별은 사실상 사라지게 되었다. 구조화투자전문회사는 은행들, 특히 상업은행이 은행규제를 피해서 고위험·고수익 자산에 투자할 목적으로 설립한 투자전문 자회사이다. 이것은 대차대조표에 올리지 않는 장외거래를 가능케 해 상업은행의 부실을 숨길 수 있도록 해준다.

또 하나의 파생금융상품으로 신용부도스와프CDS가 있다. 부채담보부증권의 투자자(매입자)는 고수익에 따르는 고위험을 회피하기 위해 즉, 채무불이행 위험에 대비해 채권보증회사monolines(모노라인)와 신용부도스와프 계약을 맺는다. 예컨대, 투자은행이 채권보증회사에 보험료를 내고 부채담보부증권에 채무불이행 위험이 발생했을 때 그 원리금의 지불을 채권보증회사로부터 보증받는 것이 신용부도스와프이다. 이처럼 신용부도스와프는 채권보증회사가 경기변동으로 마음이 불안한 고객으로부터 일정한 수수료를 받는 대신 위험부담을 떠맡으며 판매하는 것이다. 말하자면, 대출채권이 부도날 경우를 대비한 일종의 보험상품이다. 대출채권이 부도날 경우 신용부도스와프를 판매한 금융기관이 원금을 보장한다. 2008년 세계금융공황 때 미국 최대 보험회사인 AIG의 파산위기는 신용부도스와프를 4000억 달러나 판매한 데서 비롯되었다. 또한 2008년 9월 파산한 리먼브러더스Lehman Brothers의 총부채 6350억 달러 중 신용부도스와프 잔액이

4000억 달러를 넘었다.

이제 주택거품과 금융거품이 조성되는 과정을 살펴보자(맥널리, 2011: 160~198 참조). 2000년 IT거품붕괴 후 경기회복과 성장을 주도한 것은 주택건설산업이었다. 이 시기 경제성장률의 절반 이상은 주택가격 상승과 그에 따른 주택건설의 증대, 즉 주택경기가 만들어낸 것이었다. 그리고 주택거품 조성을 주도한 것은 금융혁신을 이룩한 은행들이었다. IT거품이 붕괴한 2000년부터 모기지담보부증권, 부채담보부증권 등 증권화 금융상품이 폭증하기 시작했다. 그 규모는 2000년 1조 달러에서 2005년 2조 7000억 달러로 크게 증가했다.

그런데 파생금융상품 발행은 이 파생금융상품의 출발점과 그 근거가 되는 주택융자 신청이 크게 늘어나야만 가능했다. 따라서 은행들은 상대적으로 가난한 흑인과 중남미인 가정에 접근해 감언이설로 주택융자 신청을 유인했다. 은행들은 신규 주택융자 신청자를 모집하기 위해 미끼금리 등 온갖 속임수와 조작을 동원했다. 이것은 명백한 '금융적 수탈'이었다. 왜냐하면 비우량 주택융자 신청자는 우량 주택융자 신청자보다 보통 5~10만 달러 정도를 은행에 더 지불해야 하기 때문이다. 이 추가분은 은행들에 의해 고금리와 수수료라는 명목으로 수탈된 것이다.

그 양상을 보면, 2002~2005년에 저소득계층의 비우량 주택융자가 급격하게 증가했다. 2000년 미국의 비우량 주택융자는 1300억 달러였고, 그 가운데 550억 달러가 모기지담보부증권으로 전환되었다. 그런데 2005년에는 비우량 주택융자가 6250억 달러로 급증했고, 그

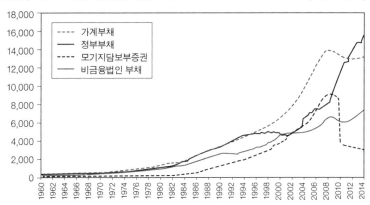

그림 2.2 미국 가계 및 비금융법인 부채 추이 (단위: 10억 달러)

자료: FRB, L.1(Q) Credit Market Debt Outstanding.

대부분인 5000억 달러가 모기지담보부증권으로 전환되었다. 2006년 무렵에는 모든 주택융자 중에서 40%가 '관례에 어긋난 것', 즉 신용도가 낮은 사람들에게까지 강매強賣된 것이었다. 또 신용부도스와프 거래가 폭증해서 신용부도스와프의 가치가 모기지담보부증권의 실제 가치보다 무려 8배나 커졌다. 이 시기 비우량 주택융자 신청자의 대부분은 유색인종 노동계급이었다. 2006년 뉴욕 시의 경우, 전체 비우량 주택융자 신청자 가운데 흑인이 41%, 중남미인이 29%를 차지했다. 2005년 워싱턴 D.C.의 비우량 주택융자 신청자의 70%는 흑인이었다.

그림 2.2에서 볼 수 있듯이, 주택거품과 관련해 가계부채와 모기지담보부증권이 2000년 이후부터 2008년까지 급격히 증가했고, 그 규모는 비금융법인의 부채를 크게 초과했다. 또 모기지담보부증권은

2008년 세계금융공황 직전에는 정부부채 규모보다 더 커졌다.[8]

주택거품의 붕괴

주택융자 파산의 뿌리는 사회 양극화에 따른 유색인종 노동계급의 고용과 소득의 하락에 있었다. 2000~2001년의 경기침체기를 벗어난 이후에도 자본은 신자유주의 구조조정을 일상적으로 진행했다. 그로 인해 경기후퇴가 종식되었다고 공식적으로 선언된 2003년 6월 실업률은 반대로 6%로 최고조에 달했다. 예컨대, 2000년과 2007년 사이의 거품성장기에도 흑인 고용률은 2.4%포인트 떨어졌고, 그 소득은 3%포인트 하락했다.

비우량 주택융자를 받은 유색인종 노동계급의 고용과 소득의 하락에 더해, 주택융자 파산의 또 하나의 주요 원인은 비우량 주택융자의 경우 대부분 변동금리제를 채택한 데다 시장이자율보다 3%가 높은 고금리였다는 점이다. 경기침체를 벗어나면서 2003년 당시 1%에 머무르던 기준금리가 2004년부터 오르기 시작해 2006년 6%까지 인상되자, 고금리를 감당하지 못한 저소득 주택구매자들(비우량 주택융자)이 상환 부도를 내기 시작했다. 주택융자 원리금 상환이 3개월만 연체되어도 그 주택은 즉각 압류되고 경매시장에 매물로 나왔다. 압류주택은 계속 증가했고, 마침내 집값이 하락세로 전환되었다. 2006년 주택을 구입한 미국 흑인 중 56%가 나중에 자신의 집을 압류당했다. 2009년 주택 압류의 60%는 해고의 직접적 결과였다.

2006년 상반기에 정점에 도달했던 미국의 주택가격이 그해 하반기부터 하락하자 주택거품은 꺼지기 시작했다. 주택거품이 붕괴되자 그와 연관된 파생금융상품도 2007년부터 연쇄적으로 붕괴되기 시작했다.

3. 미국·유럽 제국주의의 제3세계 침략전쟁

초국적 자본·제국주의 세력은 1990년대 말부터 나타나기 시작한 과잉생산 위기에 대처하기 위해 IT거품을 조성하고 거품성장을 통해 위기의 심화를 저지하려고 했으나 2000년에 IT거품이 붕괴하자 더욱 적극적으로 대응하기 시작했다. 즉, 초저금리와 통화공급량의 대폭적인 증대를 통해 또 다른 거품인 주택거품을 조성하는 한편, 대내외적으로 신자유주의 세계화 공세를 더욱 강화한 것이다.

이러한 위기 정세하에 미국에서는 2001년 극우파인 '네오콘'이 주도하는 부시 정권이 등장했다. 부시 정권은 9·11 사건을 계기로 '테러와의 전쟁'을 선포해, 대내적으로는 파시즘화를 통해 신자유주의 공세에 저항하는 노동자와 민중의 투쟁을 분쇄하고, 대외적으로는 세계화를 거부하는 제3세계 나라들에 대한 침략전쟁에서 돌파구를 찾으려 했다.

부시 정권은 '테러와의 전쟁'을 선포한 직후 거짓 명분을 만들어 2001년 중앙아시아의 아프가니스탄과 2003년 중동의 이라크를 침략했다. 대내적으로는 '애국자법Patriot Act'을 제정해 민주적 기본권을 억압했다. 그러나 미국·유럽 제국주의는 아프가니스탄과 이라크 침략전쟁을 일으켜 이들 나라를 무력으로 점령하는 데는 성공했으나, 아프가니스탄 및 이라크 민중의 저항으로 인해 지정학적 요충지이자 자원의 보고인 두 나라에 친미·친서방 정권을 수립하고 경제적으로 약탈한다는 소기의 목적을 달성하는 데는 실패했다.

테러와의 전쟁

소련의 붕괴로 인한 탈냉전과 1991년 제1차 이라크 전쟁(걸프전) 이후 새로운 세계 질서와 미국의 전략을 모색하는 과정에서 '네오콘' 이 미국 공화당의 중심세력으로 등장했다. 네오콘은 국방비를 대폭 늘리고 적극적인 군사개입을 통해 미국의 지구적 지도력을 회복해야 한다고 주장했다. 그래서 잠재적인 경쟁국의 등장을 사전에 제압하고 유라시아Eurasia(유럽과 아시아) 대륙에서의 패권을 강화하려고 했다. 네오콘의 이러한 공격적인 '지구적 제국' 건설 전략은 미국 민주당도 공유했다. 다만 차이가 있다면, 그 실행에서 네오콘이 일방주의적이고 더욱 공격적인 전략을 추구한 반면, 민주당은 유럽과의 다자주의적 협력에 기반을 둔 헤게모니적 접근을 수사적으로 좀 더 부각시켰다는 점뿐이었다. 1990년대 말부터의 경제위기는 네오콘의 득세를 가져와 부시 정권을 등장시켰다.

부시 정권이 들어선 후 9·11 사건이 발생했다. 2001년 9월 11일 납

치된 민간항공기 4대 중 2대가 세계무역센터 빌딩 2동을 완파하고 1대는 국방부 청사(펜타곤)를 공격했으며, 다른 1대는 백악관을 향하다가 피츠버그 동남쪽에 추락했다. 희생자는 4대 항공기 탑승자 266명 전원 사망, 국방부 청사에서 사망 또는 실종 125명, 무역센터에서 사망 또는 실종 2500~3000명 등이었다.[9]

부시 대통령은 즉각 이 사건을 '미국에 대한 명백한 테러 공격'으로 규정하고 '테러와의 전쟁'을 선포했다.[10] 그리고 테러대책법으로 '애국자법'이 곧바로 제정되었는데, 이 법은 미국 시민의 민주적 기본권을 심각하게 제한했다. 도청과 압수수색이 제한 없이 허용되고, 테러 용의자를 사법절차 없이 무제한 구금할 수 있게 했다. 민주적 기본권을 억압하는 파쇼적 악법인 것이다. 부시 정권은 9·11 사건의 지원세력으로 아프가니스탄을 지목하고 곧바로 침략전쟁에 돌입했다.

2002년 부시 정권은 9·11 사건이나 오사마 빈라덴Osama bin Laden, 알 카에다Al-Qaeda와 아무런 관련이 없는 이라크, 이란, 북한 등 세 나라를 '악의 축'[11]으로 선정해 적국(공격 대상)으로 공식 규정했다. 이라크 침략과 점령 이후 부시 정권 2기인 2005년에는 '악의 축'이 '폭정의 전초기지'로 바뀌면서 6대륙 6개 나라, 즉 이란, 북한, 벨로루시, 짐바브웨, 미얀마, 쿠바 등으로 공격 대상이 더욱 확대되었다.

아프가니스탄·이라크 침략전쟁

먼저 2001년 아프가니스탄 침략전쟁을 살펴보자. 아프가니스탄은 예로부터 동서 문물의 교차점이었고 지정학적 요충지였기 때문에 여러 나라의 침략을 받아왔다. 19세기 중반에는 영국 제국주의의 침략을 받았다. 1978년 친소성향의 정권이 등장하자 미국이 이슬람 보수세력을 지원해 내전이 벌어졌다. 1979년 소련군 10만 명이 투입되었다. 10여 년 동안의 내전 과정에서 미국은 3만 5000여 명의 무자헤딘 mujahidin(이슬람 전사, 반정부 무장 게릴라 조직)을 해외에서 모집하는 등 10만여 명의 무자헤딘에게 자금과 무기를 공급했다. 이 과정에서 9·11 사건의 주범으로 지목된 오사마 빈라덴은 1988년 미 CIA의 자금과 무기 지원을 받아 알 카에다를 설립했다. 한편에서는 소련과 아프가니스탄 정부군이, 다른 한편에서는 미국과 무자헤딘이 벌인 10여 년 내전 동안 60~200만 명의 민간인이 희생되었고 500만 명이 해외로 피난했다. 1989년 소련군이 철수하고 이후 무자헤딘 군벌 간 내전 등 혼란을 거쳐 1996년 이후 이슬람주의 세력인 탈레반이 미국의 지원을 받아 집권했다.

미국·유럽 제국주의의 아프가니스탄 침략 경과를 보면, 미국은 탈레반 정권이 9·11 사건 주범인 오사마 빈라덴과 알 카에다를 보호한다는 이유를 내세워 북대서양조약기구 나라들 및 일부 아시아·중동 국가들 등 56개국을 동맹으로 조직했다. 2001년 10월 7일 아프가니스탄에 대한 공격을 개시했고, 미군 1만 8000명 등 2만여 명의 병력을 투입하고 무차별 폭격(융단폭격)을 실시했다. 그 결과, 2001년 12월 탈레반 정권이 붕괴되고, 2002년 6월 미국 석유기업 유노칼Unocal 사의 유급 고문 출신 하미드 카르자이Hamid Karzai를 대통령으로 하는 과도 정부가 수립되었다. 이 침략전쟁 과정에서의 인명 피해는 공식적으로 집계되지 않았으나 2만~5만 명이 사망한 것으로 추정된다. 난민이 100만 명이나 발생했고, 아사지경에 이른 주민이 150만 명에 달했다.

탈레반 정권의 붕괴에도 불구하고 탈레반을 중심으로 한 게릴라전이 계속되었고, 2002년부터 NATO를 중심으로 파병 연장과 병력 증파가 계속되어 미군 병력만 6만 8000명에 이르렀다. 미 버락 오바마Barack Obama 정권은 2010년부터 3만 4000명을 증파하면서 조속한 철수를 공약했으나 아직까지 철수하지 못하고 있다. 미국은 2014년 말까지 아프가니스탄에 파병된 미군의 전투 임무를 종료하고 주둔군 규모를 최대 9800명으로 줄인 후 오는 2016년까지 완전히 철수할 계획이었다. 그러나 미국은 2015년 2월 현재 미군의 철수 일정을 재조정하고 있다. 어쨌든 미군이 철수할 경우 탈레반의 재집권이 확실시된다.

미국의 아프가니스탄 침략은 미국의 계획된 전쟁이었다. 9·11 사건은 거짓 명분과 계기일 뿐이다. 아프가니스탄에 대한 전쟁은 9·11 사건 이전에 계획된 것이다. 그뿐만 아니라 클린턴 정부 당시 미 중부사령부는 이라크와 이란에 대한 전쟁 계획을 수립했다. 네오콘은 2001년 집권과 함께 이라크에서 시작해 시리아, 레바논, 이란, 소말리아, 수단 등 중동·아프리카 전체에 대한 군사적 침략 계획을 수립했다.

미국의 아프가니스탄 침략의 목적은 첫째, 천연자원 약탈이었다. 아프가니스탄은 철, 구리, 코발트, 금, 리튬 등 광물자원의 보고寶庫이다. 특히 배터리의 원료인 리튬은 세계 최대 매장량을 보유하고 있다. 실제 침공 이후 자원 개발과 관련된 민영화가 진행되었다. 둘째, 카스피 해Caspian Sea와 중앙아시아의 전략 자원 장악이었다. 카스피 해 일대의 막대한 석유와 가스를 운송하는 파이프라인을 놓고 미국, 중국, 러시아가 각축 중인데, 아프가니스탄은 카스피 해-투르크메니스탄-아프가니스탄-파키스탄-인도양의 새로운 파이프라인 건설의 요충지이기 때문이다. 셋째, 유라시아 대륙의 지정학적 요충지를 장악하기 위한 것이었다. 아프가니스탄은 중국, 이란 등 미국의 잠재적 적국들과 국경을 맞대고 있기 때문이다(초스도프스키, 2002 참조).

다음으로, 미국의 제2차 이라크 침략전쟁을 살펴보자. 2003년 3월 20일 미국은 이라크의 대량살상무기를 제거함으로써 자국민을 보호하고 세계 평화에 이바지한다는 등의 이유를 내세워 이라크 침공(작전명 '이라크의 자유')을 감행했다. 동원된 병력은 총 26만여 명으로, 이 가운데 미군 15만 명, 영국군 4만 5000명, 쿠르드 반군 7만 명 등이었다. 첨단무기를 총동원한 전자전電子戰으로 융단폭격을 자행해 한 달 만에 전투를 종료하고 5월 1일 승리를 선언했다.

그러나 침공 이후 미국이 승리를 선언했는데도 '끝나지 않은 전쟁'이 계속되고 있다. 침공으로 사담 후세인Saddam Hussein 정권을 제거하고(후세인은 2003년 12월 생포되고, 2006년 12월 처형되었다) 친미 괴뢰정부를 수립했음에도 불구하고, 2004년부터 대중적 저항과 무장반란이 본격화되었고 자살폭탄테러가 빈발했다. 2006년 '준準내전 상황'으로 발전하자 미군을 증파했다. 2006년 매주 평균 960회의 반군 공격이 보고되었고, 2007년 1월 미군 2만여 명이 추가 파병되었다. 미국은 미군의 철수를 위해 이라크 치안병력을 강화했다. 28만 명의 이라크군 병력을 포함해 93만 명의 치안병력을 조직하고, 2010년 8월부터 지상군 철수를 시작해 공식적으로는 2011년 12월 15일 미국은 종전을 선언하고 이라크에서 철군을 완료했다.

이라크는 2005~2008년 약 200억 달러의 미국 무기 구매 계약을 맺어 미국의 최대 무기 및 군사장비 구매 고객이 되었다. 미군 철수 이후에도 이라크 내에서는 종파 간 충돌이 지속되고 있고, 수니파sunni와 알 카에다 등에 의한 테러도 계속되고 있다. 전쟁 피해를 보면, 이라크 민간인 인명 피해는 공식 통계가 없고 추정 기관에 따라 크게 차이가 나는데, 11만~103만 명이 사망했을 것으로 추정된다.[12]

미국·유럽 제국주의가 제2차 이라크 침략전쟁의 명분을 날조했음이 나중에 판명되었다. 후세인 정권이 대량살상무기를 보유하거나 개발했다는 것이 이라크 침략전쟁의 명분이었다. 그러나 미군은 이라크 점령 후 18개월 동안 정밀조사를 했음에도 생화학무기 등 대량살상무기를 찾아내지 못했다. 따라서 미국의 침략 명분은 거짓이었음이 폭로되었다. 또한 알 카에다와의 연계설을 주장한 보고서도 날조된 것으로 밝혀졌다. 그리고 이라크인의 인권과 민주주의를 위한 전쟁이라는 것도 거짓 명분이었다. 후세인을 '중동의 히틀러'로 악마화했으나, 실제 미국의 2차 침공 전까지 5세 미만의 어린이 50만 명을 비롯한 100만 명 이상이 사망한 것은 미국의 공습과 경제 봉쇄 때문이었다.[13] 그 이후 2차 침공과 그 여파로 수십만 명이 죽고 300만 명의 난민이 발생했다. 또한 수만 명의 포로와 민간인을 테러용의자 혐의로 아부 그라이브 교도소Abu Ghraib prison와 관타나모Guantanamo 등 비밀수용시설에 불법 감금하고 고문하는 등 잔혹 행위를 자행한 것은 바로 미국이었다. 이는 명백히 제네바협약Geneva Convention을 어긴 전쟁범죄에 해당한다.

제2차 이라크 침략전쟁은 미 제국주의에 의해 철저하게 계획되고 준비된 전쟁이었다. 이라크 재침공은 1990년대 말부터 기정사실화되었고, 9·11 사건 이후 생화학무기 은닉, 9·11 사건과의 연관 등 이라크의 후세인 정권에 대한 대대적인 여론조작이 이루어졌다. 이를 통해 이라크는 2002년 '악의 축' 세 나라 중의 하나로 공표되었다.

미국의 이라크 재침략의 목적은 첫째, 이라크 석유에 대한 통제권을 장악하려는 것이었다. 이라크는 세계 3위의 석유 매장량을 가지고 있기 때문이다. 둘째, 중동에 대한 패권을 공고화하려는 것이었다. 이라크는 전략자원이 많고 유라시아 대륙 지배를 위한 지정학적 가치가 크며, 석유수송로를 보호할 수 있기 때문이다. 셋째, '제국적 질서'를 일방주의적으로 부과하려는 것이었다. 미국과 영국은 프랑스와 러시아가 군사 행동에 반대하자 유엔 안전보장이사회 논의를 포기하고 독단적으로 침공함으로써 유엔 안보리를 무력화했다. 이는 현존하는 국제법과 국제질서를 부정하는 명백한 불법 침략이었다. 코피 아난Kofi Annan 유엔 사무총장도 "유엔헌장의 관점으로는 이 전쟁은 불법"이라고 말했다. 미국은 제2차 이라크 침략전쟁을 통해 잠재적 위협만으로 공격하는 '예방전' 개념을 실행했다.

그러나 제2차 이라크 침략전쟁은 성공하지 못한 전쟁으로 네오콘을 후퇴하게 만들었다. 미국은 힘을 과시했으나 국제적 지지와 동맹은 매우 협소해져서 미국의 권위가 떨어졌고, 이라크 내에서도 안정적인 정치적 지배를 구축하지 못해 침략전쟁을 통해 노렸던 경제적 효과도 제한적이었다. 미국 국내 정치에서도 네오콘의 지지가 떨어졌다. 또한 미국 단독으로는 '지구적 제국'을 건설할 수 없음이 드러났다.

2009년 정권교체가 이루어져 등장한 오바마 정권은 손상된 미국 헤게모니의 복원을 추구하는 공격적 성격의 전략으로 '스마트파워 smart power' 전략과 다자주의를 내세웠다. 그러나 이러한 변화된 전략도 여전히 미국의 압도적인 군사력을 근간으로 한다. 일방주의를 비판하는 다자주의도 결국에는 다극화된 체제를 인정하는 것이 아니라 주로 유럽 동맹국들과의 관계에서 이들의 입지를 일정하게 보장해주고 이들을 하위 파트너로 결속시키려는 것이며, 이것으로 미국으로 집중된 비난을 희석시키려는 것이다. 이러한 전술변화를 통해 오바마 정권은 나중에 리비아, 시리아 침략 과정에서 유럽의 적극적인 동참을 이끌어내게 된다.

노동자와 민중의 반신자유주의·반세계화 투쟁 격화

21세기에 들어서면서 자본축적의 위기가 나타나고 신자유주의 공세가 강화되며 미국·유럽 제국주의가 제3세계 침략전쟁에 나서자, 이에 맞서 세계 노동자와 민중의 투쟁은 더욱 대중적으로 확산되고 급진화되었다.

2001년부터 '또 다른 세계는 가능하다'는 반反자본주의 구호하에 개최된 세계사회포럼World Social Forum: WSF [14]에 매년 수만 명이 참가하는 등 신자유주의 반대 투쟁이 확산되었다. 이는 1990년대 후반부터 신자유주의 반대 투쟁이 대중적으로 확산되고 더 나아가 1999년 시애틀 시위에서부터 반자본주의적 요구가 대두하는 등 급진화한 성과를 바탕으로 한 것이었다.

또한 미국·유럽 제국주의의 이라크 후세인 정권에 대한 온갖 사실 왜곡과 날조를 통한 여론조작에도 불구하고, 미국·유럽 제국주의의 이라크 침략전쟁에 맞서 2003년 이라크 침략전쟁반대 세계동시다발 집회·시위에 1200만 명이 참여하는 등 전 세계에서 반전 평화투쟁이 전개되었다.

한편, 중남미 나라들의 외채위기는 노동자와 민중의 저항을 확산시키고 급진화시켰다. 아르헨티나 노동자와 민중은 2001년 수차례의 민중봉기를 통해 초국적 자본·제국주의 세력의 압력에 굴종해 신자유주의 정책을 강행하는 아르헨티나 정권을 세 차례나 붕괴시키면서 대규모 외채 탕감을 이끌어냈다. 민중봉기 이후 협상을 통해 2005

년 3월 외채 1000억 달러의 75%인 750억 달러를 탕감했다. 또한 볼리비아에서는 2000년부터 2005년까지 신자유주의 정권의 물·가스·석유의 사유화 시도에 맞서 노동계급과 원주민 공동체들이 연대해 봉기 수준의 대중항쟁을 벌였고, 이 과정에서 세 명의 대통령을 연이어 퇴진시키고 마침내 2005년 말 원주민 출신인 에보 모랄레스Evo Morales를 대통령에 당선시켰다.

그리고 이러한 투쟁의 고양 속에서 2004년 사회주의적 호혜무역을 지향하는 중남미 8개국의 '아메리카 민중을 위한 볼리바르 동맹 ALBA'이 쿠바와 베네수엘라의 주도로 출범했다. 그뿐만 아니라 베네수엘라는 2005년 '21세기 사회주의' 지향을 공개적으로 천명하는 등 볼리바르 혁명은 더욱 급진화했다.

다른 한편, 선진국에서도 신자유주의 반대투쟁이 전개되었다. 프랑스의 경우, 2005년 이주노동자들이 몰려 사는 대도시 변두리 지역에서 유색인종 청소년들이 3주 동안 차량 1만여 대를 방화해 파괴하는 저항이 발생했다. 또 2006년에는 프랑스 정부가 실업 대책으로 26세 미만 청년노동자의 저임금과 해고의 자유를 허용한 노동유연화 법안인 '최초고용계약법CPE법'을 강행하자 노동자와 학생의 대규모 파업과 시위(최대 규모는 300만 명이 참가했다)가 몇 달 동안 벌어져, 정부가 결국 이 법안을 폐기함으로써 노동자와 학생의 연대투쟁이 승리했다. 이 투쟁에는 대학생뿐만 아니라 고등학생까지 대거 참여했다.

3

21세기 세계대공황의 원인

2008년 9월 세계금융공황이 발발한 이래 초국적 자본·제국주의 세력은 전례 없는 구제금융과 경기부양책을 통해 금융 및 경제 시스템의 붕괴를 간신히 모면했다. 그러나 21세기 대공황은 극복되지 못했고, 지구적 자본주의는 2015년 현재에도 장기불황 속에서 디플레이션 위협에 시달리고 있다. 21세기 세계대공황은 지난 7년 이상 지속되어왔을 뿐만 아니라 날이 갈수록 전면적으로 확산되고 더욱 심화되고 있다. 무엇 때문에 이처럼 심각한 대공황이 발생한 것일까?

제3장에서는 이러한 현재진행형의 21세기 세계대공황의 원인에 대해 몇 가지 논쟁적 지점을 중심으로 살펴볼 것이다.

1. 경제위기의 성격: 미국의 금융공황인가, 세계경제대공황인가

주류 경제학에서는 21세기 세계대공황에 대해 초기에는 미국의 금융공황 또는 세계금융공황 정도로 인식했다. 즉, 기본적으로 금융부문의 문제이지 경제공황은 아니라는 것이었다. 그러나 2012년 이래 세계적 차원에서 장기불황 양상이 지속되자 2014년 초부터 현재의 세계경제 상황을 '장기정체secular stagnation', '대침체great recession' 또는 '장기하강국면', 그리고 '뉴 노멀new normal(새로운 정상 상태)'[1] 등으로 표현하고 있다. 특히 주류 경제학자들뿐 아니라 초국적 자본·제국주의 세력 대부분이 '뉴 노멀'을 인정하고 있다는 것은 그들이 이번 경제위기가 사실상 세계대공황임을 인정하는 것으로 볼 수 있다. 중국 정부도 2014년 12월 '뉴 노멀 시대'에 적응하는 것을 정책 기조로 결정했다.

이러한 점에서 2013년 노벨경제학상 수상자인 로버트 실러Robert Shiller 미 예일 대학 교수의 언급은 특히 주목할 만하다. 그는 2014년 9월 13일 자 ≪가디언The Guardian≫지 기고에서 "1929년 뉴욕 증시 대폭락으로 시작된 불황이 8년 후인 1937년에는 더욱 악화"되었는데, 현재의 상황이 바로 그때와 유사하다고 주장했다. 그리고 그 당시 "진정한 회복은 6000만 명의 생명을 앗아간 제2차 세계대전 이후 대규모 경기부양책이 시행된 이후에야 찾아왔다"고 지적했다. 지금의 상황이 1937년과 유사한 것은 "무엇보다 지금도 그때처럼 많은 사람들이 오랫동안 경기회복 수준에 실망하고 있으며 절박한 상황 속에 있다는 점"이라고 말했다. 그래서 "향후 경제에 대한 전망이 암울해지면 평화가 위협받는다"고 주장했다. 그는 그 근거로 두 가지를 제시했다. 첫째, "1937년에도 사람들 사이에 퍼진 좌절감이 고질적인 경제 문제를 의미하는 '초장기 침체론'으로 표현되었고, 당시 유럽 사람들 사이에 번지고 있던 경제적 불안과 불만은 독일에서 아돌프 히틀러Adolf Hitler, 이탈리아에서 베니토 무솔리니Benito Mussolini를 세력화시키고 있었다"는 것이다. 둘째, "1937년에 널리 확산된 또 다른 표현으로는 '과소소비'를 들 수 있다. 이는 사람들이 앞으로 상황이 더 나빠질 것으로 우려해 소비를 줄이고 저축만 많이 하는 현상을 의미한다. 미래를 위해 저축을 너무 많이 하면 경제성장세는 약화된다. 그래서 초장기 침체와 과소소비가 소비를 억제시켜 경제 약화를 심화시킬 뿐만 아니라 분노와 불관용, 잠재적인 폭력의 가능성을 키운다"는 것이다.

반면, 좌파 일부에서는 세계금융공황으로 파악하거나[2] 심지어 조금 규모가 큰 순환적 공황으로 파악하는 견해조차 여전히 존재한다.[3] 특히 2008년 당시 경제가 붕괴된 정도를 근거로 이 시기의 공황이 대공황이 아니라 순환적 공황에 지나지 않는다고 주장한다.[4] 요컨대, 2008년 4/4분기에 세계 GDP는 연율 -5%(선진국은 -7%)로 추락하고, 세계 주가는 50% 정도 폭락했는데, 이는 1929년 대공황에 비해 그 붕괴 정도가 대단하지 않다는 것이다.

그러나 이러한 평면적인 양적 비교로 대공황 여부를 판단한다는 것은 그 자체가 어불성설이다. 왜냐하면 공황은 매 시기 그 형태와 양상이 다르게 나타나기 때문이다. 따라서 양적인 단순 비교는 부질없는 짓이다. 1929년 대공황과 2008년 대공황에서 가장 결정적인 차이는 각국 정부의 대응방식이다. 전자가 긴축정책으로 대응했다면, 후자는 대대적인 확장정책으로 대응했기 때문에 결과로서의 위기 직후의 경제 붕괴 정도를 단순히 양적으로 비교하는 것은 무의미하다. 예를 들어 미국의 경우만을 살펴본다면, 앤드루 클라이먼Andrew Kliman은 그의 책 『자본주의 생산의 실패』에서 다음과 같이 말한다.

생산·고용·소득 지표의 감소가 실제로 상당했지만, 이는 그 자체로 금융위기를 견디는 데 미국경제가 얼마나 무기력한지를 보여주는 척도가 될 수 없다. 재무부가 경제를 지탱하려고 돈을 마구 쏟아붓지 않았다면 떨어졌을 경제지표 값이야말로 진짜 무기력함의 척도가 될 수 있다. 리먼브러더스가 파산한 후 2년 동안 재무부는 추가로 3조 9000억 달러를 차입했고, 그 때문에 재무부 총부채는 40% 이상 늘어났다. …… 대조적으로 1929년 중반~1931년 중반에는 재무부 부채가 두 해 동안 감소한 바 있고, 1932년 중반의 부채는 1929년 중반보다 단지 15% 더 컸을 뿐이다. 정부가 공적 채무를 늘리지 않았다면, 최근 불황은 1930년대 대공황 수준이 되었거나 더 나빠졌을 수도 있었던 것이다(클라이먼, 2012: 19), 강조는 인용자].

이 시기에는 미국뿐 아니라 유럽, 일본, 중국 등 선진국, 신흥국 가릴 것 없이 세계적 차원의 공조를 통해 자본주의 역사상 최대 규모의 구제금융과 경기부양책 등 통화·재정 확장정책이 실시되었다. 그래서 금융 및 경제 시스템의 붕괴를 간신히 저지했던 것이다. 그러나 시스템 붕괴를 저지한 것뿐이었다. 세계경제는 금융과 실물부문 모두에서 위기를 극복하지 못해 회복으로 나아가지 못했다. 무제한적으로 돈을 풀었는데도 금융위기는 해소되지 않았고, 막대한 경기부양책에도 불구하고 실물경제는 회복되지 않았다. 세계대공황은 선진국의 재정위기와 국가부도위기로 이전되었고, 다시 전 지구적 불황으로 심화되었다.

그러므로 구조적 위기 또는 대공황 여부를 판단하는 데 있어 경제 붕괴의 양적 정도 못지않게 중요한 또 하나의 지표는 불황의 지속성, 즉 장기불황 여부이다. 경제 붕괴의 양적 정도의 경우 대공황 여부의 절대적 지표를 제시하기 어려운 데 비해 불황의 지속성은 비교적 쉽게 가늠될 수 있다. 지난 자본주의의 역사를 살펴보면, 대불황·대공황·장기침체 등 세 차례의 구조적 위기나 대공황 때에는 10~20년의 장기불황이 수반되었다. 불황의 이러한 지속성은 단순한 금융공황 또는 순환적 공황과 구별되는 대공황을 판별하는 데 있어 경제 붕괴의 정도보다 더욱 확실한 지표가 될 수 있다.

2008년 세계금융공황 이후 지난 7년의 경과와 2015년 현재 지구적 불황 속에서 디플레이션이 현실화되고 있는 세계경제 상태를 고려하면, 이번 공황은 단순한 금융공황이 아닐 뿐 아니라 순환적 공황도 아닌 구조적 위기 또는 대공황으로 판단하는 것이 합리적이다. 2008년 직후의 경제 붕괴의 양적 정도만을 단순히 1929년 대공황의

21세기 대공황의 시대

그것과 비교해 대공황 여부를 판단하는 것은 일면적이라는 것이다.[5]

다음 제4장에서 구체적으로 살펴보겠지만, 21세기 세계대공황은 우선 2008년 세계금융공황은 물론이고 2012년 이래 지구적 불황으로 그 세계적 성격을 드러내고 있다. 또한 2008년 9월에 전면화된 금융부문만의 공황이 아니라 실물부문과 금융부문이 맞물려서 상승 작용하는 전형적인 경제공황의 성격을 띠고 있다. 예컨대, 투자은행의 위기에서 상업은행의 위기로 발전을 가속화한 것은 실물부문의 공황 때문이었고, 역으로 금융부문의 공황은 신용경색을 통해 실물부문의 공황을 심화시켰다. 또한 제2장에서 살펴본 대로, 주택투기와 주택거품을 매개했던 파생금융상품을 통한 금융투기와 금융거품이 거대한 거품경제를 조성했고, 그 거품의 붕괴가 대공황을 가져왔다. 국가의 개입과 투기적 요인이 공황의 발발을 지연시키면서 동시에 공황의 범위와 규모를 크게 증폭시켜 대공황이 발생한 것이다.[6] 이처럼 금융과 투기 요인이 이번 대공황에 크게 작용한 것은 바로 신자유주의 세계화라는 신자유주의적 자본축적 형태 때문이었다.

2. 21세기 세계대공황의 원인은 무엇인가

과소소비 때문인가 이윤율 저하 때문인가

21세기 세계대공황의 원인을 둘러싼 논쟁은 크게 보면 과소소비론과 이윤율 저하론으로 나눌 수 있다. 이번 대공황을 금융위기로 보는 견해[7]나 순환적 공황 수준으로 파악하는 견해를 논외로 하면 그러하다. 그 원인 설명에 있어 이른바 금융화에 따른 금융위기론과 과소소비론이 겹치거나 아니면 두 요인이 결합되는 경우도 있지만, 단순한 금융위기를 넘어선 실물경제의 위기까지 포함하는 경제위기로 본다는 점에서 과소소비론은 금융위기론과 구별된다.

과소소비론은 신자유주의에 의한 사회 양극화, 즉 노동계급의 빈곤화가 총수요를 감소시켜서 저성장과 금융화 등을 가져왔고, 이것이 이번 대공황의 원인이라고 본다.[8] 반면, 이윤율 저하론은 1970년대 이래의 장기적 이윤율 저하가 투자를 감소시켜 저성장과 금융화 등을 가져왔고, 이것이 대공황의 원인이라고 본다.[9] 즉, 근본원인을 노동계급의 빈곤화와 그에 따른 수요 부족으로 보느냐, 이윤율 저하에 따른 투자 감소로 보느냐에서 나뉜다. 논자마다 조금씩 차이는 있지만 크게 보면 그러하다. 공황의 원인에 대한 이러한 논쟁은 마르크스가 공황론을 완성하지 못하고 불완전한 초고 수준으로 남긴 이후 마르크스주의 내에서 지난 150여 년 동안 지속되어왔다.[10]

1970년대 마르크스주의 공황논쟁 이래 최근의 대공황의 원인에 대한 논쟁에 이르기까지 과소소비론과 이윤율 저하론은 크게 보면 동일한 기본 틀에서 벗어나지 못하고 있다.[11] 이에 대한 엄밀한 논증은 이 책의 범위를 벗어나기 때문에 자세히 검토할 수는 없지만, 비유적으로 말하자면 동전에는 반드시 양면이 있는데, 공황논쟁은 동전의 한 면만을 가지고 동전의 양면을 설명하려고 하는 것과 비슷하다고 평가할 수 있다. 마르크스의 공황에 대한 사고나 논리가 단선적이지 않고 복합적이며 총체적이라는 점을 감안하면, 이 논쟁에 나오는 두 요인을 공황의 원인으로서 종합적으로 사고할 필요가 있다.

과소소비론은 공황의 원인을 노동계급의 과소소비로 환원시키기 때문에, 공황 발생의 역동적 메커니즘에 비추어보면 일면적이고, 또 공황의 직접적 원인으로는 부적절하다.

> 공황이 지불능력이 있는 소비의 부족이나 지불능력이 있는 소비자의 부족으로 인하여 일어난다고 말하는 것은 순전히 동어반복에 지나지 않는다. …… 상품이 팔리지 않는 것은 상품에 대한 지불능력이 있는 구매자, 따라서 소비자(상품을 사는 것이 결국 생산적 소비를 위해서든 개인적 소비를 위해서든)를 찾아내지 못하는 것을 의미할 따름이다. …… 즉, 공황은 임금이 전반적으로 오르고 노동자계급이 연간생산물 중 소비로 향하게 되어 있는 부분의 더 큰 몫을 실제로 받는 바로 그 시기에 의해 항상 준비된다고(마르크스, 2004a: 496).

그러나 과소소비론은 공황 원인의 한 요인이자 자본주의 생산의 근본적 한계인 생산과 소비의 모순을 정면으로 제기한 점에서 긍정적이다.

이윤율 저하론은 공황이 근본적으로 자본주의적 생산 자체에서 발생한다는 점을 일관되게 주장한 점에서 긍정적이다. 특히 공황의 원인을 교환과 분배 영역에서 찾는 과소소비론을 비판하고, 생산 영역의 중요성을 복원시킨다는 점에서 큰 역할을 한다. 그러나 자본의 유기적 구성의 고도화가 이윤율을 저하시키게 된다는 주장은 이윤율의 장기적이고 궁극적인 저하를 예측하는 데는 옳지만, 현실적인 이윤율의 변화와 이에 대한 자본의 대응을 분석하는 데는 부적절하다. 더구나 공황의 직접적 원인을 이윤율 저하 경향에서 바로 구하는 것은 일면적이다. 이윤율 저하론은 이윤율 저하 경향 법칙을 현실적인 이윤율의 저하를 예측하는 법칙으로 파악해 이윤율의 저하와 상쇄요인들의 상대적 크기를 평면적으로 비교하는 데 집중한다. 또 이윤율 저하 경향을 저지하는 상쇄요인들이 소진되면 이윤율이 현실적으로 저하해 공황이 발생하는 것으로 설명한다.[12] 이러한 논지는 마르크스가 공황을 이윤율 저하 경향과 상쇄요인들의 모순적 전개 과정에서 발생한 충돌로 보는 것과는 방법과 내용 면에서 모두 다르다.

방법론적으로 보면, 과소소비론은 유통과정에서, 이윤율 저하론은 생산과정에서 공황의 근본원인을 찾는다. 그러나 마르크스는 직접적 생산과정과 유통과정의 통일로서의 총생산과정에서 공황의 원인을 찾으려고 한다. 즉, 잉여가치 생산조건과 실현조건 사이의 모순과 충돌로써 공황을 설명한다.

잉여가치의 생산은 자본주의적 생산과정의 제1막에 지나지 않으며, 이것의 완수는 직접적 생산과정 자체를 끝내는 것일 뿐이다. …… 이제 제2막이 오른다. 총상품량(총생산물) — 불변자본과 가변자본을 보충하는 부분과 잉여가치를 표시하는 부분 — 은 판매되어야만 한다. ……

직접적 착취의 조건들과 이 착취의 실현의 조건들은 동일하지 않다. 두 조건들은 시간과 공간에서 일치하지 않을 뿐만 아니라 개념에서도 일치하지 않는다. 전자는 사회의 생산력에 의해서만 제한되며, 후자는 여러 생산 분야 사이의 비례관계와 사회의 소비능력에 의해 제한되고 있다. 그런데 사회의 소비능력은 절대적인 생산능력이나 절대적인 소비능력에 의해 결정되는 것이 아니라, 적대적인 분배관계 — 이것은 사회의 대다수 민중의 소비를 최저 수준으로 인하하여 다소 좁은 범위 안에서만 변동할 수 있게 한다 — 에 근거한 소비능력에 의해 결정된다. 또한 사회의 소비능력은 축적충동 — 자본을 확대하여 더욱 큰 규모로 잉여가치를 생산하려는 욕구 — 에 의해 더욱 제한되고 있다. …… 그러므로 시장은 끊임없이 확대되지 않을 수 없으며 …… 자본주의 생산의 내적 모순은 생산의 외부영역을 확대함으로써 해결을 구한다. 그러나 생산력이 발달하면 할수록, 생산력은 소비관계가 입각하고 있는 좁은 기초와 더욱더 충돌하게 된다. 이러한 모순에 찬 토대 위에서는, 자본과잉(excess capital)이 증대하는 인구과잉(surplus population)과 공존한다는 것은 전혀 모순이 아니다. 왜냐하면 이 둘을 결합한다면 생산되는 잉여가치량은 증대할 것이지만, 이것은 또한 잉여가치가 생산되는 조건들과 그것이 실현되는 조건들 사이의 모순을 더욱 증대시킬 것이기 때문이다(마르크스, 2004b: 293~294).

따라서 방법론적으로 생산과정과 유통과정의 한 측면으로 공황의 원인을 환원하는 것은 올바르지 않다고 볼 수 있다. 오히려 두 과정

사이의 모순과 충돌로써 공황을 파악하는 것이 적절하다. 즉, 이윤율 저하 경향과 이에 대한 상쇄요인들의 작용이 잉여가치의 생산조건과 실현조건 사이에 모순과 충돌을 일으킴으로써 공황이 발생하는 것이다.[13]

또한 공황의 원인을 생산과정으로 환원하는 이윤율 저하론의 경우는 마르크스의 이윤율 저하 경향 법칙의 해석도 일면적이다. 이윤율 저하론의 경우, 예컨대 클라이먼(2012)은 유기적 구성의 고도화라는 단일 요인만으로 이윤율 저하 경향을 설명하고 있다.[14] 그러나 마르크스의 이윤율 저하 경향 법칙은 생산과정에서의 이윤율 저하 경향뿐 아니라 유통과정을 포함한 총 과정에서의 이윤율 저하를 상쇄하는 경향까지 고려해서 도출된 것이다. 마르크스가 여러 상쇄요인들 가운데 일반적인 것으로 노동착취도의 증대, 노동력의 가치 이하의 임금 저하, 불변자본 요소들의 저렴화, 상대적 과잉인구, 대외무역 등을 들고 있는 데서 보이듯이(마르크스, 2004b: 277~288), 이윤율 저하 경향의 법칙은 생산과정에서만이 아니라 총생산과정에서 이윤율의 저하 경향과 이에 대한 상쇄요인들의 종합에 의해 도출되는 경향 법칙이다. 노동생산력의 발전을 의미하는 유기적 구성의 고도화가 이 법칙의 주된 규정요인이지만, 생산과정에서의 유기적 구성의 고도화만이 이 법칙을 구성하는 것은 아니다.

여기에서는 이윤율 저하 경향의 법칙, 생산과 소비의 모순이라는 자본주의 생산양식의 고유한 내재적 법칙과 모순이 복합적으로 작용해 공황이 발생한다는 이론적 관점에서 21세기 세계대공황의 원인을 역사적으로 분석하고자 한다.

21세기 세계대공황의 원인

　1970~1980년대 초반까지 격렬한 계급투쟁을 통한 신자유주의적 자본주의로의 전환 과정에서, 그리고 그 이후 상시적인 신자유주의적 구조조정 과정에서 자본가계급은 정보기술혁명을 활용해 자본의 유기적 구성을 더욱 고도화시켰다. 그리고 그에 따른 이윤율 저하 경향의 압력을 노동에 대한 유연화·세계화 공세를 통해 착취도를 획기적으로 높임으로써 상쇄해 이윤율을 부분적으로 회복했다. 예컨대, 미국에서 1983년부터 비금융기업의 이윤율이 상승 추세로 전환되었다. 그러나 이는 동시에 노동계급을 빈곤화시킴으로써 생산된 상품이 팔리지 않는, 즉 과잉생산 문제를 악화시키는 과정이었다. 노동에 대한 유연화·세계화 공세는 착취도를 높여서 이윤율을 회복시켰지만, 동시에 과잉생산 문제를 신자유주의적 자본축적형태에서 구조적인 것으로 만들었던 것이다.

　1980년대 이후 과잉생산 및 과잉자본 경향이 만성화되고, 이에 따라 저성장이 구조화되었으며, 생산적 투자기회가 줄어들어 금융적 축적을 유도했다. 그리고 금융적 축적은 투기와 거품 요소를 구조적으로 조장했고, 실물부문에서도 투기적 축적을 조장함으로써 한편으로 공황의 발발을 지연시켰으나 다른 한편으로 과잉생산 문제를 더욱 악화시켰다.

그림 3.1 **미국 비금융법인의 세전·세후 이윤율 추이(1964~2012년)**

주: 이윤율의 추세는 주택거품성장에 따라 2002년 이후 다시 상승 추세로 반전되었지만, 2007년에 다시 하락
추세로 꺾였다. 2006년 세전 이윤율의 고점이 1960년대 중반의 고점 수준에 미치지 못하는데도 불구하고
2006년 세후 이윤율의 고점이 1960년대 중반의 고점 수준에 육박하는 수준으로 나타나는 것을 보면, 200
6년의 세전·세후 이윤율의 격차는 1960년대 중반의 격차에 비해 크게 줄어든 데서 비롯됨을 알 수 있다.
이것은 부시 정부에서의 법인세 감세정책으로 인한 것이다.
자료: BEA NIPA, table 1.14; table 4.1.

 1990년대 중반 이후 세계적으로 제조업 가격 하락 현상이 나타나
기 시작했고, 1997년 동아시아 경제위기 이후 과잉생산 위기가 지역
적으로 나타나기 시작했다. 그림 3.1에서 드러나듯이, 미국 비금융
기업의 이윤율은 1997년을 전환점으로 다시 하락 추세로 전환했다.

 그런데 공황으로 폭발하지 않은 것은 주식시장의 IT거품을 통한
거품성장 때문이었다. 이 IT거품은 2000년에 붕괴했다. 이때 미국 정
부가 적극 개입해 저금리와 유동성 공급을 통해 공황을 모면하는 한
편, 새로운 거품으로 주택거품을 조성하기 시작했다. 저금리정책을
지속적으로 시행하고 투기적 금융(파생금융상품)을 조장함으로써 주

　　　　　　　　　　　　　21세기 대공황의 시대

택거품과 금융거품을 통해 공황을 장기간 지연시켰다.

한편, 미국·유럽 제국주의는 9·11 사건을 계기로 '테러와의 전쟁'을 명분으로 아프가니스탄(2001년), 이라크(2003년)에 대한 침략전쟁에서 활로를 찾으려고 했다. 그러나 아프가니스탄, 이라크 침략전쟁은 이들 나라의 점령에는 성공했지만 민중의 완강한 저항으로 인해 침략전쟁을 통한 경제위기의 활로 개척에는 실패했다. 침략전쟁과 장기간의 주둔은 막대한 군비지출과 재정적자를 누적시켰을 뿐이고, 침략 후 식민지 개척으로 인한 경제적 이익은 거의 누리지 못한 것이다. 이라크 전쟁 비용으로만 2조 달러가 소요되었고, 아프가니스탄 및 파키스탄에 대한 전쟁 비용을 포함하면 9·11 사건 이후 '테러와의 전쟁' 비용으로 4조 달러가 소요되었다.[15] 이 규모는 미국의 제2차 세계대전 시의 전쟁비용 규모와 같다.

다른 한편, 정부의 정책적 개입에 의한 부동산거품 및 금융거품은 공황을 장기간 지연시켰지만 제거할 수는 없었다. 오히려 지연의 대가로 공황의 규모와 폭을 훨씬 크게 증폭시켰다. 결국, 주택거품이 먼저 붕괴하고 그와 연관된 금융거품이 연쇄적으로 붕괴하면서 2008년 세계금융공황이 발발했다. 1997년 동아시아 경제위기 이후 10년간의 신용팽창과 그로 인한 금융거품은 '최후 심판의 날'을 지연시켰을 뿐이다. 세계금융공황의 발발 과정 자체가 2007~2008년이라는 오랜 기간에 걸쳐 일어난 것도 경제 시스템 붕괴를 저지하려는 정부의 적극 개입이라는 요인이 작용해서였다. 그러나 이러한 정부의 개입도 자본주의의 고유한 모순에 따른 공황의 발발 시기를 지연시키기만 했을 뿐 공황 자체를 제거할 수는 없었다.

　요컨대, 21세기 세계대공황은 자본주의적 축적의 일반법칙인 '유기적 구성의 고도화'에 따른 이윤율 저하 경향을 노동에 대한 유연화·세계화 공세를 통해 착취도를 획기적으로 높임으로써 일시적으로 상쇄했으나, 그 결과 과잉생산 문제를 구조적으로 악화시켜 대공황으로 터져 나온 것이다.

4

21세기 세계대공황의 경과

21세기 세계대공황은 2008년 9월에 세계금융공황으로 발발했고, 2009년 상반기에 세계경제대공황으로 발전했다. 세계금융공황은 연쇄적인 거품붕괴의 결과로 발발했다. 2000년부터 시작된 주택거품은 2006년 상반기를 정점으로 이후 꺼지기 시작했고 2007년에 붕괴되었다. 그와 동시에 주택거품을 밑받침했던 파생금융상품이 2007~2008년 연쇄적으로 붕괴했다. 그 결과가 2008년 9월 미 투자은행 리먼브러더스의 파산을 계기로 폭발한 세계금융공황이었다. 21세기 세계대공황의 발발 과정이 2~3년에 걸친 연쇄적인 폭발 과정을 거치게 된 것은 대공황 발발을 저지하기 위해 각국 정부가 적극 개입했기 때문이다. 그러나 각국 정부의 개입이 그 발발 시간을 지연시킬 수는 있었지만 대공황을 막지는 못했다.

세계금융공황의 발발 후 2008~2009년 전례 없는 구제금융과 경기부양책이 실시되어 금융 및 경제 시스템의 붕괴는 간신히 저지되었다. 그러나 무제한적으로 돈을 풀었는데도 금융위기는 해소되지 않았고, 막대한 경기부양책에도 불구하고 실물경제는 회복되지 않았다. 세계대공황은 2010~2011년에는 형태를 달리해서 선진국 재정위기와 국가부도위기로 나타나는 등 더욱 심화되었고, 2012년부터 지구적 불황으로 전환되었다. 2015년 초 현재 지구적 자본주의는 장기불황 속에서 디플레이션의 위협에 놓여 있다.

제4장에서는 이와 같은 21세기 세계대공황의 전개 과정을 차례대로 살펴볼 것이다.

1. 세계금융공황(2008년)과 세계대공황(2009년)

금융거품의 붕괴와 세계금융공황(2007~2008년)

2008년 세계금융공황은 금융거품이 붕괴하면서 발발했다. 이 금융거품의 붕괴 과정은 주택융자(모기지)를 증권화하는 연쇄관계에 따라 발생했다. 모기지 대출자 → 모기지 대출금융기관 → 증권화전문회사(투자은행) → 투자자(헤지펀드·구조화투자전문회사·보험회사·상업은행) → 채권보증회사로 이어지는 연쇄관계에서 금융회사들은 때로는 단계적으로, 때로는 동시에 부실화와 파산위기에 몰리게 되었다.

먼저 2007년 모기지 대출금융기관의 파산과 투자은행·상업은행의 위기를 살펴보자. 2006년 하반기부터 미국 주택가격이 하락하기 시작하자 비우량 주택융자의 연체와 차압률이 더욱 높아졌다.[1] 이는 2007년 2~4월의 모기지 대출금융기관 위기로 나타났다. 2월 7일 세계 3위 은행인 HSBC홀딩스는 미국 모기지담보부증권과 관련한 106억 달러의 손실을 발표했다. 4월 2일에는 미국 2위의 비우량주택융자회사 뉴센추리 파이낸셜New Century Financial 이 파산했다. 이렇게 모기지 대출금융기관이 위기에 처하자 7~8월경 파생금융상품인 모기지담보부증권MBS과 부채담보부증권CDO으로 인한 금융기관의 손실이 확대되었다. 이에 따라 모기지 관련 헤지펀드의 파산이 줄을 이었다. 미국의 헤지펀드뿐만 아니라 프랑스 최대 은행인 BNP파리바, 영국계 상업은행 산하의 헤지펀드들이 줄지어 파산했다. 독일, 벨기에 등의 헤지펀드들도 마찬가지였다.

이때부터 세계적으로 신용경색이 발생했다. 이것을 해소하기 위해 유럽중앙은행ECB은 금융 시스템에 750억 유로를 투입했고, 미국 중앙은행인 연방준비제도이사회도 유동성 공급을 확대하기 시작했다. 영국 은행 노던록Northern Rock 은 영국 중앙은행에 구제금융을 신청했음에도 불구하고 2007년 9월 대량 예금인출 사태가 발생했다. 10~11월에는 미 투자은행 메릴린치Merrill Lynch 가 23억 달러의 손실을 발표하고, 세계 최대 은행 시티그룹Citigroup도 170억 달러의 손실을 발표했다. 그리고 11월부터는 상업은행 산하의 구조화투자전문회사SIV 의 위기가 본격화되었다. 이에 선진국 중앙은행들은 긴급자금을 공급하고 금리인하 조치를 취했다.

2008년 연초부터 신용부도스와프CDS로 인한 채권보증기관의 위기가 발생했다. 또한 신용부도스와프를 다량 보유한 투자은행들은 금융부실의 확대로 위기에 몰리게 되었다. 2008년 2월 17일 영국 은행 노던록은 파산을 막기 위해 국유화되었다. 또 3월 13일 미국의 5위 투자은행인 베어스턴스Bear Stearns가 파산위기에 몰려 상업은행인 JP모건체이스에 의해 인수되었다. 이 시기에 세계 최대의 사모펀드를 운용하던 칼라일 캐피털Carlyle Capital이 파산했다.

2008년 6월부터는 미국 모기지 시장이 붕괴하고 유럽까지 그 여파가 미쳤다. 결국 9월 5일 미국의 국책 모기지기관인 패니메이와 프레디맥이 부도위기에 몰리게 되자 미 정부는 공적자금 2000억 달러를 투입해 사실상 국유화했다.

이러한 연쇄적인 금융거품붕괴가 절정에 이른 것이 2008년 9월 15일 미국 4위의 투자은행 리먼브러더스의 파산이었다. 이는 채무가 6350억 달러에 이르는 미국 사상 최대의 파산이었다. 이를 계기로 세계금융공황이 폭발했다. 9월 16일 세계 최대 보험사인 미국 AIG에 1500억 달러의 구제금융이 투입되어 국유화되었다. 그리고 9월 18일 아직 파산하지 않은 미국의 3대 투자은행에 구제금융이 투입되었다. 투자은행 골드만삭스와 모건스탠리가 상업은행으로 전환해 구제금융이 투입되었고(투자은행에는 구제금융을 투입할 수 없다), 메릴린치는 상업은행 뱅크오브아메리카BOA에 의해 인수되어 구제되었다.

상업은행들의 파산도 줄을 이었다. 9월 25일 미국 워싱턴뮤추얼

Washington Mutual이 파산했는데, 이는 자산 규모 3070억 달러로 미국 사상 가장 큰 상업은행의 파산이었다. 9월 29일 미국 4위의 상업은행 와코비아Wachovia가 파산하고, 영국, 독일, 벨기에 등 유럽 은행 3개가 파산했다. 9월 29일 미 하원에서 7000억 달러의 구제금융 법안이 상정되었으나 부결되었다. 이 법안은 10월 3일 통과되었다. 수많은 유럽 은행들의 파산이 계속되자 9월 30일 프랑스와 벨기에는 프랑스-벨기에 합작은행 덱시아Dexia에 긴급구제금융을 투입하기로 결정했다. 아일랜드는 은행부실화를 막기 위해 5740억 달러를 투입했다. 미국은 파산위기에 몰린 초국적 자동차기업 GM과 크라이슬러에 긴급구제금융 지원금 250억 달러를 투입했다.

10월 들어 공황은 더욱 확산되었다. 10월 7일 아이슬란드는 자국 내 최대 은행 2개를 국유화했고, 9일에는 주식시장을 아예 폐쇄했다. 영국은 10월 8일 부실은행에 8750억 달러를 지원했고, 13일 대은행인 스코틀랜드 왕립은행과 핼리팩스Halifax 은행의 파산을 막기 위해 국유화했다.

10월부터 선진국 중앙은행들은 유동성을 무제한 공급하고 금리를 인하하는 조치를 취했다. 그리고 금융공황은 신흥국들로 확산되었다. 아이슬란드, 헝가리는 10월 13일 IMF에 구제금융을 신청했고, 파키스탄, 라트비아, 우크라이나 등이 국가부도위기에 몰렸다.

이제 공황은 세계금융공황을 넘어 세계경제대공황으로 발전해나갔다. 2008년 4/4분기 세계 실물경제는 급격하게 추락했다. 4/4분기 세계 GDP 성장률은 -5%(연율)로 추락했는데, 선진국은 -7%로 추락했다.

　이처럼 2008년의 세계금융공황이 세계경제대공황으로 발전하게
되자 2009년 초부터 미국의 대형 상업은행이 위기에 몰리게 되면서
비상조치가 잇따랐다. 투자은행에 집중되었던 비우량 모기지담보부
증권MBS과 부채담보부증권CDO으로 인해 누적된 부실채권이 정리되
지 않고 상업은행들로 이전되면서 이 은행들의 위기로 표출되었으
며, 실물경제의 위기가 상업은행의 부실화를 더욱 가속화시켰기 때
문이다. 2009년 1월 보험회사 AIG에 구제금융이 추가로 투입되었다.
2월 13일에는 7870억 달러의 대규모 경기부양책이 미 의회를 통과했
다. 2월 27일 구제금융 투입을 위해 상업은행인 시티그룹이 긴급 국
유화되었다. 더 나아가 3월에는 미 연방준비제도이사회가 대규모 발
권을 통해 통화를 공급하는 이른바 '양적완화quantitative easing' 정책을
발표했다. 그리고 4월에는 19개 대형 상업은행에 대한 재무건전성
테스트stress test를 실시했다. 세계적인 초국적기업인 미국 3대 자동
차회사 중 파산위기에 몰린 크라이슬러가 4월 30일에, GM이 6월 1
일에 각각 파산보호를 신청했다. 사실상 파산한 것이다.

세계대공황(2009년)

　실물경제를 중심으로 세계대공황을 살펴보자. 세계경제는 2008년
4/4분기에 불황으로 급격히 추락했다. 세계 4/4분기 GDP 성장률은
-5%(연율)로 추락했는데, 이는 선진국이 -7%로 추락한 것이 주된 원

인이었다. 특히 미국 -6.2%, 유럽연합 -5.7%, 일본 -12.7% 등으로 세계경제의 3대 축이 급격히 위축되었다.

미국의 경우, 주택거품과 금융거품의 붕괴가 진행되면서 주가하락이 본격화된 2007년 가을쯤부터 실물경제의 하강이 시작되었고, 이같은 주가하락과 실물경제의 하강은 부채가 많은 기업과 가계의 파산을 증가시켰다. 미국은 2007년 12월부터 공식적으로 경기하강국면이라고 발표했다. 미국의 GDP 성장률은 2006년 6%, 2007년 5%에서 2008년 2%로 급격하게 낮아졌는데, 2008년 3/4분기 -0.5%, 4/4분기 -6.2%, 2009년 1/4분기 -5.7%, 2/4 -1.0%로 추락했다. 미국은 2008년 4/4분기에 수출이 24% 감소하고 소비지출은 4.3% 감소했다. 미국의 산업생산은 연율로 2008년 1/4분기 0.4%, 2/4분기 -3.4%, 3/4분기 -8.0%, 4/4분기 -12.1%로 급격하게 감축되었다. 2009년 2월의 산업생산은 1.4% 감축되었는데, 이는 연율로 따지면 17% 감축으로 2008년 4/4분기보다 더 큰 폭으로 감축된 것이다. 또한 공장 가동률은 사상 최저치인 70.9%로 하락했다.

2008년 세계금융공황을 거치면서 세계 주식시장은 거의 50% 폭락했고, 이로 인해 금융자산 35조 달러가 사라졌다.

2009년에 들어서면서 전 세계 산업생산, 국제무역, 주식시장 가치의 붕괴는 1929년대 대공황 시절만큼 심각했으며, 때로는 그보다 더 심각했다. 특히 자동차산업의 공황이 그러했다. 이는 미국의 3대 자동차 생산업체 가운데 두 곳인 GM과 크라이슬러의 파산, 공적자금 투입으로 드러났다. GM은 2008년 미국 내 14개 공장을 폐쇄하고, 2

만 1000명을 해고했다. 2008년 자동차산업(완성차 및 부품업체) 전체 노동자의 1/4에 해당하는 23만여 명의 노동자가 해고되었고, 500여 개의 자동차부품업체가 파산했다. 미국에서 자동차 총판매량은 2009년 2월에 전년 동기 대비 41%나 감소했다. 특히 미국의 자동차기업 빅3의 매출은 50% 이상 감소했다. 세계 최대 자동차업체인 GM의 파산을 막기 위해 미 정부는 2008년 9월 134억 달러의 구제금융을 지원했음에도 불구하고, GM은 결국 2009년 6월 1일 파산보호 신청을 하고, 공적자금이 투입되었다.[2]

이러한 실물경제의 급격한 추락에 따라 실업이 크게 증가했다. 미국의 경우, 2007년 12월 경기침체가 시작된 이래 440만 명이 해고되고, 매월 65만 명 이상이 일자리를 잃었다. 2009년 2월 실업률은 8.1%로 치솟아 지난 25년간 최고치를 기록했다. 파트타임과 실망실업을 포함한 실질실업률은 14.8%에 달했다(1930년대 대공황 당시 미국의 실업률은 25%에 달했는데, 당시 추계방식으로 2009년 수치를 계산하면 실업률은 19.1%에 해당한다). 2009년 말에는 실업률이 10%에 달했다.

한편, 주택거품의 붕괴는 계속되었다. 2008년 9월까지 고점 대비 25% 정도 하락한 주택가격은 계속 하락해 2009년 초까지 12% 정도 추가로 하락했다. 이에 따라 이제는 비우량 주택융자만이 아니라 우량 주택융자도 연체되어 주택 차압률이 증가했다. 모기지 연체율은 2008년 3/4분기 10%에서 4/4분기에는 12%로 증가했다. 연체와 차압을 완화하기 위한 정부의 노력에도 불구하고 주택 차압은 2009년에도 계속 증가했다.

실물경제가 이처럼 불황으로 급격히 전환되자 이는 여러 경로를 통해 미국의 금융공황을 더욱 심화시키는 방향으로 작용했다. 우선 실물경제의 불황은 주택시장의 모기지 대출과 모기지담보부증권을 매개로 금융기관의 부실화에 영향을 미쳤다. 또한 기업의 부도 증가는 부실채권의 증가, 자동차대출·학자금대출 등 다양한 소비자금융의 부실화를 야기함으로써 상업은행을 부실화시켰다. 그리하여 2009년 초에 구제금융을 받지 못한 중소규모의 지방 상업은행 20개가 파산했다. 이처럼 2008년 세계금융공황은 2009년에는 세계대공황으로 발전했다.

초국적 자본·제국주의 세력의 대응 및 금융·경제 시스템의 붕괴 저지

2008년 세계금융공황으로 발발한 21세기 세계대공황에 대해 미국, 유럽연합, 일본 등 선진국들과 중국, 인도, 브라질 등 신흥국들은 국제공조를 통해 2007년 말부터 사상 초유의 제로 수준의 저금리를 실시하고, '양적완화'라는 이름으로 무제한적으로 유동성(통화)을 공급했으며, 금융기관에 대한 사상 초유의 구제금융(공적자금 투입) 등을 통해 세계금융 시스템의 붕괴를 겨우 저지했다. 또한 2009년부터 사상 초유의 재정지출을 통한 실물경제 부양책을 펼침으로써 세계 생산 시스템의 붕괴를 겨우 저지했다. 이와 같은 2008~2009년의 세계대공황의 전개에 대해 미국의 연방준비제도이사회 전 의장 앨런 그린스펀은 "100년 만의 홍수"라고 표현했다.

세계금융 시스템의 붕괴를 저지하기 위한 중앙은행들의 개입은 2008년 세계금융공황 이전부터 시작되었다. 2007년 7월 모기지담보 부증권과 부채담보부증권으로 인한 금융기관의 손실이 확대되면서 모기지 관련 헤지펀드들의 파산이 확산되어 세계적인 신용경색이 발생하자 유럽중앙은행은 긴급히 금융 시스템에 750억 유로를 투입하고, 미 연방준비제도이사회는 유동성 공급의 확대에 나섰다. 그리고 11월에는 선진국 중앙은행 대부분이 긴급자금을 공급하고 금리인하 조치에 나섰다. 위기가 더욱 확산된 2008년에는 파산위기의 금융기관을 국유화하고 공적자금을 투입하지 않을 수 없었다. 유럽의 은행들과 미국의 국책 모기지 기관 패니메이와 프레디맥 등이 국유화되었다.

　2008년 9월 미 투자은행 리먼브러더스의 파산을 계기로 세계금융 공황이 발발한 이후에는 더욱 대대적인 긴급조치와 체계적인 구제방안이 마련되었다. 10월 미국은 7000억 달러의 구제금융 법안을 통과시켰고, 선진국 중앙은행들은 무제한적으로 유동성을 공급하고 제로 금리 수준으로 금리인하 조치를 취했다. 또 국가부도위기에 몰린 아이슬란드, 헝가리, 파키스탄, 라트비아, 우크라이나 등에 대해 IMF와 유럽연합이 구제금융을 제공했다. 2009년 3월 미 연방준비제도이사회는 대규모 발권을 통해 통화를 공급하는 1차 '양적완화' 정책을 발표했다.[3]

　이 당시의 여러 조치들은 그 규모와 수준에서 자본주의 역사상 전례가 없는 것이었다. 예컨대, 은행의 모든 예금에 대해 중앙은행이 보증한 조치라든지, 자본주의에서 역사가 가장 오래된 중앙은행인 영국의 영란은행이 사상 처음으로 제로금리를 실시한 것 등이 대표적이다. 이러한 초유의 조치들을 통해 세계금융 시스템의 붕괴가 저지되었다.

이 시기 세계 금융 및 경제 시스템 붕괴를 저지하기 위한 위기 타개책으로 세계 각국 정부가 투하한 비용은 총 20조 달러가 넘을 것으로 추산되었다(맥널리, 2012: 317). 2009년 영국 중앙은행의 추산에 의하면, 미국, 영국, 유로존Eurozone에서의 금융체제 구제비용만으로 14조 달러가 소요되었다. 여기에 미국 7870억 달러, 중국 6000억 달러, 일본 2000억 달러 등 각국의 대규모 경기부양책을 더하면 20조 달러가 넘는다. 이는 미국 GDP의 1.5배에 해당한다. 세계금융공황의 진원지이자 위기가 가장 심각했던 미국은 금융부문 및 자동차산업 구제금융 등으로 총 12조 2000만 달러를 책정했다.[4]

이처럼 대규모 구제금융과 경기부양책으로 세계 금융 및 경제 시스템은 붕괴를 모면했지만 지구적 자본주의는 위기에서 벗어나지도 경기회복을 이루어내지도 못했다. 무제한적인 유동성 공급에도 불구하고 금융위기는 해소되지 않았고, 막대한 경기부양책에도 불구하고 실물경기는 회복되지 않았다. 선진국에서 발발한 대공황의 타격을 심각하게 받은 주변부 작은 나라들의 경제위기는 정부 붕괴로 이어졌다. 2009년 1월 금융산업에 의존하던 아이슬란드 연정이 붕괴되었고, 2월 벨기에와 라트비아 정부가 붕괴되었다.

공황에 따른 파산과 구조조정으로 실업률은 계속 상승해 미국, 유럽연합 모두 공식 실업률이 10%대로 증가했는데, 실질 실업률은 20%대(미국의 경우 약 18%)에 달했다. 고용감소, 임금삭감, 부채상환 부담의 가중으로 인해 노동자와 서민의 가계는 허리띠를 더욱 졸라매게 되었고, 이에 따라 민간소비가 계속 위축되어 소비수요가 감소해 민간투자 역시 대폭 감축되었다. 이러한 민간소비와 민간투자의 감소분을 경기부양책에 의한 정부지출 확대로 메워서 경제 시스템의 붕괴를 간신히 저지한 것이다.

한편 IMF의 추정에 따르면, 2009년 중반까지 이 공황으로 인한 자산가치의 손실은 55조 달러, 즉 1년 동안의 세계 GDP와 거의 맞먹는 액수에 달했다(하비, 2012: 316).

그러나 2009년 이후 경기가 회복되지 않은 상태에서 구제금융, 경기부양 등으로 재정지출이 급증하면서 유럽 등 대부분의 선진국은 재정위기에 직면하게 되었다.

2. 선진국의 재정위기와 국가부도위기(2010~2011년)

대공황에 대한 국가 개입

대공황에 대한 국가 개입의 주요한 수단은 구제금융과 양적완화 정책, 그리고 경기부양책이었다. 구제금융은 금융기관과 제조기업의 부실화와 파산을 막기 위해 공적자금을 투입하는 것이다. 양적완화 정책은 중앙은행이 발권력을 동원해 화폐를 찍어 국채 등의 자산을 매입하는 방식으로 시중에 자금을 대량 공급하는 통화정책이다. 이는 기준금리가 제로에 가까운 상황에서 더 이상 금리를 낮추기 어려울 때 사용하는 비전통적 방식의 통화팽창 정책이다. 경기부양책으로는 사회복지지출 확대, 정부 투·융자 확대, 세금감면 등 확장적인 재정정책을 사용했으며, 여기에 특별조치로 특별소비세 감면, 가전제품 구입 지원금 제공(일본, 중국), 자동차 교체 지원금 제공(미국, 한국) 등이 실시되었다.

이러한 국가 개입의 주된 초점은 부실화된 거대 금융회사와 대기업의 파산을 막기 위해 막대한 돈을 은행과 기업에 쏟아붓는 것이었다. 즉, 초국적 독점자본을 구제하기 위한 것이었다. 그 명분은 '대마불사'이다. 대형 금융기관이 파산할 경우 예금인출사태를 초래해 금융 시스템의 붕괴로 이어지고, GM과 같은 대형 제조기업이 파산할 경우 연쇄효과로 인해 수많은 기업의 파산으로 이어져 생산 시스템의 붕괴를 가져오기 때문이다. 즉, '대공황'을 막기 위해 '대자본(초국적 독점자본)'만을 구제하는 것이다.

실제로 막대한 구제금융은 대형 금융회사와 기업에만 투입되었고, 수많은 중소은행들과 하청 중소기업들의 파산은 방치되었다. 예컨대, 2009년 미국의 40개 중소 지방은행들의 파산, 500여 개 자동차 부품 하청업체들의 파산 등이 이를 보여준다. 또한 주택 차압에서 볼 수 있듯이, 실직 등으로 인한 부실가계의 경우에는 시장원리대로 가계를 파산시켜 살던 집에서 내쫓았다.

한편, 구제금융은 자본의 부채를 국가의 부채로 이전시키는 것이다. 특히 금융회사에 대한 구제금융은 금융회사의 부실채권을 정부가 매입함으로써 자본의 부채를 정부의 부채로 전환시킨 것이었다. 부실금융자산을 파산이라는 시장원리에 의해 청산하는 것이 아니라, 금융회사를 살리기 위해 그 부실금융자산의 부담을 고스란히 정부가 떠안는 것이다. 결국, 부실화의 책임과 부담이 무모한 투기로 부실화를 초래한 자본가가 아니라 국민에게 전가된 것이다.

부실금융자산의 규모는 미국과 유럽에서 총 50조 달러에 달할 것으로 추정되었다. 미국의 예상 구제금융 규모는 23조 7000억 달러, 유럽의 구제금융 규모는 25조 달러로 추정되었다.[5] 이는 주로 2008년 세계금융공황 이전 5년여 동안 조성된 파생금융상품 등을 통한 금융거품에서 비롯된 것이다.

한편, 구제금융과 경기부양책에 소요되는 천문학적인 재원은 어떻게 조달되었는가? 바로 국가채권 발행과 통화 발행이라는 두 가지 방법이었다. 우선 경기불황에 따른 세금수입 감소 때문에 각국 정부는 막대한 채권 발행을 통해 정부부채를 늘림으로써 재원을 조달했다. 2008년 세계금융공황 이후 선진국들은 특히 은행들에 대한 구제금융으로 막대한 자금을 투입하면서 재정적자가 크게 증가했다. 그 결과, 불과 2~3년의 재정적자 누적에 따라 국가부채가 GDP의 30% 정도 크게 증가했다. 대공황이 가장 심각했던 미국의 재정적자 규모를 살펴보면, 2009년 1조 4000억 달러, 2010년 1조 3000억 달러, 2011년 1조 3000억 달러, 2012년 1조 890억 달러(미국 GDP의 7%), 2013년

6800억 달러에 달했다. 그래서 재정 상태가 건전한 나라들도 2010년에는 GDP 대비 100%에 육박하는 국가부채 비율 때문에 재정위기와 국가부도위기로 내몰리게 되었다.

다음으로, 통화 발행을 통해 재원을 조달하는 것은 정부 채권을 채권시장을 통해 판매하는 것이 아니라 중앙은행이 바로 인수함으로써 통화가 발행되는 경우이다. 미국은 2006년부터 통화량 증가 통계를 공식적으로 발표하지 않았다. 이는 미 재무부 채권을 미 중앙은행이 비공식적으로 인수하는 것을 감추기 위함이었다. 미국은 막대한 재정적자를 사실상 달러 발행을 통해 조달했던 것이다. 그러나 2008년 세계금융공황 이후인 2009년 3월 대형 상업은행의 위기에 대한 비상조치로 필요한 재원의 일부를 통화증발, 즉 달러를 찍어서 조달하겠다고 공개적으로 발표했다. 달러증발을 공식화한 것이다.

영국도 재정 일부를 통화 발행을 통해 조달했다. 일본은 자국 금융기관이 국채를 인수하도록 함으로써 통화 발행 증대와 똑같은 방식으로 재원을 조달했다. 2012년 아베 신조安倍晉三 정권의 등장 이후에는 중앙은행이 직접 국채를 인수하는 공격적 방식으로 전환되었다.

그런데 유로화 사용 나라들(2010년 기준, 유로존 16개국)은 독자적인 자국통화가 없으므로 자국 중앙은행을 통해 국채를 인수함으로써 통화를 발행할 수 없다. 그래서 유로존의 경우 유럽중앙은행이 채권시장에서 국가부도위기 나라의 국채를 매입하는 방식을 취했다. 이 방식은 유로존 나라들 간의 이해관계가 다르기 때문에 정치적으로 논란이 되어 제한적으로 실시될 수밖에 없었지만, 이것 역시 사실상 유로화 발행을 통해 재원을 조달하는 방식으로 볼 수 있다.

재정위기와 국가부도위기

재정위기는 누적된 재정적자로 인해 국가부채가 크게 증가해 국가
부채 비율이 GDP 대비 100%에 육박할 경우를 말한다. 국가부도위
기는 재정위기로 인해 채권시장에서 국채가 팔리지 않는 사태를 말
한다. 즉, 재정적자를 국채 발행을 통해 조달할 수 없는 사태이다. 국
가부도위기를 초래하는 국가부채 비율의 절대적 기준은 없으나 대체
로 국가부채 비율이 GDP 대비 100%에 육박하면 채무불이행 사태에
대한 우려가 제기되면서 국가부도위기로 발전한다.

경제위기 상황에서 재정위기는 곧바로 국가부도위기로 발전하게
된다. 실제로 2008년 세계금융공황 당시 아이슬란드, 헝가리, 파키스
탄, 우크라이나, 라트비아 등은 국가부도위기에 몰렸고, 이에 대해
IMF와 유럽연합이 구제금융을 제공했다.

그런데 문제는 경제 규모가 상대적으로 작은 이러한 주변국들만이
아니라 선진국들에서도 재정위기가 국가부도위기로 발전하기 시작
했다는 점이다. 바로 남유럽 나라들이다. 유럽연합(27개국) 내에서
자국통화를 발행할 수 없는 유로화 사용 나라들(16개국) 일부에서 재
정위기가 국가부도위기로 발전했다. 적자재정을 오로지 채권 발행을
통해 조달할 수밖에 없는 유로화 사용 나라들의 경우 국가부채 비율
이 증가해 GDP의 100%에 육박하게 되자, 채무불이행 사태에 대한

우러가 생기면서 채권시장에서 국채가 팔리지 않는 사태 또는 고금리를 주어야만 국채가 팔리는 사태가 발생했다. 그래서 재정위기는 곧바로 국가부도위기로 전환되었다. 일본의 경우 국가부채 비율이 GDP 대비 200%가 넘는데도 국가부도위기로 발전하지 않는 것은 일본 국채의 대부분(95%)이 일본 채권시장에서 자국 금융기관에 의해 구매되었기 때문이다.

이러한 사태는 그리스에서 제일 먼저 발생했다. 2010년 그리스에서 국가부도위기가 현실화되었다. 그리스의 국가부도를 막기 위해서 이른바 '트로이카', 즉 유럽연합EU, 유럽중앙은행ECB, 국제통화기금 IMF이 두 차례 구제금융을 제공하고 한 차례의 부채 탕감을 실시했다. 2010년 1차 구제금융 1100억 유로, 2011년 2차 구제금융 1300억 유로로도 해결되지 않았기 때문에 2011년 그리스의 해외국채 2000억 유로 가운데 1000억 유로를 탕감했다. 그러나 이러한 구제금융과 부채 탕감의 대가로 강화된 긴축정책으로 인해 마이너스 성장이 더욱 심화되어 재정위기는 여전히 해소되지 않았다. 그리스에 강제된 긴축정책은 연금 1차 10% 삭감, 2차 12% 삭감, 민간부문 최저임금 23% 삭감, 공무원 10% 인원 감축과 10% 임금 삭감 등이었다.

그리스의 국가부도위기는 2011년 남유럽의 그리스와 유사한 재정위기에 처한 나라들인 포르투갈, 스페인, 이탈리아 등 이른바 PIGS 나라들로 확산되었고, 이는 곧바로 유로화 위기로 질적으로 심화되었다. '제2의 그리스'로 지목된 포르투갈은 2011년 곧바로 구제금융이 투입되었고, 부도위기에 몰린 스페인 은행들에 대해서는 2012년 구제금융 1000억 유로가 투입되었다. 스페인은 지방정부의 재정위기 등으로 인해 국가 차원의 구제금융 투입도 검토되었다. 동시에 유로존 제3의 경제대국인 이탈리아도 2012년부터 국가부도위기로 내몰렸다. 그리하여 유로화 위기가 전면화되었다.

동시에 재정위기의 해법으로 유럽연합과 IMF가 강요한 긴축정책으로 인해 유럽의 재정위기는 해소되기는커녕 더욱 악화되었다. 긴축정책이 국민의 구매력, 즉 소비수요를 감소시키고, 이는 투자위축을 가져와 경제성장을 위축시켰기 때문이다. 그래서 세수는 줄어드는 반면, 금융위기의 지속으로 인한 구제금융이나 사회복지지출의 증가 등으로 재정지출 수요는 늘어나 결과적으로 재정적자가 크게 줄어들지 않았다.

한편, 경제 규모가 상대적으로 작은 남유럽의 소국들에서 재정위기가 국가부도위기로 표출되었지만, 국가부채의 규모와 수준 등으로 보면 미국, 일본, 영국의 재정위기가 유로화 나라들보다 훨씬 더 심각했다. 미국은 2012년에 국가부채가 16조 달러를 넘었는데, 이 수치는 세계 최대 규모로서 상환이 불가능하다. 그리고 미국의 주州정부들은 2008년 세계대공황 이후 재정위기로 파산위기에 몰리자 2010년부터 유로화 나라들과 마찬가지로 대규모 긴축정책을 실시했다. 그리하여 2011년 8월 국가부채 한도 증액을 둘러싼 오바마 정부와 공화당의 정쟁政爭으로 미국의 국가신용등급이 스탠더드앤드푸어스S&P에 의해 한 단계 강등당하는 초유의 사태가 일어났다. 또한 2013년 3월 1일부터 재정적자 감축을 위해 연간 1100억 달러 규모의

연방정부의 예산 자동 삭감을 강제하는 '시퀘스터 sequester'가 발동되었다.[6]

일본의 국가부채 비율은 2012년 GDP 대비 237%로 세계 최대 수준이다. 일본은 예산의 절반 정도를 국채 발행을 통해 조달하는 적자 재정이 계속되고 있다. 영국의 경우 국가부채 비율은 2012년 GDP 대비 89%이지만, 금융부문 부채 규모가 GDP의 600%, 국가 총부채가 GDP의 900%로 이는 선진국 중 최고 수준이다(일본은 600%로 2위이다). 영국도 2013년 2월 저성장과 국가부채 증가를 이유로 무디스 Moody's에 의해 국가신용등급이 최고등급에서 한 단계 강등되었다.[7]

재정위기·국가부도위기에 대한 초국적 자본·제국주의 세력의 대응

재정위기에 대한 초국적 자본·제국주의 세력의 대응은 재정 긴축정책이었다. 정부 차원에서 일차적으로 재정 긴축정책, 즉 세수를 늘리고 세출을 줄임으로써 재정적자 폭을 줄이고, 더 나아가 흑자재정을 운용함으로써 재정위기를 타개하려는 것이다. 그 방법은 증세와 사회복지지출 삭감이다. 그러나 이 방법은 한계가 분명하다. 우선 불황으로 인해 기업 이윤이 감소하거나 기업부도가 급증하고 대량실업이 발생한 상황에서 증세는 제한적이기 때문이다. 더구나 대량실업, 임금 삭감 등의 상황에서 사회복지지출의 삭감은 즉각적으로 노동자와 민중의 저항에 부딪히게 되었다. 긴축정책에 항의하는 그리스 총파업 사태나 미국 캘리포니아 주에서의 대학 등록금 인상에 항의하는 학생데모 사태 등이 이를 잘 보여준다. 따라서 긴축정책은 계급투쟁을 격화시켜 정치·사회적 위기를 야기하고 정권교체를 가져왔다. 예컨대, 아이슬란드, 벨기에, 라트비아 정부가 붕괴되었고, 프랑스에서는 2012년 우파 정부(대중운동연합 니콜라 사르코지Nicolas Sarkozy 대통령)가 사회당 정부로 교체되었다.

따라서 선진국에서는 통화증발정책을 선호했다. 국가부도위기로 인해 재정적자를 조달하기 위한 국채 발행이 어렵거나 노동자와 민중의 저항에 부딪히면 돈을 찍어서 조달할 수밖에 없다. 통화증발은 노동자와 민중의 저항을 회피하면서 재정을 조달하는 방법이기 때문이다. 통화증발에 의한 재정 조달은 인플레이션으로 그 효과가 간접적으로 나타나므로 증세에 의한 재정 조달과 달리 노동자와 민중이 적극적으로 저항하기 어려운 특징이 있다.

또한 '양적완화' 정책으로 포장된 통화증발은 인플레이션을 유발해서 정부부채를 국민에게 전가시키는 방법이다. 미국은 이미 2006년부터 이 방법을 채택했다. 그림 4.1은 달러 표시 금값의 추이를 보여주는데, 이를 보면 달러 표시 금값은 2006년 이후 급격히 상승했다. 즉, 달러가치가 하락한 것이다. 미국 달러는 세계 기축통화이기 때문에 달러증발을 통한 인플레이션, 즉 달러가치의 하락은 미국 국민뿐만 아니라 전 세계 노동자와 민중에게 미국 부채의 부담을 전가시키는 것이다. 말하자면, 달러증발을 통한 전 세계 노동자와 민중의 수탈인 셈이다. 그런데 '양적완화' 정책을 통한 통화증발은 필연적으로 국가 간 통화가치 평가절하 문제, 즉 환율전쟁을 초래한다. 이에

그림 4.1 **금값의 역사적 추이**

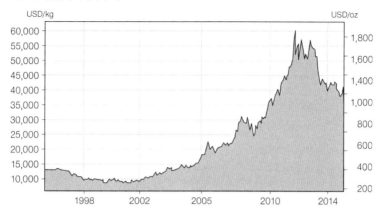

주: 달러가치의 변동을 직접적으로 보여주는 달러 표시 금값의 추이는 2006년 이후 급격히 상승하는 것으로
　나타나는데, 이는 달러증발에 따른 달러가치의 하락을 말해준다. 또한 2009년부터 양적완화가 본격화되
　면서 달러가치 하락은 더욱 급격하게 나타나고 있다.
자료: http://goldprice.org/gold-price-history.html

대해서는 제5장에서 살펴보겠다.

　'양적완화' 정책은 미국, 영국이 주도했고, 유럽연합도 유로화 위기
를 벗어나기 위해 유로화 공급을 편법적으로 증대시켰다. 일본도 아
베 정권이 등장한 2013년부터 경기부양을 명분으로 양적완화 정책에
공격적으로 나섰다. 이처럼 제국주의 나라들이 환율전쟁을 주도하고
나서자, 브라질 등 신흥국들은 환율전쟁에 대한 우려를 공개적으로
표명했다.

　한편, 제국주의 나라들의 양적완화 정책에도 불구하고 세계적 불
황 상황 때문에 인플레이션은 전면화되지 않았다. 선진국에서는 긴
축정책과 불황으로 인해 오히려 디플레이션 경향이 나타났고, 원자

재와 일부 신흥국에서 부분적으로 인플레이션이 나타났다. 그리고 막대한 유동성 공급과 저금리 기조의 지속은 주식, 부동산 등 자산시장에서 다시 거품을 조성했다. 주식시장의 경우 2012년부터 세계적으로 주가거품이 나타났고, 특히 미국, 유럽, 일본 등 선진국들에서는 세계금융공황 이전의 주가거품을 능가하는 거품이 다시 조성되었다. 부동산시장의 경우 중국 등 신흥국들 일부에서 부동산거품이 나타났고, 2013년부터는 미국, 영국, 독일 등 선진국에서도 대도시를 중심으로 주택거품이 다시 나타나기 시작했다.

3. 지구적 불황(2012년~)

금융위기 재발

선진국들의 재정위기는 재정위기 나라 국채를 대량으로 보유하고 있는 대은행들의 위기를 가져왔다. 재정위기·국가부도위기 나라의 국채가격이 폭락함에 따라 그 나라 국채를 대량 보유한 대은행들이 부실화되면서 은행위기가 재발했다. 2012년 독일을 제외한 프랑스, 이탈리아, 스페인, 영국 등 유럽연합의 주요 대은행들의 신용등급이 강등되었다. 미국의 대은행도 신용등급이 강등되었다.

특히 유로존에 가맹한 남유럽 나라들PIGS(그리스, 포르투갈, 스페인, 이탈리아)이 재정위기·국가부도위기에 빠지자, 이 나라들의 국채를 다량 보유한 유럽연합의 대은행들이 부실화되면서 위기에 몰렸고, 유로화의 위기로 비화되었다. 이에 따라 은행들의 부도를 막기 위해 유럽중앙은행은 저금리의 돈을 무제한으로 투입했다. 2011년 12월 말 5000억 유로를 1%의 저금리, 3년 기한으로 은행들에 대출했다. 또 2012년 2월 말에 1조 유로를 추가로 대출했다. 유럽의 대은행들은 사실상 부도 상태이며, 유럽중앙은행의 양적완화 정책으로 연명하고 있는 셈이다. 이들은 유럽중앙은행의 이런 정책적 지원이 없다면 파산하게 되므로 이른바 '좀비은행'인 것이다.

이처럼 유럽의 대은행들이 부도위기에 몰리고 또 유로화 위기로 비화하자, 유로화 위기 타개 방안을 둘러싸고 유럽연합 내부의 갈등이 증폭되었다. 독일, 프랑스 등 북유럽 나라들(상대적으로 부유한 채권국)은 PIGS 등 상대적으로 가난한 채무국인 남유럽 나라들에 대해 긴축을 통해 빚을 갚을 것을 요구하면서 두 그룹 국민 간 갈등이 고조되었다. 남유럽 나라들은 유로화 단일통화 사용 이후 북유럽 나라들이 주로 혜택을 받아 북유럽은 성장하고 남유럽은 정체하게 되었음을 강조하며 북유럽 나라들에 고통 분담을 요구했다. 반면, 북유럽 나라들은 남유럽 나라들이 흥청망청 소비했다며 빚을 갚기 위해 허리띠를 졸라맬 것을 요구했다.

오랜 갈등 끝에 유럽계 초국적 자본의 이해관계에 따라 유럽연합의 정치적 통합을 높이는 방향으로 갈등이 봉합되었다. 유로화 해체 또는 재정위기 나라의 유로화 탈퇴라는 극단적인 방법은 피하면서 은행위기를 해결할 자본주의적 방식으로 통화동맹(유로화 단일통화

도입)을 넘어서 은행동맹, 재정동맹, 정치통합으로 단계적으로 통합 수준을 높여나가기로 했다. 이러한 방향으로 결정된 것은 최대 채권국인 독일이 유럽연합의 통합 강화 방안을 수용해서인데, 그 이유는 유로화 해체로 인한 비용이 유로화를 유지하기 위한 구제금융, 부채 탕감 등의 비용보다 더 크기 때문이다.

이에 따라 은행들의 부도위기라는 급한 불을 끄기 위해 일차적으로 은행동맹이 추진되었다. 2012년 7월 유로존(2012년 기준, 유로화 사용 나라 17개국) 대은행들의 구제 및 파산에 대한 통합관리를 위해 유럽연합 차원에서 은행 단일감독기구를 설립하기로 결정했다. 또 10월에는 유럽재정안정화기구ESM가 설립되어 재정위기에 처한 유로존 회원국에 구제금융을 지원하기 위한 상설기금 7000억 유로가 유럽연합에 마련되었다. 말하자면 유럽판 IMF를 설립한 것이다. 유럽연합의 이러한 대응에 따라 유로화 위기는 점차 잠재워졌다. 한편, 이처럼 유럽연합의 정치적 통합을 강화하는 방향으로의 대응방안은 유로화 위기를 계기로 유럽계 초국적 자본 세력이 유럽연합 차원의 공동대응을 통해 각국 노동계급의 투쟁을 봉쇄하고 신자유주의 구조조정을 각국 노동계급에게 강제하기 위한 것으로 볼 수 있다.

긴축정책과 실물경제 위축

유럽연합 나라들의 재정위기와 이를 해결하기 위해 2~3년간 지속된 긴축정책은 유럽연합의 실물경제를 크게 위축시켰다. 유로존 경제는 2011년 4/4분기부터 마이너스 성장(-0.3%)으로 전환되었다. 유로존의 성장률은 2012년 -0.7%, 2013년 -0.4%로 나타났고, 유럽연합은 2012년 -0.3%, 2013년 0.2%로 집계되었다. 또한 실업률이 크게 증가했다. 유로존의 실업률은 2011년 2월 이후 지속적으로 상승해 2013년 11월 12.1%에 달했다. 구체적으로 보면, 그리스 27.4%, 스페인 26.7%, 포르투갈 17.6%, 이탈리아 12.7%, 프랑스 10.3%, 독일 5.2% 등이다. 특히 25세 이하 청년실업률이 심각해 평균 실업률의 2배에 달했다. 유로존 24.2%(유럽연합 23.6%)이고, 그리스 57.8%, 이탈리아 41.6%, 프랑스 24% 등이다.

유럽연합의 불황은 점차 다른 선진국과 신흥국으로 확산되었다. 유럽연합의 불황은 다른 지역 나라들의 유럽연합으로의 수출 감소로 나타났다. 예컨대, 2012년 1월 일본은 31년 만에 사상 최대의 무역적자(1조 4800억 엔)를 기록했고, 2012년 2월 중국은 23년 만에 무역적자를 기록했다. 유럽연합은 중국의 최대 수출지역이기 때문에 유럽연합의 불황은 중국 수출증가율을 크게 둔화시켰다. 중국의 대유럽연합 수출증가율은 2010년 32.3%에서 2011년 20.7%로, 그리고 2012년 7.9%로 급격히 둔화되었다. 원자재를 주로 수출하는 브라질의 수출증가율도 격감했다. 2010년 32.0%, 2011년 26.8%에서 2012년 상반기 -0.9%로 급감했다. 이에 따라 2012년 들어서 주요 신흥국들의 경제성장률이 크게 둔화되었다.

이처럼 유럽연합의 불황은 특히 브릭스(브라질, 러시아, 인도, 중국, 남아공)를 중심으로 한 신흥국들의 경기후퇴를 가져와 세계적인 불황으로 발전했다. 신흥국들의 세계 GDP 비율은 1997년 20.7%에서 2013년 40%로 급격히 증대했다. 이제는 신흥국의 경제 상황이 선진국 못지않게 세계경제를 좌우한다. 그리고 2012년을 경과하면서 선진국과 신흥국 모두 경제성장률이 하락함에 따라 세계경제는 지구적 불황국면으로 전환되었다.

미국·유럽·일본의 양적완화 정책

2012년 이후 지구적 자본주의가 전 지구적 불황으로 전환하자 초국적 자본·제국주의 세력은 경기부양책으로서의 양적완화 정책을 적극 구사했다. 2008년 세계금융공황 이후 미국이 주도적으로 양적완화 정책을 시작했고, 유럽연합과 일본도 금융위기·재정위기에 대응하고 경기부양을 위해 가세했다.

이 정책을 주도한 미국의 경우, 미 중앙은행이 세계금융공황 직후부터 5차례에 걸쳐 유동성 공급 정책을 시행했다. 2008년 11월부터 양적완화와 오퍼레이션 트위스트Operation Twist: OT를 통해 모기지담보부증권과 국채를 사들임으로써 시중에 자금을 풍부하게 공급하는 한편 저금리정책을 유지했다. 그리고 2014년 10월 양적완화 정책을 종료할 때까지 4조 달러에 달하는 엄청난 자금을 살포했다. 그러나 양적완화 정책의 실제 효과는 경기회복을 이끌어내지는 못했으며 주가부양으로만 귀결되었다.[8] 미국의 경우를 자세히 살펴보자.

첫째, 1차 양적완화 정책을 통해 2008년 11월~2010년 3월 사이에

1조 7000억 달러가 투입되었다. 매입 대상은 미국의 장기국채, 모기지담보부증권, 패니메이와 프레디맥 채권 등이었다. 주목적은 모기지담보부증권 등을 사들임으로써 금융회사의 자본을 확충해서 부실화된 금융회사를 구제하는 것이었다. 그 결과, 더 이상의 부동산 시장의 추락을 저지하고 금융회사를 안정화시키는 데 기여했다. 주가부양 효과를 보면, 2009년 3월 680 선까지 떨어지며 고점 대비 1/3 수준으로 토막 났던 뉴욕 증시의 500대 기업지수인 S&P 500은 2009년 말 1100 선을 다시 회복했다.

둘째, 2차 양적완화 정책을 통해 2010년 11월~2011년 6월 사이에 6000억 달러가 투입되었다. 매입 대상은 미국의 장기국채였다. 주목적은 물가상승률이 하락하면서 일본과 같은 장기 디플레이션이 현실화될지도 모른다는 우려에 대한 대응이었다. 2009년 미국의 인플레이션율이 -0.3%였기 때문이다.

셋째, 오퍼레이션 트위스트OT가 실시되었다. 이는 양적완화 정책 대신에 단기채권을 팔고 장기채권을 사들이는 방식이다. 오퍼레이션 트위스트는 2차 양적완화가 종료된 후 시장불안을 잠재우기 위해 2011년 9월 21일 발표되었는데, 미 중앙은행은 2012년 6월 말까지 4000억 달러 규모의 만기 3년 미만 단기국채를 팔고, 6~30년물인 장기국채를 사들이기로 했다. 이 조치는 실질금리를 낮추어 기업들의 투자를 유도하기 위한 것이었다. 정책금리는 큰 폭으로 인하되어 제로금리 수준이었지만 미 중앙은행이 공급한 유동성이 실물경제로 흘러들어가지 않았다. 그래서 미 중앙은행인 연방준비제도이사회(연준)가 장기채권의 금리를 끌어내려 기업들의 조달금리를 낮추어줌으로써 기업들의 장기투자를 유도하려고 한 것이었다. 또한 연준은 만기가 돌아오는 모기지담보부증권 MBS에 대해서도 그 원리금으로 계속 모기지담보부증권에 재투자하기로 했다. 이 조치는 모기지 금리를 장기적으로 낮추는 효과를 기대한 것이었다. 연준은 2012년 6월 오퍼레이션 트위스트를 2012년 말까지 연장하기로 하고, 추가로 총 2670억 달러 규모의 장기국채를 매입했다.

넷째, 3차 양적완화 정책을 통해 2012년 9월부터 매달 400억 달러의 미국 모기지담보부증권이 매입되었다. 이는 고용시장이 개선될 때까지, 즉 실업률이 6.5% 이하로 내려갈 때까지 무제한 실시하는 '무제한 양적완화'로서 매우 공격적인 양적완화 정책이었다. 주목적은 주택담보대출의 금리인하였다. 은행 등이 가지고 있는 모기지담보부증권을 미 연준이 사들이면 자금이 추가로 공급되어 대출 여력이 늘어나고, 동시에 모기지담보부증권의 바탕이 되는 주택담보대출 금리도 떨어지는 효과가 있다. 그럼으로써 주택 수요를 늘리고, 결과적으로는 주택가격을 끌어올리는 효과까지 노린 것이었다. 또한 제로금리정책을 당초 2014년 말에서 2015년 6월까지 6개월 연장하기로 했다.

다섯째, 3차 양적완화 정책의 확대(사실상의 4차 양적완화 정책) 조치로서 2013년 1월부터 매달 450억 달러 규모의 국채가 추가로 매입되었다. 이는 2012년 12월 말 종료되는 오퍼레이션 트위스트를 대신하는 추가 부양책이었다. 이에 따라 2013년 1월부터 매달 400억 달러의 모기지담보부증권에 추가로 450억 달러의 국채를 사들여 총 850억 달러의 채권을 매입했다. 연준은 실업률이 6.5%를 웃돌고 1~2년 동안 인플레이션율이 2.5%를 밑도는 한 현재의 제로금리를 유지하겠다고 발표했다. 당초 저금리 유지 기간을 2015년 6월까지로 잡았던 것에서 목표 달성 시한까지로 변경한 것이다

다음으로, 유럽연합을 살펴보자. 유럽중앙은행은 두 차례의 장기대출프로그램Long Term Refinancing Operation: LTRO을 실시했다. 2011년 12월 말 5000억 유로를 1%의 저금리로 3년 기한으로 대출했고, 2012년 2월 말에 1조 유로를 추가로 대출했다. 그러나 유로존 내 은행들이 유럽중앙은행에서 공급받은 대규모 자금을 비교적 안정된 독일과 프랑스에 투자하면서, 남유럽 재정위기 나라인 스페인과 이탈리아는 이 장기대출프로그램의 효과를 누리지 못했다. 2012년 2월 29일 이후 독일과 프랑스의 주가만 각각 11.4%, 6.1%씩 올랐다. 유럽중앙은행은 2012년 9월 재정위기로 스페인과 이탈리아의 국채금리가 위험 수준까지 치솟자 무제한 국채 매입 프로그램Outright Monetary Transaction: OMT를 실행할 수 있다고 발표했다. 즉, 유럽연합에 전면적인 구제금융을 신청하고 긴축 조건을 수용하면 유럽중앙은행이 무제한으로 해당 국가의 국채를 매입하겠다는 것이다. 그러나 유럽중앙은행의 구두 개입으로 시장이 안정되면서 이 프로그램은 실제로는 실행되지 않았다.

영국의 경우 2012년 2월 중앙은행인 영란은행이 유로존 재정위기에 대응하는 경기부양책으로 2750억 파운드 규모의 채권 매입 프로

그램을 500억 파운드(88조 원) 추가해 3250억 파운드로 늘리기로 결정했다. 이 기금은 대부분 국채 매입에 사용되었고, 금리는 0.5%에서 동결되었다. 이어 2012년 10월 영란은행은 이 프로그램 규모를 750억 파운드 추가해 확대하기로 결정했다.

한편, 일본도 2012년 2월 14일 이후 7차례에 걸쳐 자산 매입 기금을 증액함으로써 양적완화 정책을 실시했다. 2012년 12월 아베 정권 출범 이후에는 그 규모가 더욱 확대되어 101조 엔 규모로 운용되고 있는 일본은행의 국채 매입과 대출 프로그램이 실시되었다. '아베노믹스'는 무제한 금융완화와 재정지출 확대를 통해 경기를 부양하는 정책으로서 공격적인 양적완화를 추구하고 있다. 2014년부터 2% 물가 목표 달성을 위해 무제한 양적완화를 실시하기로 했는데, 이는 미국의 3차 양적완화와 유사하다. 일본 중앙은행인 일본은행은 2014년부터 매달 13조 엔 규모의 금융자산(국채)을 사들이기로 결정했다. 그 결과, 아베 정권 취임 전 80엔대를 밑돌던 달러화에 대한 일본 엔화 환율은 100엔대로 올라서 일본 엔화의 절하율은 20%를 넘어섰고, 일본 주가상승률은 40%에 달했다. 아베 정권은 2013년 4월부터 '무기한 양적완화'를 조기 실시해서 매달 3조 엔 이상 국채를 매입했다.

그렇다면 미국·유럽·일본의 이러한 양적완화 정책은 어떤 영향을 미쳤는가? 요약하면, 환율전쟁(무역전쟁)을 촉발했고 자산거품을 재현시켰다. 미국·유럽·일본이 무제한적으로 돈을 풀어 그 여파가 세계적인 환율전쟁으로 나타났는데, 특히 신흥국들의 통화가치가 절상되면서 무역전쟁으로 비화했다. 또한 과도한 유동성이 신흥국으로 유입되어 신흥국들에서 부동산과 주가거품이 재현되었다. 특히 2013년부터 유동성이 아시아 신흥시장으로 몰려 인플레이션과 부동산거품이 부분적으로 발생했다. 중국, 싱가포르와 홍콩, 인도네시아 등에서 부동산시장 거품이 재현되었다. 미국, 영국, 독일 등 유럽의 일부 나라에서도 대도시 중심으로 주택거품이 다시 조성되었다. 주가거품은 세계적 현상으로 나타났다.

그런데 미국의 1·2·3차 양적완화에도 불구하고 왜 인플레이션이 전면적으로 나타나지 않는가? 이는 연준이 공급한 돈이 은행에만 머무르고 정작 시장에는 풀리지 않기 때문이다. 은행들은 세계금융공황 이후 대출심사를 대폭 강화해 주택대출을 늘리지 않고 있다. 그래서 미국의 은행들이 지급준비금 외에 중앙은행 금고에 더 쌓아두고 있는 초과지급준비금은 세계금융공황 이전엔 17억 달러에 지나지 않았으나, 2013년에는 그것의 820배 수준인 1조 4000억 달러에 달했다.

지구적 불황

2008년의 세계금융공황의 충격에서 조금씩 벗어나는 듯했던 세계경제는 2012년부터 다시 침체하기 시작했다. 2012년 이래 지구적 불황의 진원지는 유로존[9]이다. 유럽연합의 주요 나라들이 포괄된 유로존에서 2008년 세계금융공황 이후 발생한 재정위기·국가부도위기에 대응해 재정 긴축정책이 강도 높게 실시되면서 실물경제의 위축이 심각하게 발생했기 때문이다. 이는 유로화를 공통으로 사용하고 있

그림 4.2 **유로존 및 주요 선진국 실질 GDP의 추이(2008~2014년)**

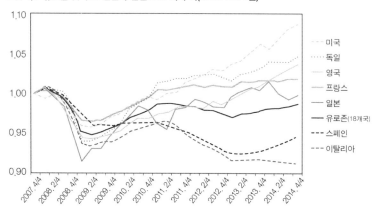

범례:
- 미국
- 독일
- 영국
- 프랑스
- 일본
- 유로존(18개국)
- 스페인
- 이탈리아

자료: OECD(https://data.oecd.org/gdp).

어서 개별 나라들이 통화증발을 통해 대응할 수 없는 독특한 유로존의 조건 탓에 미국, 영국, 일본 등 여타 선진국들보다 긴축정책의 효과가 더 강하게 나타난 것에서 비롯되었다. 그 결과, 유로존의 실질 GDP는 2014년에도 2008년 세계금융공황 이전 수준을 회복하지 못했다. 그림 4.2에서 잘 드러나듯이, 독일과 프랑스만이 겨우 그 수준을 회복했을 뿐이다.

2014년 들어서는 그동안 유로존의 버팀목으로서 유로존의 견인차 역할을 해온 독일경제마저 흔들리기 시작했다. 독일경제는 2014년 2/4분기에 -0.2% 성장하면서 불황국면으로 확실히 전환되었다. 유로존 나라들의 실업률은 2010년 10.1%로 두 자릿수로 증가한 후 계속 증가해 2013년 11.9%, 2014년 11.6%(IMF 추정치)에 이르고 있다.

일본은 늘어나는 국가부채 부담으로 인해 2014년 4월 소비세를 5%에서 8%로 인상해야 했다. 이후 일본경제는 급격한 소비지출 감소와 그에 따른 기업의 설비투자 위축으로 2/4분기(-6.7%)와 3/4분기(-1.9%) 연속으로 마이너스 성장을 기록하면서 급격히 위축되었다. 그래서 일본 중앙은행은 10월 31일 양적완화 규모를 추가로 10조~20조 엔 늘려 매년 80조 엔(일본 GDP의 16%)의 통화증발을 실시하기로 결정했다.

미국은 2%대의 성장률을 보이고 있어 선진국 가운데 상대적으로 성장률을 유지하는 편이나 이는 견실한 경기회복은 아니다. 이를 잘 보여주는 것이 경기 상태를 가장 잘 반영하는 실물지표인 미국의 고용률(생산가능인구 가운데 취업자 비율) 추이이다. 그림 4.3에서 잘 드러나듯이, 공식 실업률은 2008년 4%대에서 위기 이후 급격히 치솟아 올라 2010년 10%를 정점으로 그 이후 서서히 떨어져 2014년 12월에는 5.6%까지 떨어졌는데도 불구하고, 고용률은 2010년 이래 회복되지 못하고 있다. 2008년 이전의 63%대에서 2010년 58%대로 급격히 추락한 이래 여전히 58%대를 벗어나지 못하고 있다.

그뿐만 아니라 실업 및 고용 관련 통계를 조금 더 자세히 살펴보면, 고용에서 큰 개선이 없음이 다시 확인된다. 그림 4.4를 보면 학력별 실업률에서 저학력 하층 노동자에게 실업이 집중되어 있고, 그림 4.5를 보면 비정규직 고용도 큰 개선이 없으며, 그림 4.6을 보면 실망실업자도 크게 줄어들지 않고 있다.

이처럼 고용률이 회복되지 않았는데도 실업률이 크게 개선된 것으

그림 4.3 **미국의 고용률과 실업률 추이(2005~2014년)**

── 고용률(왼쪽 축, %)   ── 실업률(오른쪽 축, %)

자료: BLS(the Bureau of Labor Statistics), Database.

그림 4.4 **미국의 학력별 실업률**   (단위: %)

── 고졸 이하 실업률   ── 고졸 실업률   ── 대졸 실업률   --- 대졸 이상 실업률

자료: BLS, Database.

21세기 대공황의 시대

그림 4.5 **미국의 비정규직 고용노동자 수** (단위: 천 명)

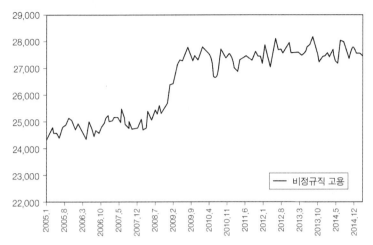

그림 4.6 **미국의 실망실업자 수** (단위: 천 명)

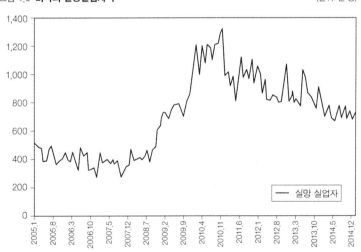

자료: BLS, Database.

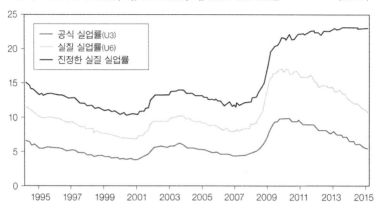

그림 4.7 **미국의 공식 실업률(U3), 실질 실업률(U6), 진정한 실질 실업률**　　(단위: %)

자료: Global Research News, "Real U.S. Unemployment Rate at 23.2%, not 5.5%," *Global Research*, March 09, 2015(http://www.globalresearch.ca/real-u-s-unemployment-rate-at-23-2-not-5-5/5435448).

로 나타나는 것은 미국의 공식 실업률 자체가 실질 실업률을 제대로 반영하지 못하고 있기 때문이다. 미국의 공식 실업률U3은 2014년 7월 6.2%이지만, 비자발적인 파트타임 노동자, 실망실업자(취업을 아예 포기한 실업자) 등을 고려하면 실질 실업률U6은 12.2%로 약 2배 수준으로 공식 집계되고 있다. 그러나 진정한 실질 실업률은 그 정도를 훨씬 넘어선다. 실질 실업률에는 실망실업자도 포함되어 있으나 통계에 잡히지 않는 실망실업자가 광범위하게 존재하는 것이다. 이는 2008년부터 2014년까지 생산가능인구는 1340만 명이 증가했으나 취업자는 110만 명밖에 증가하지 않았기 때문이다. 그런데도 공식 실업률이 6.2%로 낮은 것은 실망실업자가 크게 늘었기 때문이다. 그래서 파트타임 노동자 등 불완전 고용 및 실망실업자를 포함하면 미국의 진정한 실질 실업률은 23.2%에 달하는 것으로 추계된다(Roberts·Kranzle, 2014.8.11). 그림 4.7을 보면 공식 실업률U3, 실질 실업률U6, 그리고 진정한 실질 실업률의 차이가 확실하게 드러난다.

이러한 높은 실질 실업률의 결과, 미국의 소득 양극화도 심각하다. 2014년 4월 미 정부의 조사에 따르면, 가계소득의 중간값이 2007년과 2012년의 5년 사이에 10% 하락했다.

이처럼 유럽연합, 일본, 미국 등 주요 선진국들은 장기불황 양상을 명확히 보이고 있다. 동시에 실물경제의 불황은 선진국과 신흥국 간에 서로가 서로를 끌어내리는 식의 악순환이 반복되고 있다. 2008년 세계금융공황의 경우, 2011년까지는 선진국들은 불황이지만 신흥국들은 성장을 유지하면서 세계경제의 추락을 저지하는 양상을 보였다. 그런데 선진국 불황의 여파가 신흥국에 미치기 시작하면서 2012년부터 신흥국들 불황 기조로 전환되었다. 2013년을 지나면서 이제 신흥국의 불황이 선진국들의 경기회복을 붙잡는 식으로 서로 간에 악순환 고리가 형성되고 있다. 이러한 양상은 표 4.1의 선진국, 신흥국 실질 GDP 성장률의 최근 추이를 보면 확연히 드러난다.

2014년에는 신흥국들의 불황이 더 악화되면서 세계경제불황의 새로운 원천으로 등장하고 있다. 특히 선진국, 신흥국 모두에 큰 연쇄관계를 가지고 있는 '세계의 공장'인 중국경제의 침체 또는 위기가 '지구적 자본주의'에 크게 영향을 미치고 있다. 선진국의 불황이 중국의 성장 저하를 가져왔고, 중국의 성장 저하는 중국으로 원자재, 중간부품을 수출하는 다른 선진국·신흥국의 불황을 유발하는 한편, 선

표 4.1 세계 및 주요국 실질 GDP 성장률(2007~2014년)   (단위: %)

	2007	2008	2009	2010	2011	2012	2013	2014
세계	5.7	3.1	0.0	5.4	4.2	3.4	3.4	3.4
선진국(OECD)	2.8	0.2	-3.4	3.1	1.7	1.2	1.4	1.8
신흥국	8.6	5.8	3.1	7.4	6.2	5.2	5.0	4.6
미국	1.8	-0.3	-2.8	2.5	1.6	2.3	2.2	2.4
유로존	3.0	0.5	-4.5	2.0	1.6	-0.8	-0.5	0.9
일본	2.2	-1.0	-5.5	4.7	-0.5	1.8	1.6	-0.1
독일	3.4	0.8	-5.6	3.9	3.7	0.6	0.2	1.6
중국	14.2	9.6	9.2	10.4	9.3	7.8	7.8	7.4
브라질	6.0	5.0	-0.2	7.6	3.9	1.8	2.7	0.1
러시아	8.5	5.2	-7.8	4.5	4.3	3.4	1.3	0.6
인도	9.8	3.9	8.5	10.3	6.6	5.1	6.9	7.2
한국	5.5	2.8	0.7	6.5	3.7	2.3	3.0	3.3

자료: IMF, World Economic Outlook Database(April 14, 2015).

진국의 자본재 수요를 감소시킴으로써 선진국 불황을 더욱 심화시키는 식으로 악순환이 형성되고 있다. 중국경제는 성장 둔화만이 아니라 심각한 위기요인을 안고 있다. 세계금융공황 이후 지속된 경기부양책의 부작용으로 과잉설비, 지방정부부채와 부동산거품, '그림자금융shadow banking system'의 부실화 문제 등이 심각하기 때문이다.

특히 2008년 세계금융공황 이후 중국의 대규모 경기부양책뿐 아니라 비공개 양적완화를 통한 자금 공급은 심각한 과잉설비 문제를 만들었다. 중국의 경제성장이 고정투자와 수출 주도로 이루어짐에 따라 중국의 투자율(고정투자/GDP)은 2000년 34%에서 2012년 46%로 상승했다.[10] 그런데 주요 수출지역인 유럽과 미국 등 선진국이 불

황으로 수요가 감소하게 되자 과도한 고정투자가 과잉설비 문제로
표출된 것이다. 그 결과, 중국의 공장가동률은 2007년 80%에서 2011
년 60%로 급락했다. 중국 정부도 2013년 전국인민대표대회 국정업
무보고에서 과잉설비 해결을 최우선 정책과제 중 하나로 제시했다.
태양광·철강·알루미늄·자동차·구리 등 여러 산업부문에서 과잉설비
와 수익성 하락, 그리고 그에 따른 한계기업들의 부도사태 등이 심각
하게 나타나고 있다. 제조업에서의 이러한 과잉설비 문제와 부동산
거품붕괴가 맞물려지면 이것이 지방정부부채 문제나 '그림자 금융'
문제가 폭발할 수 있는 주요 계기가 될 수 있다. 그리고 지구적 불황
이 장기화될수록 '세계의 공장'인 중국경제의 과잉설비 문제는 중국
경제는 물론이고 세계경제의 새로운 붕괴의 계기로 작용할 가능성이
크다.

한편, 2014년을 지나면서 선진국을 중심으로 심각한 디플레이션
경향이 나타났다. 2013년부터 물가상승률이 1%대로 떨어지는 디스
인플레이션disinflation 현상이 나타나기 시작했다. 2009년부터 사실상
디플레이션 상태에 있는 일본 이외에도 2013년 미국의 물가상승률은
1.5%로, 유로존은 1.3%로 크게 둔화되었는데, 특히 유로존은 2014
년 0.4%로 급락했다. 유로존도 2014년을 지나면서 사실상 디플레이
션 상태에 들어선 것이다(2014년 말 유로존 인플레이션율 -0.2%). 표
4.2에서 드러나듯이, 남유럽의 그리스, 포르투갈, 스페인, 이탈리아
등 이른바 PIGS 나라들은 2014년에 이미 물가하락이 나타나는 디플
레이션 양상을 보이기 시작했다. 일본의 경우 2014년 소비세율 3%

표 4.2 세계 및 주요국 인플레이션율(2007~2014년) (단위: %)

	2007	2008	2009	2010	2011	2012	2013	2014 (평균)	2014 (12월)
세계	4.4	6.4	2.8	3.9	5.2	4.2	3.9	3.5	3.3
선진국 (OECD)	2.2	3.4	0.1	1.5	2.7	2.0	1.4	1.4	0.8
유로존	2.2	3.3	0.3	1.6	2.7	2.5	1.3	0.4	-0.2
G7	2.2	3.2	-0.1	1.4	2.6	1.9	1.3	1.5	1.0
신흥국	6.6	9.4	5.3	5.9	7.3	6.1	5.9	5.1	5.2
미국	2.9	3.8	-0.3	1.6	3.1	2.1	1.5	1.6	0.9
일본	0.1	1.4	-1.3	-0.7	-0.3	-0.0	0.4	2.8	2.6
독일	2.3	2.7	0.2	1.1	2.5	2.1	1.6	0.8	0.2
프랑스	1.6	3.2	0.1	1.7	2.3	2.2	1.0	0.6	0.3
이탈리아	2.0	3.5	0.8	1.6	2.9	3.3	1.3	0.2	-0.1
스페인	2.8	4.1	-0.2	2.0	3.1	2.4	1.5	-0.2	-1.0
포르투갈	2.4	2.7	-0.9	1.4	3.6	2.8	0.4	-0.2	-0.3
그리스	2.9	4.2	1.2	4.7	3.3	1.5	-0.9	-1.4	-2.6
한국	2.5	4.7	2.8	2.9	4.0	2.2	1.3	1.3	0.8
중국	4.8	5.9	-0.7	3.3	5.4	2.6	2.6	2.0	1.5
브라질	3.6	5.7	4.9	5.0	6.6	5.4	6.2	6.3	6.4
인도	5.9	9.2	10.6	9.5	9.4	10.2	10.0	6.0	6.0

자료: IMF, World Economic Outlook Database.

인상을 감안하면 2.8%의 물가상승률은 실제로는 0%대에 해당한다. 그림 4.8에서 확실히 드러나듯이, 유럽뿐 아니라 미국을 포함한 OECD 나라들 전체에서 2015년에 들어서면서 디플레이션 추세가 확실해지고 있다. 예컨대, 2015년 2월 미국의 소비자물가상승률CPI은 0%를 기록했고, 일본도 소비세 인상 효과를 상쇄하면 0%에 머물렀다. 신흥국 가운데에서는 중국에서 물가상승률이 급격히 둔화되는

21세기 대공황의 시대

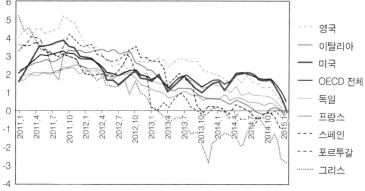

그림 4.8 **주요 선진국의 심각한 디플레이션 현상**

범례:
- 영국
- 이탈리아
- 미국
- OECD 전체
- 독일
- 프랑스
- 스페인
- 포르투갈
- 그리스

자료: OECD, inflation(CPI).

디스인플레이션 양상이 나타나면서 디플레이션 경향까지 우려되고
있다.

요컨대, '지구적 자본주의'는 장기침체를 예고하는 디플레이션이
현실화되고 있는 지구적 불황 상태에 놓여 있다.

5

21세기 세계대공황의 전망

전망은 경제논리의 기계적인 전개의 결과로 나오지 않는다. 특히 21세기 세계대공황이라는 대공황 정세에서는 그 어느 때보다도 대공황하에서의 계급투쟁과 국가 간 대립·투쟁이 경제현상을 지배하고 세계경제의 미래를 좌우할 것이다. 기본적으로는 각국 및 세계적 수준의 계급투쟁이 추동력이지만, 다음 세 차원의 대립과 투쟁이 상호 의존하고 영향을 주고받으면서 세계를 변화시킬 것이다. 첫째는 각국 내부의 계급투쟁, 둘째는 제국주의와 신식민지·종속국 간의 투쟁, 셋째는 한편에서 미국·유럽·일본 제국주의와 신흥 강대국[1] 간의 대립·투쟁, 다른 한편에서의 미국·유럽·일본 제국주의 상호 간의 갈등이다. 이렇듯 21세기 대공황에서는 이 세 차원에서 갈등과 대립·투쟁이 벌어질 것이다. 세계적 차원의 계급 역관계는 이 세 차원의 투쟁 과정에서 변화하겠지만, 현재의 계급 역관계에 근거해서 단·중기 전망을 추론할 수 있다.

제5장에서는 초국적 자본·제국주의 세력의 대공황에 대한 전략과 이에 맞선 세계 노동자와 민중의 투쟁을 기본적으로 검토하며, 이 바탕 위에서 대공황의 전망을 분석할 것이다. 지구적 장기불황과 간헐적인 금융공황 속에서 미국·유럽·일본 제국주의와 중국, 러시아 중심의 신흥 강대국 간 대립과 투쟁이 격화될 것이고, 그 과정에서 달러위기와 국제통화·무역질서가 재편될 것이다. 이 과정은 불가피하게 전쟁을 초래할 것이며, 노동자와 민중의 저항을 격화시킬 것이다. 이 과정을 순서대로 살펴보기로 한다.

1. 초국적 자본·제국주의의 대응전략

신자유주의 세계화의 강행

2008년 세계금융공황 발발 이후 막대한 구제금융과 경기부양책을 통해 금융·경제 시스템 붕괴를 저지하는 과정에서 대중의 분노는 금융공황을 야기한 탐욕스러운 투기적 금융자본, 특히 미국의 월가에 집중되었다.[2] 그리고 투기적 금융자본에 대한 규제를 요구하는 여론이 강력히 제기되면서 금융개혁 문제가 공론화되고 금융개혁이 추진되었다. 그러나 실제로는 기술적 합리화 이상의 실질적 개혁, 즉 투기적 금융에 대한 규제는 도입되지 않았다. 뉴욕 월가와 런던 시티가 상징하는 초국적 금융자본이 미국과 영국 정부를 앞세워 금융거품과 투기의 원흉인 파생금융상품과 헤지펀드에 대한 규제 도입을 거부했기 때문이다.

미국 오바마 정권은 여론에 밀려 투명성 제고, 투기적 거래에 대한 증권거래소의 감독 강화 등 일부 금융개혁을 도입했다. 그러나 이것은 근본적 개혁이라기보다는 금융 시스템의 기술적 합리화에 그친 것이었고, 실질적인 금융개혁은 초국적 금융자본의 반대에 부딪혀 실현되지 못했다.

국제적으로는 유럽 및 신흥국들의 금융개혁 요구에도 불구하고 미국과 영국의 반대에 의해 금융개혁에 대한 국제적 합의에 이르지 못했다. 또한 세계은행감독기구인 바젤은행감독위원회Basel Committee on Banking Supervision: BCBS 는 2015년부터 세계금융공황 이후 은행감독 강화 방안으로 위기에 대비한 은행의 유동성 규제 도입을 실시할 예정이었으나, 2013년 유럽 은행들의 요구에 따라 실시를 4년 늦추기로 결정했고, 따라서 은행들에 대한 규제는 사실상 도입되지 못했다. 단지 유럽 일부 나라들에서 토빈세Tobin's tax 를 도입했을 뿐이다.

유럽연합(2013년 2월 기준, 27개국)에서는 투기적 금융거래를 규제하고 금융위기 시 그 비용을 금융자본에게 부담시키기 위한 금융거래세인 토빈세 도입을 추진했다. 2013년 2월 독일, 프랑스, 이탈리아, 스페인, 포르투갈, 그리스, 오스트리아 등 11개국만이 2014년 1월부터 주식·채권·파생상품에 금융거래세를 시행하기로 결정했다. 주식·채권

거래에는 0.1%, 파생금융상품에는 0.01%의 세율을 부과하는 것이다. 그 외의 사례로는 브라질이 2009년 외환거래세를 도입했고, 이스라엘이 파생상품 거래 예치제 등을 도입했다.

이렇듯 실질적인 금융규제 도입이 이루어지지 않은 채 세계대공황 와중에 금융투기가 재현되었다. 2009년 초 구제금융을 통해 파산위기를 넘긴 미국의 금융자본은 구제금융으로 제공된 무제한의 유동성을 가지고 파생금융상품과 주식시장의 투기를 재개했다.

반면, 재정위기에 처한 선진국들에 대해서는 충격요법식의 긴축정책이 강제되었다. 이 정책은 1980년대 이후 신자유주의적 세계화 아래서 제3세계 나라들에게 강요되었던 것인데, 이제 재정위기에 처한 선진국의 노동자와 민중에게 강요된 것이었다. 2010년 선진국들의 재정위기와 이를 해소하기 위한 긴축정책이 실물경제를 위축시키고 공황의 부담이 전가된 노동자와 민중의 저항이 격화됨에 따라 경기부양책으로의 전환이 요구되었다. 그러나 초국적 자본·제국주의 세력은 긴축정책을 약간 완화하는 정도에 그쳤고, 재정 긴축 기조는 그대로 유지했다.

예컨대, 긴축정책이 가장 심각하게 강요된 그리스에서 노동계급이 2011년부터 수차례 총파업 투쟁에 나섰으나 긴축 목표 달성이 1~2년 연장되어 긴축의 강도가 조금 완화된 것 이상의 결과를 가져오지 못했다. 또한 2012년 프랑스 사회당은 대선에서 긴축정책을 비판하고 경기부양책으로 전환하겠다고 공약해 대통령에 당선되었으나, 집권 후 6개월도 지나지 않아 다시 긴축정책으로 기조를 전환했다. 2013

년 말 출범한 독일의 대연정(기독민주당, 기독사회당, 사회민주당)도 긴축 기조에 합의했다.

그뿐만 아니라, 유로화 사용 나라들 중에서 재정위기·국가부도위기가 불거진 그리스, 포르투갈, 스페인, 이탈리아 등에서 노동계급의 총파업 투쟁 등 긴축정책에 대한 저항이 격화되자, 유럽계 초국적 자본은 2012년 유럽 차원에서 긴축정책을 강제하기 위해 은행동맹 등 유럽연합의 정치적 통합을 강화하는 방향으로 대응했다. 이러한 긴축정책의 지속은 노동계급의 빈곤화와 수요 감퇴를 가져와 실물경제를 위축시키면서 2012년부터는 지구적 불황으로 귀결되었다.

이처럼 초국적 자본·제국주의 세력이 신자유주의 패러다임에 대한 개혁을 실질적으로 추진하지 못하고 기존의 신자유주의 패러다임을 고수하는 것은 세계적 차원에서 노동자와 민중의 투쟁이 체제를 위협할 수준에 이르지 못하기 때문이다. 그래서 이들은 케인스주의적인 금융규제조차 양보하지 않고 있다.

이러한 계급 역관계하에서 초국적 자본·제국주의 세력이 신자유주의 패러다임의 틀 내에서 경제위기에 대응하기 위한 종합적인 경제정책은 양적완화 정책이다. 애초에 금융기관들을 구제하기 위해 실시된 양적완화 정책은 점차 경기부양책으로서 지속적으로 실시되고 있다. 특히 선진국에서 경기가 회복되지 않고 오히려 디플레이션이 우려될 경우, 경기부양책으로서 이 정책이 선호되고 있다. 미국은 2013년 1조 달러에 달하는 양적완화를 실시했으나 달러증발로 인한 달러화 위기에 대응하기 위해 2014년 1월부터 매달 100억 달러씩 채권 매입량을 단계적으로 축소하는 이른바 '테이퍼링tapering'을 실시했고 2014년 10월 말 양적완화를 완전히 종료했다. 그러나 일본은 여전히 공격적인 양적완화 정책 입장을 고수하고 있고, 유럽연합은 디플레이션에서 벗어나기 위해 이제 미국·일본식의 양적완화 정책을 본격적으로 구사하려고 한다. 또한 2012년 일본 '아베노믹스'에서 선명하게 드러나듯이, 양적완화 정책은 수출증대를 통한 경기회복대책으로서 공격적으로 추진되고 있다. 돈을 무제한 찍어내서 통화가치 평가절하를 유도함으로써 국제경쟁력을 높여 수출증대를 추구하는 것이다.

그런데 주요 선진국에서 풀린 엄청난 돈은 실물경제의 불황으로 말미암아 생산적 투자로 들어간 것이 아니라 각국의 주식이나 부동산 등 자산시장에 투기적으로 유입되어 자산거품을 일으키거나 신흥국들에서 다시 투기적 거품을 유발했다. 2012년부터 실물경제의 불황에도 불구하고 세계적인 주가거품이 다시 조성되었다. 중국, 홍콩, 싱가포르, 인도네시아 등 신흥국에서 부동산거품이 다시 조성되었고 미국, 영국, 독일 등 선진국에서도 대도시를 중심으로 주택거품이 다시 조성되기 시작했다.

요컨대, 21세기 세계대공황이 재정위기와 장기불황으로 나타나고 있는 것에 대해 초국적 자본·제국주의 세력은 케인스주의나 국가주의의 강화가 아니라 기존의 신자유주의 패러다임 내에서 재정 긴축 정책과 통화팽창 정책이라는 악惡조합으로 대응하고 있다. 그러나 이 정책들은 신자유주의가 악화시킨 자본주의의 모순은 고사하고 완화시키기는커녕 더욱 격화시키고 있다. 즉, 사회 양극화를 더욱 심화시켜 노동자와 민중의 저항을 확산시키고 격화시키는 한편, 금융 및 부동산거품을 다시 조성하고, 더 나아가 세계적 차원에서 환율전쟁(무역전쟁)을 유발하고 있다.

자본주의적 대안은 없다!

2008년 세계금융공황 이래 21세기 세계대공황은 초국적 자본·제국주의 세력에게도 위기의식을 가져왔고, 이 위기에서 벗어날 대안을 모색하게 했다. 첫 번째로 등장한 것이 '자본주의 4.0 버전'[3]에 대한 모색이다. '자본주의 3.0 버전'인 신자유주의가 이제 위기에 처했으니 '자본주의 4.0 버전'으로 업그레이드해야 한다는 것이다. 시장근본주의에 입각한 신자유주의 패러다임의 실패를 인정하고, 따라서 시장근본주의 이데올로기를 포기하고, 시장과 국가 간의 실용주의적 미세조정fine-tuning을 통해 '자본주의 4.0 버전'을 구체적으로 창출하자는 것이다.

이러한 관점에서 중요한 것은 시장근본주의의 실패를 국가주의 또는 케인스주의로의 회귀로 극복하려는 것이 아니라, 시장과 국가의 균형에서 찾으려고 한다는 점이다. 그러나 실제 현실에서 초국적 자본·제국주의 세력이 실용주의적으로 찾아낸 것은 앞서 살펴보았듯이 재정 긴축정책과 통화팽창 정책의 악惡조합이었다. 이는 시장(자본)을 위한 국가주의로서 시장근본주의인 '자본주의 3.0 버전'을 전혀 넘어서지 못했다. '자본주의 4.0 버전'은 없는 것이다.

초국적 자본 세력은 대안 마련을 위해 노력했으나 결국 실패했다. 이러한 실패는 2012년 초국적 자본 세력의 연례대책회의인 다보스포럼(세계경제포럼World Economic Forum: WEF)에서 공개적으로 시인되었다. 이 포럼에서 이들은 신자유주의의 위기를 넘어서 '자본주의의 위기'를 인정하고 대안 시스템 마련을 주제로 토의했다. 2012년 1월 다보스포럼의 주제는 "대전환: 새로운 모델의 형성The Great Transformation: Shaping New Models"으로 자본주의의 위기와 그 극복방안 모색을 논의하는 것이었다. 이를 상징하듯 포럼 첫날 가장 먼저 열린 세션 제목은 '자본주의에 대한 토론Debate on Capitalism'이었다. 다보스포럼 창립자인 클라우스 슈밥Klaus Schwab 회장은 "자본주의체제에서 사회통합이 빠져 (자본주의 시스템에) 문제가 생겼다"며 "우리는 죄를 지었다. 이제 자본주의 시스템을 개선할 때가 됐다"고 주장했다. 그는 "이번 포럼에서 자본주의의 위기에 대해 광범위하고 심도 깊은 논의가 진행될 것"이라면서 "철 지난 (자본주의) 시스템이 우리를 위기로 내몰았다"고 진단했다. 그는 "지금 당장 자본주의 시스템의 정비가 절실하지만 단순한 시스템 정비로는 지금의 위기를 극복할 수 없다"면서 "전 지구촌이 하나로 연결되고 빠른 속도로 변화하는 21세기에 전 세계가 직면한 새로운 도전을 해결할 수 있는 새로운 모델이 필요하다"고 주장했다. 그러나 이들은 대안을 찾지 못했다고 발표했다.

물론, 그 이후에도 대안 마련을 위한 모색은 계속되고 있다. 2012년 5월 '포용적 자본주의 회의Conference on the Inclusive Capitalism'가 새로

만들어져 매년 회의를 계속하고 있다. 이 회의는 자본주의의 생존을 위해 "깨어 있는 자본주의, 도덕적 자본주의 및 좋은 자본주의"로서의 '포용적 자본주의'를 제시하며 "기업의 이윤을 증대시키기 위한 기업의 사회적 책임"을 강조한다. 2014년 5월 27일 37개국 35개 사업 부문에서 온 250명의 국제 대표들(이들은 세계의 투자 가능한 수입 중 1/3에 해당하는 약 30조 달러 규모의 자산을 관리한다)이 모여서 회의를 진행했다.

2013년 다보스포럼에서는 "탄력적 역동성resilient dynamism"이라는 주제로 세계는 "경제위기를 넘어 성장으로" 나아갈 것이라고 낙관적으로 전망했으나, 2013년을 경과하면서 실제로는 지구적 불황임이 확인되었다.

2014년 1월 다보스포럼에서는 "세계의 재편The reshaping of the world"을 주제로 세계경제의 재편 과정을 논의하려 했으나, 소득의 불균형, 청년실업 문제, 급격한 기후변화, 미국의 양적완화 축소 등 세계경제의 위험요인만을 확인하는 데 그쳤다. 오히려 경제 문제보다는 정치 문제가 더 쟁점이 되었고, 정치선전장 비슷하게 변질되었다. 이제 경제외적 문제, 즉 정치·군사적 문제가 본격적으로 일정에 오른 것이다. 일본 아베 총리가 일본과 중국이 전쟁을 할 수도 있다는 발언을 한 것도 2014년 다보스포럼에서였다.

2015년 1월 다보스포럼은 "새로운 글로벌 상황The New Global Context"을 주제로 열렸다. 주최 측은 보고서를 통해 "상위 1%가 나머지 99%보다 많은 자산을 보유하는 '부의 불평등'이 세계경제에 악영향을 미치게 될 것"이라며 "최저임금 인상, 노동조합 권한 증대, 공공부문 투자 확대, 부패 근절 등 부의 불평등 해소를 위한 대책"을 촉구했지만, 이들 이슈는 거의 다루어지지 않았다. 오히려 우크라이나 사태, 미-이란 핵협상 등 정치·군사적 문제만이 부각되었다. 결국 구체적 성과 없이 '말의 성찬' 속에 폐막했고, 주류 언론조차도 "현실을 외면한 부자들의 사교장", "그들만의 리그"라고 비난했다.

이러한 과정을 살펴보면, 초국적 자본·제국주의 세력이 2012년 다보스포럼에서 21세기 세계대공황에 대한 자본주의적 대안을 찾지 못했다는 것을 발표했다는 점이 중요하다. 더 이상 경제적 방식으로는 대공황을 극복할 수 없음을 스스로 인정했기 때문이다.

현재의 대공황을 경제적 방식으로 극복할 방안이 없다면, 초국적 자본·제국주의 세력에게 남는 방법은 경제외적 방식을 추구하는 것이다. 이는 자본주의 역사가 보여주었다. 대표적인 사례는 1929년 대공황과 제2차 세계대전이다. 1929년 대공황 이후 독일, 이탈리아, 일본 등 후발 제국주의 나라들이 대내적 파시즘과 대외적 침략전쟁을 통해 국내의 대량실업 문제를 해결하고 경제를 회복했다. 또한 그 반대편에 있던 미국도 '뉴딜New Deal'로 대표되는 케인스주의 정책을 시행했으나 1937년 다시 경제불황으로 전환되어 대공황 극복에 실패하자, 결국 제2차 세계대전에 참전하기로 결정할 수밖에 없었다. 제1차 세계대전도 역사적으로 보면 마찬가지다. 1873~1896년 대불황은 독점자본의 등장과 제국주의적 식민지 개척을 통해 일시적으로 그 위기와 모순이 봉합되었지만, 그 연장선상에서 결국 식민지 분할이 끝나자 식민지 쟁탈전으로서 1914년 제1차 세계대전이 발발했던 것이다.

1990년대 말 동아시아 경제위기를 필두로 세계적 차원의 과잉생산 경향이 현실화될 때부터 초국적 자본·제국주의 세력은 이미 경제위기에 대한 하나의 해결책으로서 경제외적 방식을 추구하기 시작했다. 미국 지배세력은 2000년 극우세력인 '네오콘'으로 대표되는 부시 정권을 탄생시켰고, 2001년 '테러와의 전쟁'을 명분으로 아프가니스탄, 이라크 침략전쟁을 일으켰다. 비록 실패했지만, 이것 역시 경제위기에 대한 경제외적 방식의 돌파구로서 시도되었던 것이다. 이렇듯 미국·유럽 제국주의 세력은 이미 공황에 대한 출구로서 경제외적 방식으로 제3세계에 대한 침략전쟁을 추구하고 있다.

제3세계에 대한 제국주의적 침략전쟁

2008년 세계금융공황 이후 아프리카에 대한 중국의 경제적 진출이 급속히 확대되면서 미국·유럽 제국주의의 아프리카 대륙에 대한 영향력이 현저하게 쇠퇴했다. 이러한 변화는 리비아의 무아마르 카다피Muammar Qaddafi 정권을 중심으로 한 아프리카 대륙 나라들의 반反제국주의적인 자주적 흐름의 확산과 함께 상승작용을 하면서 발전했다. 미국·유럽 제국주의는 아프리카에 대한 지배력을 회복하기 위해 2011년 아프리카 대륙에서 내전을 위장한 침략전쟁을 통해 반제국주의 운동의 구심이었던 리비아 카다피 정권을 제거했다. 그리고 그 연장에서 2012년부터 시리아를 '제2의 리비아'로 만들어 바샤르 알아사드Bashar al-Assad 정권을 축출하기 위해 이슬람 무장세력들을 외부에서 투입해 또 다른 '내전'을 불러일으켰다. 미 제국주의는 외부에서 다양한 이슬람 무장세력 등 테러분자들을 투입해 유혈사태를 조장하고, 정보를 왜곡·조작해 내전 상황인 것처럼 전 세계 여론을 조작함으로써 리비아와 똑같이 '인도주의적 개입'이라는 거짓 명분을 내세워 개입하려고 했다. 그러나 러시아, 중국의 거부권 행사로 유엔 안보리에서 비행금지구역 설정을 결의하지 못했다. 또한 시리아 민중의 단결된 대응으로 침략공세가 성공하지 못하고 있다. 2013년에는 온갖 명분을 조작해 외부에서 공습, 지상군 투입 등 직접적인 군사적 침략으로 시리아의 알아사드 정권을 붕괴시키려 했으나 실패했다. 현재까지 10만 명 이상의 희생자와 250만 명의 난민이 발생했다. 미국·유럽 제국주의의 시리아 침략전쟁은 지금도 진행 중이다.

미국·유럽 제국주의는 자원이 풍부하고 자본주의 발달 수준이 낮은 아프리카·중동 지역의 재식민지화와 자원 약탈, 자본주의화를 통한 상품시장 및 투자기회의 확보 등을 추구하고 있다. 대공황으로부터 출구를 찾기 위해 이 지역에 대한 침략전쟁 공세가 우선적으로 추진되고 있는 것이다. 다자주의를 내건 오바마 정권은 프랑스 등 유럽 제국주의를 앞세워 아프리카·중동 지역에 대한 침략전쟁을 수행하고 있다. 2011년 카다피 정권을 무너뜨린 미국·유럽 제국주의는 아프리카의 소말리아, 우간다 등 여러 분쟁 지역에 군사적으로 개입해 중국, 러시아의 영향력을 밀어내고 아프리카 대륙에 대한 지배력을 높이기 위해 재식민화 공세를 지속하고 있다. 미국은 아프리카 대륙 30여 나라에 파병하고 있다. 2013년 프랑스 제국주의는 말리 내전에 대해 군사개입에 나섰다. 말리와 알제리 등 주변의 옛 프랑스 식민지 나라들의 재식민지화를 위한 것이다.

미국·유럽 제국주의의 시리아 침략 이후의 목표는 이란이다. 이란에 대한 침략전쟁을 통해 이란 정부를 제국주의에 종속적인 정권으로 교체함으로써 중동 지역에서의 러시아, 중국의 영향력을 배제하고 미국·유럽 제국주의가 독점적으로 패권을 행사하려고 하는 것이다. 이는 중국과의 패권경쟁은 물론이고 대공황으로부터 벗어날 중요한 탈출구로서 추진되고 있다. 그러나 시리아에 대한 침략전쟁이 성공적으로 진행되지 못하고 있으며, 2014년 수니파 무장단체 '이슬람국가IS'가 이라크와 시리아에서 급속히 세력을 확장해가면서 이란에 대한 침략공세는 주춤하고 있다.[4]

현재 아프리카·중동 지역에서 집중적으로 나타나고 있는 세계화 거부나 자원이 풍부한 제3세계 나라들에 대한 제국주의적 침략전쟁은, 제3세계에서 자원 확보, 상품 및 투자시장을 추구하는 신흥 강대국인 중국, 러시아 등과 경제적 이해관계에서 대립을 가져올 것이다. 그리고 이것은 필연적으로 미국·유럽·일본 제국주의와 중국, 러시아 등 신흥 강대국들과의 군사적 대립과 충돌로 발전할 것이다.

한편, 동아시아 지역에서는 일본 제국주의가 앞장서 중국에 대한 전쟁위협 공세를 진행하고 있다. 미 제국주의의 중국에 대한 포위 공세는 남중국해의 난사 군도에서 필리핀, 베트남 등을 앞세워 중국과 영토분쟁을 격화시키고 있다. 2012년 미 제국주의는 일본 제국주의를 앞세워 센카쿠 열도(댜오위다오)를 둘러싼 영토분쟁을 일으켜 군사적 긴장을 높임으로써 중국에 대한 포위와 도발을 강화하고 있다.

2012년 12월 집권한 일본의 아베 정권은 노골적으로 군국주의적 성향을 표명하고 있다. 일본사회의 위기는 지난 20년의 장기불황에 이어 2011년 후쿠시마 핵발전소 폭발사고 이후 경제·정치적으로는 급격한 우경화로, 대외적으로 군국주의적 공격 성향으로 표출되고 있다. 일본 제국주의는 군사적 긴장을 통해 방위산업을 신성장산업으로 육성하려고 한다. 이를 위해 중국과의 센카쿠 영토분쟁을 이용해 '정상국가'를 표방하며 헌법 해석 변경을 통한 집단적 자위권 행사, 자위대 활동반경 확대 등을 추진해왔다. '해석 변경'을 통한 사실상의 헌법 개정은 파시즘적 발상이며 행태이다. 아베 정권은 2014년 4월 1일 '무기 수출 3원칙'을 '방위장비 이전 3원칙'으로 대체하며 무기 수출을 금지한 족쇄를 풀었다. 일본의 무력증강과 더불어 방위산업을 신성장산업으로 육성하려는 것이다. 이처럼 21세기 세계대공황은 일본 제국주의를 제국주의적 무장 강화와 경제의 군사화로 몰고 있다. 미국은 일본의 이러한 집단적 자위권과 무기 수출을 적극 지지하고 있다. 아베 정권은 2014년 12월 조기 총선을 통해 의회의 2/3 이상의 의석을 확보하는 압승을 거둠으로써 '평화헌법' 개정을 위한 길을 열었다.

미국·유럽·일본 제국주의 경제의 붕괴와 몰락에 대비되는 중국 자본주의의 급속한 성장과 축적을 저지하고 견제하기 위해 미국·일본 제국주의는 중국의 정치·군사적 정세를 불안정화하려는 대북한·중국 군사공세를 지속하고 있다.

　다른 한편, 미국·유럽 제국주의는 중동·아프리카에서 직접적인 군사적 개입을 통해 재식민지화 공세를 펼친 데 비해 중남미에서는 정치공작과 내부 분열, 폭동 등으로 사회혼란을 조성해 정권교체를 시도하는 이른바 '저강도 전쟁' 전략을 구사하고 있다. 대표적으로 온두라스 군사쿠데타(2009년), 파라과이의 군사쿠데타(2012년)에 대한 개입과 2014년 베네수엘라에 대한 정치 불안정화 공세를 들 수 있다. 미 제국주의는 2013년 베네수엘라 우고 차베스Hugo Chavez 대통령의 사망으로 베네수엘라 정정이 불안한 틈을 타서 베네수엘라를 정치적으로 불안정화하려는 공작을 본격화하고 있다. 2014년 2월부터는 대규모 반정부 시위를 통해 차베스를 승계한 니콜라스 마두로Nicolás Maduro 정권을 흔들고 있다.

우크라이나 사태와 미 제국주의의 '신냉전' 전략

　2013년 말부터 시작된 우크라이나 사태가 주목된다. 이 사태는 유일패권국인 미국의 헤게모니가 2008년 세계금융공황 이후 급속히 쇠락해가고 있는 과정에서 미 제국주의의 전략 변화를 보여주고 있기 때문이다.

　1990년대 초 소련·동유럽의 붕괴는 탈냉전 시대를 가져왔고, 독일을 중심으로 한 유럽과 일본의 급속한 성장으로 인한 불균등발전은 탈냉전 이후 이른바 다극화 시대를 전망하게 했다. 그러나 미 제국주의는 이러한 다극화 전망에 맞서 '스타워즈Star Wars'로 확보된 압도적인 군사적 우위를 기반으로 유일패권을 강화하는 방향의 새로운 공격적 제국주의 세계전략을 추구했다. 이 새로운 '패권 제국주의' 전략은 지구적 자본주의에 걸맞게 초국적 자본이 지배하는 '자본의 세계화'를 보장하고 확대하며, 유일패권국인 미국의 국가적 이익이 우선적으로 관철되는 국제적 국가체계를 구축하려는 것이었다. 요컨대, 세계를 초강대국 미국의 패권 아래 하나의 '제국'으로 통합하려는 공격적인 제국주의 전략이다.

1997년 봄에 결성된 '네오콘'의 싱크탱크인 '새로운 미국의 세기를 위한 프로젝트Project for New American Century: PNAC'가 이를 상징한다. 이 단체는 강력한 군사력에 의한 미 헤게모니의 유지를 목표로 하고 있다. 창립 발기인 중에는 딕 체니Dick Cheney 전 부통령, 도널드 럼즈펠드Donald Rumsfeld 전 국방장관, 폴 울포위츠Paul Wolfowitz 전 국방부 부장관 등 이후 부시 행정부의 강경파 3인방이 모두 포함되어 있다. 이들은 일방적 군사주의에 의해 미국의 헤게모니를 계속 유지할 것을 제창한다.[5]

1999년 세르비아 침략전쟁은 새로운 제국주의적 세계질서로의 재편을 본격적으로 개시한 전쟁이었다. 그 연장에서 부시 정권은 '테러와의 전쟁'을 명분으로 한 아프가니스탄, 이라크 침략전쟁을 감행했다. 미 제국주의의 이러한 '패권 제국주의' 전략은 부시 정권하에서는 일방주의 전략으로, 2008년 세계금융공황 이후 오바마 정권하에서는 다자주의 전략으로 추진되어왔다.

 2008년 세계금융공황 발발 이후 중국을 필두로 한 브릭스 나라들의 상대적인 발전, 즉 경제공황으로 쇠퇴하는 미국·유럽·일본 제국주의에 대비되는 불균등발전은 미 제국주의의 '패권 제국주의' 전략을 곤란하게 만들었다. 특히 중국의 급속한 경제성장과 동아시아, 아프리카, 중남미 등 제3세계로의 경제적 진출, 그리고 정치·군사적 힘의 증대는 지역패권 경쟁을 격화시켰다. 21세기 세계대공황이 진행되면서 나타나고 있는 2011년 리비아, 시리아 침략전쟁, 중남미 베네수엘라에서의 저강도 전쟁, 미 제국주의의 '아시아 재균형' 전략 등은 모두 이러한 지역패권 경쟁의 표현이다. 센카쿠 열도를 둘러싼 중국과 일본·미국 제국주의의 군사적 대립과 우크라이나 사태는 21세기 세계대공황이 심화·확대됨에 따라 미국·유럽·일본 제국주의 대對 중국, 러시아를 중심으로 한 신흥강대국들 간의 불균등발전과 지역패권 경쟁이 더욱 격화된 형태로 표현된 것이다. 이러한 맥락에서 우크라이나 사태를 검토해보자.

 우크라이나에서 2013년 말부터 시작한 '광장혁명'에 의한 정권교체, 2014년 2월 크림 사태와 크림 반도의 러시아로의 분리통합, 서방 국가들의 러시아에 대한 경제제재, 우크라이나 동북부 지역의 러시아로의 분리주의 운동과 내전內戰화, 같은 해 7월 17일 말레이시아 민간여객기 격추 사건을 계기로 한 서방의 러시아에 대한 추가 제재, 러시아의 서방에 대한 보복 제재 등 이른바 우크라이나 사태는 현 세계정세의 진행에서 하나의 변곡점이 될 것으로 보인다.[6]

우선 우크라이나 사태는 미국·유럽 제국주의의 이른바 '정권교체' 전략(지난 시기 동유럽을 휩쓸었던 '색깔혁명'과 똑같은 전략이다)에 의해 촉발되었다. 이 사태는 서방 언론의 지나친 왜곡 보도에서 볼 수 있듯이, 크림 반도를 합병하고 우크라이나 동북부 지역까지 병합하려는 러시아 블라디미르 푸틴Vladimir Putin 대통령의 영토 야욕에서 비롯된 것이 아니다. 실제로는 미국·유럽 제국주의가 친親러시아적 빅토르 야누코비치Viktor Yanukovych 정권을 친서방 정권으로 교체하기 위해 깊숙이 개입했음이 그들의 부주의로 인해 언론에 폭로되었다. 미국·유럽 제국주의가 우크라이나의 신新나치 정당과 무장세력에게 50억 달러를 지원하고 정권 전복을 위한 민주화 요구 시위를 추동해서 폭력사태로 격화시켜 야누코비치 정권을 축출하는 구체적인 전술지도까지 제공했음이 드러났다.

이후 사태 전개 과정에서 신나치 세력의 집권과 준동, 그리고 파쇼적 행태는 크림 반도 주민들이 주민투표를 통해 러시아 귀속을 선택하는 데 결정적으로 작용했다. 동북부 지역의 내전화 역시 비슷한 이유로 이와 유사한 경로를 밟고 있다. 우크라이나의 내전은 장기화될 것으로 예상된다. 이는 미국·유럽 제국주의와 러시아의 충돌로 인해 야기된 것이기 때문이다.

우크라이나 사태가 현 세계정세에서 하나의 변곡점으로서 중요한 계기가 되는 것은 우크라이나 내부 문제 때문이 아니다. 이 사태는 미 제국주의의 '신냉전' 전략에 따른 것으로, 이 전략이 성공한다면 이것이 앞으로의 세계정세에 큰 전환점으로 작용할 가능성이 크기 때문이다. 미 제국주의가 우크라이나 사태로 노리는 것은 우크라이나에 대한 지배를 넘어서서 러시아의 고립과 봉쇄이다. 이는 우크라이나 사태를 계기로 서방 언론이 대대적으로 푸틴 대통령을 악마화하고 러시아에 대한 경제제재를 갈수록 강화하는 결과로 나타났다.

미 제국주의의 신냉전 전략은 21세기 세계대공황으로 급격히 쇠퇴하고 있는 미국·유럽·일본 제국주의에 비해 지역패권세력으로 급부상하고 있는 중국, 러시아를 봉쇄하고, 이것으로 미 제국주의의 세계패권을 유지하기 위한 것이다. 특히 주요 목표는 지역패권을 넘어서세계패권을 위협하고 있는 중국이다. 신냉전 전략의 핵심은 20세기의 냉전체제가 사회주의권을 봉쇄하는 것이 목표였던 것과 유사하게 중국, 러시아를 봉쇄하기 위해 다시 '세력균형 전략'을 도입하려는 것이다.[7] 즉, 주요 지역에서 미 제국주의의 지역 동맹국을 통해 중국, 러시아를 봉쇄하려는 것이다. 동아시아에서는 일본을 앞세워 중국을 봉쇄하고, 유라시아 서쪽에서는 유럽을 앞세워 러시아를 봉쇄하는 식이다.

이 전략은 제2차 세계대전 후의 소련에 대한 봉쇄를 위해 '냉전체제'와 '세력균형 전략'이 필요했던 것과 똑같이 러시아와 중국을 봉쇄하기 위해 필요한 것이다. 차이가 있다면, 그때는 비자본주의체제인 사회주의에 대한 봉쇄였다면, 이번에는 같은 자본주의체제 내부의 러시아, 중국에 대한 봉쇄이다. 이러한 측면에서 '신냉전' 전략은 20세기의 냉전체제와 형태상의 유사성을 말하는 것이지 내용적인 유사성을 말하는 것은 아니다. 내용 면에서 보면, 20세기의 냉전체제가 자본주의체제의 계급전쟁이 국제정치적으로 표현된 것이었다면, 현재 미 제국주의가 추구하는 신냉전체제는 패권경쟁의 표현에 지나지 않는다.

그렇기 때문에 그 성공 여부가 불투명하다. 미 제국주의의 압도적 힘의 우위를 기반으로 한 20세기의 냉전체제에 비해 현재의 제국주의 세력 내부의 역관계는 그렇지 못하며, 또한 미국·유럽·일본 제국주의 사이에 이해관계의 통일성이 20세기에 훨씬 미치지 못하기 때문이다. 더구나 정치적·군사적 봉쇄는 경제적 봉쇄를 토대로 함께 이루어져야 하는데, 20세기에는 사회주의권이었기 때문에 경제적 봉쇄가 가능했지만, 21세기 현재는 중국, 러시아는 모두 지구적 자본주의에 깊숙이 통합되어 있어 경제적 봉쇄는 제한적일 수밖에 없다. 우크라이나 사태 초기, 러시아와 경제관계가 깊은 유럽계 초국적 자본이 미국의 대러시아 경제제재를 반대하고, 가스 등 에너지 수입을 러시아에 크게 의존하고 있는 독일이 경제제재에 소극적으로 나서자 러시아 경제제재가 유명무실해졌던 데서 이러한 한계는 이미 잘 드러났다.

중국의 경우 미국, 유럽, 일본의 초국적 자본이 막대한 투자와 교역을 하고 있어, 현실적으로 경제 봉쇄는 불가능하다. 그래서 신냉전 전략은 미 제국주의의 주관적인 소망에 그칠 가능성이 크다. 아프가니스탄, 이라크 침략전쟁에서 미 제국주의가 의도된 성과를 얻지 못하고 실패했듯이 이 전략 역시 실패할 가능성이 크다. 최근의 사례로, 미국과 일본 주도의 아시아개발은행ADB에 대항하기 위해 중국의 주도로 설립 추진 중인 아시아인프라투자은행 AIIB 에 2015년 3월 영국, 독일, 프랑스, 이탈리아 등 유럽의 주요 국가들이 참가를 결정함으로써 미 제국주의의 중국 봉쇄 전략은 이미 크게 좌절되고 있다.

미 제국주의가 추구하는 신냉전 전략은 그동안 추진해왔던 '패권 제국주의' 전략의 좌절 또는 미 제국주의의 헤게모니의 약화와 쇠퇴의 표현이다. 그것은 세계대공황 속에서 달러화 위기, 헤게모니 붕괴 위기에 몰린 미 제국주의가 현재의 세계패권을 유지하기 위해 수세적으로 선택한 전략이다. 미 제국주의는 더 이상 자력으로 경제적·정치적·군사적 그리고 이데올로기적으로 헤게모니를 행사할 수 없기 때문이다. 따라서 신냉전 공세는 미 제국주의의 전략적 수세에서의 전술적 공세라 할 수 있다.

미 제국주의의 신냉전 전략은 단기적으로는 제한된 범위에서 관철될 가능성이 크다. 우크라이나 사태를 계기로 유럽계 초국적 자본 세력의 반발에도 불구하고 미 제국주의의 의도대로 러시아에 대한 경제제재는 강화되고 있다. 또한 우크라이나 사태를 계기로 NATO를 강화하며 유럽연합을 미 제국주의에 정치적·군사적으로 확실하게 종속시키고 있다. 동시에 미 제국주의는 유럽연합 나라들에게 군비지출을 GDP의 2% 이상으로 증강할 것을 강력하게 요구하고 있다. 동유럽, 북유럽 나라에서는 벌써 군비지출을 크게 높이기 시작했다.

특히 과거 역사 때문에 그동안 군사적 파병과 군비지출에 소극적 대응으로 일관해온 독일에서도 변화가 시작되고 있다. 독일은 군비지출이 2013년 GDP의 1.4%에 지나지 않았다.[8] 독일은 2014년 초 과거 나치의 침략 역사로 인한 군사 문제에서의 제약이 끝났음을 선언했고, 그 이후 체계적으로 군비증강 계획을 추진해왔다. 우크라이나 사태 이후 독일 국방장관은 군비지출의 대폭적인 증가와 독일군의 해외파병에 적극 나서고 있다. 독일은 우크라이나에 소규모이지만 병력을 파견하기로 결정, 이를 추진하고 있다.

미 제국주의가 러시아를 고립시키고 봉쇄하기 위해 우크라이나 사태를 조장한 것과 유사하게, 중국을 고립시키기 위해 최근 홍콩 사태가 이용되고 있다. 홍콩의 중국과의 관계에서의 특수한 지위(1국 양제兩制: 한 나라 두 체제) 문제와 함께, 더 직접적으로는 최근의 경제위기로 인한 청년실업의 증가와 빈부격차의 확대 등 대중의 생활 고통과 불만이 홍콩 '우산혁명'의 주요 배경을 이루고 있다. 이러한 경제적·정치적 배경하에서 대중의 고통과 불만이 2017년 홍콩 행정장관(행정수반) 선거의 민주적 개혁을 요구하는 정치적 요구로 터져 나온 것이 홍콩의 '우산혁명'이다. 그런데 중국 정부가 홍콩의 '우산혁명'을 중국판 '색깔혁명'으로 비난하는 데는 근거가 있다. 이 우산혁명에 미 제국주의의 정치적 공작이 개입한 것이다.[9]

2014년 9월 22일 대학생들의 동맹휴학으로부터 시작된 홍콩의 '도심점거' 시위는 수십만 명이 참여해 홍콩 당국의 최루탄 공세를 우산과 비닐랩으로 막아내면서 '우산혁명'으로 부르고 있다. 그러나 홍콩 사태는 그 배후 주동 인물들이 미 국무부와 '민주주의를 위한 국가원조기금NED'의 재정지원과 후원을 받아왔고, 2014년 4월 초에 워싱턴 NED에서 그 기획을 브리핑한 사실이 영상자료로 폭로되었다. 이들이 우산혁명을 통해 추구하는 목표는 중국 당국을 도발해 '제2의 텐안먼 사태'를 유발하는 것이다. 그럼으로써 시위사태를 홍콩이나 마카오, 타이완 등을 넘어서서 중국본토에 확산시킴으로써 중국 정부의 권위를 실추시켜 중국의 정치적 불안정화를 야기하는 것이다. 그럼으로써 이미 문제가 되고 있는 티베트, 신장웨이우얼 지역에는 당장 파급효과를 미칠 것이고, 대외적으로 중국의 이미지를 떨어뜨려 중국을 고립·봉쇄할 수도 있다.

미 제국주의의 이러한 개입은 러시아에 대한 봉쇄와는 다른 방식이지만 그 목적은 동일하다. 중국에 대한 '신냉전' 전략의 구사이다. 미 제국주의의 러시아, 중국에 대한 봉쇄전략으로서의 신냉전 전략은 계속 추진될 것이다.[10]

대내적인 파시즘화

미국, 유럽연합, 일본 등 제국주의 나라들에서 21세기 세계대공황의 정치적 효과로서 가장 두드러진 특징은 파시즘 경향의 확연한 추세이다. 이들 선진국에서 파시즘 경향이 점차 노골화되고 있다. 파시즘화 경향은 한편으로 지배세력이 노동자와 민중의 저항에 대비하는 준비태세로서 위로부터의 경향에 의해, 다른 한편으로 장기불황과 신자유주의 세계화의 강행에 따라 중산층이 급속히 몰락하면서 이들의 불안정화와 전망 부재가 야기한 불안 심리를 반영하는 극우세력의 급격한 정치적 확장이라는 아래로부터의 경향에 의해 강화되고 있다. 전자의 측면은 상대적으로 미국·일본 제국주의에서 강하게 나타나고 있고, 후자의 측면은 유럽 제국주의 나라들에서 상대적으로 급격한 추세로 등장하고 있다.

초국적 자본·제국주의 세력의 준비태세로서 파시즘화 경향은 이미 2001년 9·11 사건을 계기로 나타나기 시작했다. 미 부시 정부가 '테러와의 전쟁'을 명분으로 한 '애국자법'을 제정해 시민들의 민주적 기본권을 침해하기 시작한 것이다. 이 법은 시효가 다한 후에도 오바마 정부에 의해 2012년 '국방수권법'으로 법 형식을 바꾸어 계속 존속되고 있다. '테러와의 전쟁'은 계속되고 있으며, 모든 미국 시민을 잠재적 테러분자라는 죄목으로 재판 절차 없이 무제한 구금하는 것이 허용되고 있다. 그뿐만 아니라 오바마 정부가 시민들의 시위사태에 대비해 대응태세를 어떻게 강화해왔는가는 2014년 8월 10일 흑인 청년에 대한 미 경찰의 총격사건을 계기로 흑인 소요사태가 발생한 퍼거슨Ferguson 시 사태에서 드러났다.

시위진압 경찰은 '군軍 수준의 중무장' 태세로 등장했다. 미 민주당의 한 의원은 8월 15일 일명 '경찰 무장 제한법'을 추진하겠다고 나서기까지 했다. "소규모 시위대를 향해 중화기를 사용한" 경찰에 사태 악화의 책임이 있다는 것이다. 실제 CNN 등에 비친 시위대 진압 경찰의 모습은 경찰이라기보다 군인에 가까워 보였다. 단순히 복장만 그러한 것이 아니라 섬광수류탄(순간적으로 충격을 가해 어쩔 줄 모르게 만드는 폭탄)과 소총, 군용트럭 '험비'와 장갑차에 이르기까지 무기와 장비도 군인 수준이었다.

그런데 퍼거슨 시 사태에서 보인 시위진압 경찰의 중무장과 사실상의 계엄령 같은 모습은 미 오바마 정부가 경제위기로 인해 사회혼란이 격화될 것으로 예상하고 이에 대한 대비태세로서 몇 년 전부터 꾸준하게 준비해온 것이었다. 2013년 2월에 미 언론에 폭로된 바에 따르면, 미 국토안보부는 향후 5년 동안 사용할 총탄 16억 발(이라크 전쟁 규모로 20년간 사용할 수 있는 수준)과 장갑차를 구입할 비용을 예산으로 청구했다.

제국주의 나라들의 지배세력은 실제로 또 다른 금융위기 또는 경제위기에 체계적으로 대비하고 있다. 경제위기 시 경제 시스템이 붕괴되면 필연적으로 노동자와 민중이 거리에 나서고 약탈에 나설 것으로 예상하고, 이러한 상황에 대비해 계엄령과 군인에 의해 법과 질서를 유지하려고 한다.[11] 유럽연합의 싱크탱크에서도 전문가들이 경제위기 시 파업과 시위를 군사력을 동원해 진압할 대비를 할 것을 유럽연합에 요구했다. 2009년 발간된 『유럽방어 2020을 위한 전망 Perspectives for European Defence 2020』이라는 제목의 책자가 이를 보여준다. 세계화와 사회 양극화로 인해 계급갈등이 격화된 속에서 경제위기가 폭발하면, 이러한 조치들이 부자들을 가난한 자들로부터 보호하기 위해서 불가피하다는 것이다. 또한 유럽연합의 모든 나라들에 개입할 수 있어야 한다는 것이다. 말하자면, 경제위기 시 계급전쟁을 수행할 대비태세를 갖출 것을 조언한 것이다.

일본 아베 정권은 독도 영유권 주장과 난징 대학살 부인, 집단자위권의 정당화 등 군국주의 지향을 분명히 하면서 대내적으로 정보 통제를 위한 '특정비밀보호법' 등을 제정했다.

2008년 세계금융공황 이후 노동계급의 총파업이 자주 일어났던 지난 몇 년간 그리스, 스페인, 포르투갈 등 남부 유럽에서 그 폭력적인 진압 양상이나 군사쿠데타의 위협 등에서 지배세력의 파시즘적 경향은 이미 나타나기 시작했다. 2012년 5월에 이은 6월의 두 번째 그리스 총선에서 급진좌파연합(시리자SYRIZA)의 집권 가능성이 높아지자, 그리스 극우파들이 쿠데타를 공공연하게 말하면서 국민을 협박해서 시리자의 집권을 저지했다. 2013년 우크라이나 사태에서 미국·유럽 제국주의의 지원과 사주에 따라 폭력적인 '쿠데타'로 정권교체를 주도한 것이 우크라이나의 신新나치 세력이라는 점은 시사하는 바가 크다.

극우세력의 정치적 득세로 나타나고 있는 아래로부터의 파시즘화 경향은 2008년 세계금융공황 이래 서서히 등장했다. 특히 유럽연합에서 경제위기와 긴축정책의 강요 속에서 확산되기 시작했다. 그러한 흐름은 2012년 포르투갈, 스페인, 아일랜드, 헝가리 등의 선거에서 반反이민정책 강화, 반反유럽통합 등이 쟁점화된 것과 우파로의 정권교체로 나타났다. 특히 경제위기가 심각했던 헝가리는 나치주의를 만들어낸 1930년대 독일과 비슷한 상황이라 할 정도로 독재체제(파시즘 체제)로 이행했다. 동유럽의 루마니아, 슬로바키아, 체코 등 경제위기가 심각한 유럽연합의 주변부 나라들에서도 유사한 경향이 발생했다.

다른 한편, 유럽 각국에서 극우파가 득세하자 반이민 정서에 편승해 극우 인종주의자들이 테러를 자행했다. 2011년 노르웨이의 연쇄 테러 등 북유럽에까지 극우테러가 확산되었다. 이탈리아, 독일 등 유럽연합의 중심국가에서도 외국인을 총으로 살해하는 인종주의적 테러가 빈발했다.

장기불황으로 인해 강화된 이러한 반이민, 반유럽연합 정서하에서 2013년 스위스는 국민투표로 이민 규제를 결정했다. 영국, 독일에서도 이민을 규제하자는 여론이 대폭 강화되었다. 2014년 초부터 프랑스, 네덜란드에서 극우정당이 정당지지율 1위를 차지하기 시작했다.

2014년 5월 25일 유럽의회 선거는 유럽에서 극우세력이 얼마나 빠른 속도로 정치적으로 성장하고 있는지를 충격적으로 보여주었다. 이 선거에서 유럽의 중심국가인 프랑스와 영국에서 예상을 크게 뛰어넘는 극우정당의 대약진이 이루어졌다. 프랑스에서 극우정당 국민전선FN이 25% 득표로, 영국에서는 극우정당 영국독립당UKIP이 29% 득표로 각각 제1당이 되었다. 이번 선거에서 영국의 보수당·노동당 양당체제는 1906년 이래 108년 만에 붕괴되었다. 이탈리아에서는 반유럽연합을 주장하는 오성五星운동M5S이 25.5%를 득표해 제2당이 되었다. 그리고 거의 모든 나라에서 유럽통합에 반대하는 극우정당이나 우파 성향 정당들이 크게 득세했다. 나치 전력 때문에 극우정당을 기피해온 독일에서도 유로화 통용에 반대하는 극우정당인 '독일을 위한 대안AfD'이 7%를 득표해 유럽의회에 진출했다. 이에 비해 좌파 정당은 그리스의 급진좌파연합(시리자)이 제1당이 된 것 말고는 크게 진출하지 못했다. 정치적으로 유럽통합의 강화에 반대하는 세력이 예상을 크게 뛰어넘는 대약진을 한 것이다.

더욱 우려되는 것은 장기불황으로 인한 이주노동자에 대한 대중적 반감을 이용해 각국에서 인종차별주의자 등의 신나치 세력이 크게 진출한 점이다. 이는 이번 유럽의회 선거의 43.09%에 지나지 않은 낮은 투표율과 함께 '민주주의의 위기'가 거론될 정도로 유럽의 미래에 암운을 던지고 있다. 유럽의회 선거 투표율은 1979년 62%에서 2009년 43%로 크게 낮아졌는데, 이번 선거는 제자리걸음이었다.

유럽의회 선거 결과는 유럽경제의 장기불황 상태와 또 불투명한 장래의 경제회복 전망이 정치적으로 표현된 것이었다. 이러한 정치적 우경화와 민족주의 경향은 향후 유럽경제의 장기불황이 지속되고 심화된다면 더욱 강화될 것이다. 또한 유럽경제의 장기불황 전망은 유럽연합의 향방에 대해 다시 정치적 문제를 필연적으로 제기할 것으로 보인다.

지난 2012년 유럽연합 내부의 갈등을 거쳐 정치적 통합을 강화하기로 봉합한 방향성에 대해 다시 문제가 제기될 가능성이 크다. 우선 현실의 추세는 유럽연합의 통합을 강화하는 쪽이 아니라, 정반대로 한 국민국가 내에서도 분리주의운동이 강화되는 쪽으로 나타나고 있다. 2014년 9월 18일 스코틀랜드가 영국으로부터 독립을 추진한 주민투표가 부결되기는 했지만, 45:55라는 투표 결과는 제국주의의 핵심 국가인 영국 내부에서 민족주의 정서가 대중적으로 격화되고 있는 것을 잘 보여준다. 또 그 여파는 11월 9일 스페인에서 카탈루냐주가 분리·독립할지를 묻는 비공식 주민투표의 실시를 가져왔고, 그 결과 독립 찬성 의견이 80%를 넘는 것으로 집계되면서 카탈루냐 주의 분리·독립 움직임이 강화될 것으로 보인다. 스코틀랜드는 300년 전에 영국에 병합되었는데도 이번에 분리·독립 여론이 과반수에 육박한 것은 경제적 이해관계 등이 일정하게 작용되었다는 점을 감안하더라도 민족주의 정서의 강한 표출로 볼 수 있다. 카탈루냐 주는 스페인 내에서 분리주의 운동의 오랜 역사를 가지고 있지만, 이번 경제위기라는 계기를 통해 다시 강하게 표출된 것으로 보인다. 기타 이탈리아의 동북부 베네토 주, 벨기에의 북부 플랑드르 지역 등도 분리·독립을 추진하고 있는 등 제국주의 나라들의 장기불황은 민족주의 경향을 촉진하는 온상이 되고 있다.

유럽에서의 파시즘화 경향은 우크라이나 사태와 미 제국주의의 '신냉전' 전략에 의해 더욱 강화될 것이다. 러시아와 블라디미르 푸틴 대통령을 악마화하는 한편, 러시아의 침략 위협을 내세워 군비증강을 하면서 민족주의적이고 극우적인 경향이 더욱 강화될 것이다. '테러와의 전쟁'을 명분으로 한 제3세계 침략전쟁과 더불어 이러한 대외적인 전쟁공세는 대내적인 계급전쟁에 대비한 파시즘 경향을 더욱 강화시킬 것으로 보인다.

그리고 이러한 대내외적 전쟁 공세가 대내적으로 먹혀들 수 있는 비옥한 토양이 되고 있는 것이 바로 유럽, 미국, 일본 등 제국주의 나라들의 장기불황이다. 특히 유럽에서 장기불황의 심화는 이른바 중산층의 급격한 몰락을 가져왔고, 이 중산층들이 지난 유럽연합 의회 선거에서 극우파의 득세를 가져온 것으로 보인다. 중산층들은 자신들의 몰락을 자본주의 자체에서 비롯된 것으로 보기보다는 이주노동자, 다른 나라 등 외부에서 찾기 쉽고, 그래서 극우세력의 선동에 쉽게 휩쓸리고 있다.

이러한 민족주의 경향과 파시즘화 경향은 유럽의 정치적 통합을 이완하는 쪽으로 작용할 것이다. 영국 일간지 ≪텔레그래프The Daily Telegraph≫의 2015년 1월 24일 자 보도에 따르면, 유럽연합 주요 회원국 10개국 조사 결과 2007년 52%였던 유럽연합 지지율은 현재는 30%대로 내려앉았다. 유로존 재정·금융위기의 시발점이 된 그리스를 비롯한 남유럽 나라들의 유럽연합 지지율이 가장 가파르게 하락했다. 그리스는 2007년 51%에서 현재 23%로 유럽연합 지지율이 반토막 났다.

2. 세계 노동자·민중의 저항과 변혁적 진출 확산

21세기 세계대공황의 심화와 제국주의 침략전쟁 공세에 맞서 세계 노동자와 민중은 투쟁과 저항으로 떨쳐나서고 있다. 2008년 세계대공황이 발발한 이래 세계 노동자와 민중은 그 이전의 초국적 자본·제국주의 세력의 신자유주의 세계화 공세기에 비해서 매우 적극적인 대중투쟁으로, 저항으로, 봉기로 떨쳐나서고 있다. 그리스를 비롯한 유럽 노동자들의 긴축 반대 총파업, 영국 민중의 폭동, 미국 위스콘신 주 공공부문 노동자들의 의사당 점거와 시위, 이집트·튀니지 등 중동 지역 노동자와 민중의 정권 퇴진 봉기, 그리고 미 제국주의 한복판에서 일어난 "월가를 점령하라"에 호응한 세계 노동자들의 항의 등이 이러한 추세를 말해주고 있다. 특히 중남미, 아프리카, 중동 등에서 제3세계 노동자와 민중의 완강한 저항과 변혁적 운동이 발전하고 있다.

제3세계 노동자·민중의 저항의 확산과 급진화

신자유주의 세계화로 가장 극심한 고통을 받은 제3세계 개발도상국과 저개발국에서 노동자와 민중의 변혁적 운동이 발전하고 있다. 제3세계 개발도상국들에서는 베네수엘라의 '21세기 사회주의'를 지향하는 볼리바르 혁명, 남아공 광산노동자들의 개량주의 노동운동을 거부하는 변혁적 흐름 등 변혁적 운동이 대두하기 시작했다. 저개발국에서는 민중이 제국주의와 국내 반동세력에 맞서는 여러 가지 형태의 투쟁을 수행하고 있고, 그 투쟁의 강도를 점차 높여가고 있다. 이들은 이라크, 아프가니스탄, 파키스탄 및 팔레스타인 등에서와 같이 제국주의의 침략과 점령에 맞서 무장저항을 벌이고 있다. 인도, 필리핀, 콜롬비아, 페루, 터키 및 그 밖의 여러 곳에서도 반동적 지배체제에 맞서는 투쟁이 벌어지고 있다.

북아프리카·중동 지역의 아프가니스탄, 이라크에서 미 제국주의에 맞선 저항이 계속되고 있고, 리비아에서도 2011년 카다피 정권 붕괴 이후 민중의 저항이 다시 시작되고 있다. 2011년 북아프리카·중동 지역 노동자와 민중의 반독재 투쟁(이른바 '아랍의 봄')이 그 이후 내외 지배세력에 의해 좌절되면서 노동자와 민중은 이집트, 튀니지 등에서 다시 투쟁에 나서기 시작했다. 시리아는 미국·유럽 제국주의의 공작과 테러에 맞서 제국주의 세력의 지원을 받고 있는 테러분자들과 투쟁을 계속하고 있다. 아프리카에서는 2012년 남아공 광산노동자들을 중심으로 한 전투적 파업투쟁에서 드러났듯이, 체제내화된 개량주의 노동운동을 넘어서는 계급적·변혁적 흐름이 아래로부터 올라오고 있다. 또한 말리 북부 지역의 분리독립운동처럼 유럽·미 제국주의에 맞선 민족해방투쟁이 고양되고 있다.

무엇보다 주목되는 것은 '21세기 사회주의'를 지향하는 베네수엘라의 볼리바르 혁명이다. 2005년부터 '21세기 사회주의'를 표방하며 자본주의를 넘어선 사회변혁을 추진하고 있다. '대중이 주인이 되는 민주주의'의 실천으로서의 주민평의회와 코뮌으로의 발전 등 정치혁명으로부터 기간산업 국유화와 노동자 자주관리의 도입 등 경제혁명으로 발전하고 있다. 사회주의 혁명의 성격을 점차 강화해가고 있는 것이다. 또한 베네수엘라, 쿠바가 중심이 되어 2004년부터 볼리비아, 에콰도르 등 베네수엘라의 볼리바르 혁명을 본받은 나라들 8개국이 사회주의적 호혜무역을 지향하며 '아메리카 민중을 위한 볼리바르 동맹ALBA'을 출범시켰다. 민중의 참여와 복지 향상을 목표로 베네수엘라의 석유와 쿠바의 의사, 베네수엘라의 석유와 볼리비아의 밀 등 호혜적인 구상무역을 실시하고 있다.[12]

베네수엘라의 볼리바르 혁명과 함께 중남미 지역의 반제국주의 투쟁과 국제연대가 확산되었고, 베네수엘라 차베스 대통령은 2009년 '제5인터내셔널' 건설을 제안하는 등 세계대공황하에서 제국주의 침략전쟁에 맞선 반제국주의 단결과 투쟁을 중동, 아프리카 등 여타 제3세계 나라들로 확산시켰다.[13] 또한 2009년 식민지 과들루프에서 프랑스 제국주의에 맞선 지역 총파업 투쟁이 승리했다. 중남미 지역에서의 이러한 반제국주의 단결·투쟁이 고조된 성과로, 2011년 12월 미제국주의가 지배하는 미주기구OAS에 대항하는 '라틴-아메리카 및 카리브 국가 공동체CELAC'가 베네수엘라와 쿠바의 주도로 미국과 캐나다를 제외한 33개국에 의해 결성되었다.

2013년 3월 차베스 대통령의 사망으로 중남미 지역의 변혁적 운동은 큰 손실을 입었으나, 중남미 지역의 반제국주의 투쟁 역량과 압박은 미 제국주의를 굴복시켜 2014년 12월 미국 오바마 대통령이 지난 53년의 쿠바 봉쇄 정책이 실패했음을 인정하고 쿠바와의 국교 정상화를 선언하게 만들었다. 중남미 나라들의 반反제국주의적 연대의 강화와 중국의 중남미 지역에 대한 적극적인 경제적 진출로 인해 미국의 쿠바 봉쇄는 이미 실효성을 상실한 반면, 미국의 반反쿠바 정책은 갈수록 중남미에서 미국의 외교적·정치적 고립만 심화시키는 결과를 초래해 미 제국주의가 실용주의적 선택을 한 것이다.

한편, 아시아 지역에서는 중국의 거대한 노동계급이 투쟁을 시작했다. 2010년 1~6월 사이에 애플의 타이완 하청업체인 팍스콘의 선전 공장에서 18~24세의 젊은 노동자 13명이 투신자살을 시도해 10명이 사망하는 비극적 사건이 발생하면서 중국 노동자들의 저임금과

열악한 근로조건이 폭로되었다. 팍스콘은 중국 공장들에 120만 명을 고용하고 있고, 선전 공장에만 42만 명의 노동자를 고용하고 있다. 선전 공장 노동자의 85%가 무권리의 농민공 출신이다. 자살 사태 이후 팍스콘은 30%의 임금인상과 근로조건 개선을 약속했고, 중국 당국도 최저임금을 20% 내외로 대폭 인상했다. 그뿐만 아니라, 2013년 2월 중국에서 처음으로 민주적인 선거로 노조 간부들을 선출하기로 했다.

팍스콘 사태 후 2010년 5월부터 중국의 초국적대기업 노동자들의 전투적인 파업투쟁이 들불처럼 번졌다. 신세대 농민공들이 인터넷을 통해 소통하면서 순식간에 전국적으로 확산되었다. 그 결과 중국 주요 도시의 노동자들 임금이 20% 내외로 대폭 인상되었다. 아직은 낮은 수준의 생존권 요구 투쟁에 머무르고 있지만, 점차 민주노조에 대한 요구로 발전하고 있다. 중국 노동자들의 투쟁은 그 거대한 규모와 잠재력으로 세계노동운동에 큰 영향을 미칠 것이다.

선진국에서 전투적 계급투쟁의 부활

제국주의 나라들에서는 높은 실업률, 사회보장제도의 감축, 노동조합 활동의 권리를 비롯한 민주적 권리의 후퇴, 그리고 노동계급에게 가장 큰 희생을 강요하는 엄격한 긴축조치 등으로 인해 사회불안이 널리 퍼져 있다. 재정위기를 계기로 사회복지지출 삭감 등 긴축정책에 대한 노동계급의 저항이 확산되었다. 예컨대, 2011년 국가부도위기하에서 그리스 노동계급은 일곱 차례의 24시간 총파업을 감행했다. 2012년에는 스페인, 포르투갈, 이탈리아에서도 긴축 반대 총파업이 벌어졌고, 프랑스 공공부문 노동자들도 긴축 반대 총파업에 나섰다. 이러한 노동계급의 총파업에 청년·학생, 여성, 이민자, 유색인, 기타 사회적 약자들이 동참했다. 초기에는 긴축 반대 등 즉자적 반대 수준에서 요구했으나 대공황이 장기화되고 심화되면서 점차 급진화되고 있다.

유럽 노동계급의 투쟁은 2012년 긴축을 반대하는 일국적 총파업 투쟁이 더욱 많은 나라로 확산되면서 정치적으로 급진화되고 있다. 2012년 11월 14일 유럽연합 4개 나라(그리스, 스페인, 포르투갈, 이탈리아)의 긴축 반대 연대총파업 등 유럽연합 차원의 연대투쟁으로 발전했다. 또한 2012년 그리스 총선에서 변혁적 강령을 내건 급진좌파연합(시리자)이 제2당으로 약진할 정도로 그리스 노동계급은 정치적으로 급속하게 급진화했다. 시리자는 2014년 정당 지지율 1위를 차지했고 2015년 1월 총선에서 제1당으로 집권해, 긴축정책을 반대하며 구제금융의 조건에 대해 유럽연합 집행위원회, 유럽중앙은행 ECB, 국제통화기금 IMF 등 '트로이카'와 재협상을 벌이고 있다. 재정위기와 긴축정책이 그리스 다음으로 심각한 스페인에서도 신생 좌파정당인 '포데모스 Podemos(우리는 할 수 있다)'가 여론조사에서 정당지지율 1위에 오르며 2015년 11월 총선에서 집권 가능성이 높아지고 있다. 이처럼 경제위기와 긴축정책이 심각한 나라들을 필두로 유럽 노동계급은 정치적으로 급진화하고 있다. 그리스와 스페인에서 좌파정당의 득세는 비슷한 처지에 있는 남부 유럽의 포르투갈과 이탈리아에도 직접적으로 영향을 미칠 것이고, 유럽 전체에 점차 21세기 대공황에 대한 하나의 대안으로 다가갈 것이다.

한편, 일본에서도 대중운동이 부활하고 있다. 일본의 대중운동은 20년의 장기불황 속에서 2011년 후쿠시마 핵발전소 폭발사고 이후 50년 만에 다시 부활했다. 2012년 6월 29일 총리관저를 포위한 26만 명의 핵발전소 반대시위가 벌어졌고, 그 이후에도 대규모 집회가 계속되었다.[14]

노동운동의 역사와 전통이 깊고 신자유주의 공세에도 조직력이 일정하게 보존되어 있는 선진국 노동운동에서, 기층 대중의 아래로부터의 압력이 상층 지도부의 관료화를 뚫고 전투적 대중투쟁으로 표출되는 양상이다. 선진국에서도 세계대공황이라는 객관 정세의 구조적 규정은 노자 간의 타협과 개량의 여지를 허용하지 않고 착취와 탄압을 강화할 것이기 때문에, 서구의 개량주의적·실리적 노동운동도 중장기적으로는 역동적인 발전과정을 거쳐 점차 전투적이고 급진적인 노동운동으로 변화할 것이다.

3. 지구적 장기불황과 간헐적인 금융공황

지구적 장기불황

　21세기 세계대공황의 부담과 고통을 노동자와 민중에게 전가하려는 초국적 자본·제국주의 세력의 대응은 재정 긴축정책, 그리고 그로 인해 발생하는 실물경제 위축과 금융위기에 의한 시스템 붕괴를 저지하기 위한 통화팽창 정책, 즉 무제한의 양적완화 정책이다. 현재의 계급 간 역관계에서 이러한 대응전략을 바꿔낼 수 있는 노동자와 민중의 힘이 단기간 내에 형성되기 어렵기 때문에 이 정책 기조는 상당기간 관철될 것이다. 재정 긴축정책과 통화팽창 정책의 이러한 악惡 조합은 가계, 기업, 금융회사, 국가 등 경제 주체가 처한 현재의 위기를 해결해나가는 것이 아니라 신자유주의적 자본주의의 특징인 부채 경제화를 더욱 악화시킬 수밖에 없다. 따라서 지구적 장기불황이 불가피하다.

　우선 가계는 긴축정책으로 해고, 임금 삭감, 연금 삭감, 사회복지 지출 삭감 등 모든 측면에서 소득이 감소하기 때문에 구매력을 갈수록 상실해가고, 따라서 부채를 축소하기 어렵거나 오히려 부채에 더욱 의존해갈 것이다. 기업은 경쟁력 있는 초국적 자본을 예외로 하면 노동계급의 구매력 감소로 인한 국내 수요의 감소로 구조조정을 강요당하는 한편, 불황으로 인해 부채에 의해서만 생존을 유지할 수 있게 된다.[15] 초국적 자본의 경우에도 내수의 감소로 인해 더욱 수출에서 활로를 찾으려 하게 되고, 따라서 초국적 자본 간 국제경쟁이 더욱 격화되고 그 과정에서 세계적 차원의 독과점화가 더욱 진전될 것으로 보인다.

은행 등 금융회사들은 이미 정부의 구제금융과 양적완화 정책에 의해 생존이 유지되는 사실상 '좀비은행' 신세이므로 손실에 대한 우려로 가계와 기업에 대한 대출에 적극적으로 나서기 어려운 형편이어서, 다시 부채를 통한 금융적 투기에서 수익을 찾으려고 할 가능성이 크다.

국가는 재정위기에서 장기간 벗어나기 힘들 것으로 보인다. 불황 속에서 세수 증가는 제한되고, 금융위기 등 경제위기 재발 시 구제금융과 경기부양책으로 재정지출은 늘려야 하므로 재정적자를 줄여나가기가 어려울 수밖에 없다. 그러므로 국가부채를 줄이거나 재정위기를 벗어나는 것이 쉽지 않게 된다.

결국 모든 경제 주체가 부채에 의존해서 생존을 유지해갈 수밖에 없는 상황에 처해 있다. 따라서 부채경제의 악순환에서 벗어나지 못해 불황에서 빠져나오는 것이 매우 어렵다.

실제로 2008년 세계금융공황 이래 세계대공황 과정에서 세계의 총부채 규모는 급증하고 있다. 2014년 「제네바 리포트」[16]는 다음과 같이 보고하고 있다(그림 5.1 참조).

미국 등에서 금융부문 부채 부담은 줄어들고, 선진국의 가계소득 대비 부채 비율이 증가세를 멈추었으나 선진국 공공부문과 중국 등 신

그림 5.1 세계 GDP 대비 총부채 비율 (단위: %)

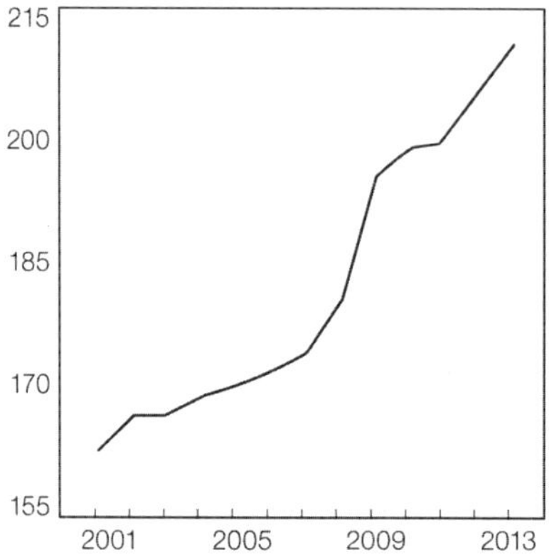

자료: ICMB·CEPR, 「제네바 리포트」(2014.9.29).

홍국의 민간부채가 빠르게 늘고 있다. 전 세계 국내총생산(GDP) 대비 총부채 비율은 2001년 160%였으나 금융위기가 강타했던 2009년 200%에 육박했고, 2013년에는 215%까지 확대되었다. 일반적 인식과 달리, 전 세계는 아직 부채 축소에 나서지 않았다. 세계 GDP 대비 총부채 비율은 계속 신기록을 경신하고 있다.[17]

이 보고서는 또한 "기록적인 부채와 저성장이 맞물린 '유해한 조합'으로 인해 세계경제가 또 다른 위기에 직면할 수 있다"고 경고했다. 보고서는 특히 높은 부채 수준과 지속적인 성장세 둔화로 가장 우려되는 곳으로 재정위기를 겪은 유로존(2014년 기준, 18개국)의 남부 국가들과 중국을 지목했다. 보고서는 또한 "부채 증가로 인해 차입국들은 빠른 금리 상승을 견딜 수 없을 것이기 때문에 기준금리가 시장의 예상보다 낮은 수준으로 유지되어야 한다"며, "전 세계적으로 기준금리가 장기간 낮은 수준을 유지해야 가계와 기업, 정부가 부채를 상환해 또 다른 붕괴를 피할 수 있다"고 경고했다.

또한 세계 1위 컨설팅 회사 맥킨지글로벌연구소MGI도 2015년 2월

21세기 대공황의 시대

5일 「부채와 (많지 않은) 부채감축Debt and (not much) deleveraging」이라는 제목의 보고서에서, 세계경제에 떠오르는 3대 리스크로 '정부부채 증가, 지속적인 가계부채와 주택가격 상승, 중국부채' 문제를 꼽았다. 맥킨지 보고서는 "부채 비율 증가는 금융안정을 위협하고 글로벌 경제성장 기조를 해칠 수 있다"며 "막대한 빚을 지고도 안전하게 살아가는 법을 배워야 할 것"이라고 지적했다.[18]

그렇다면 세계적 차원에서 계급 역관계가 변화하지 않는 이상, 그리고 그에 따라 초국적 자본·제국주의 세력의 정책 기조가 바뀌지 않는 한, 장기불황하의 세계경제는 '양적완화'와 저금리 정책으로부터의 '출구전략'이 사실상 없다. 지난 7년 동안 지속되어왔던 비정상적인 통화팽창 정책을 앞으로도 '장기간' 지속할 수밖에 없을 것이다. 더구나 2014년부터 일본에 이어 유로존까지 디플레이션 양상이 나타나면서, 지구적 자본주의가 2015년 현재 디플레이션 공포에 사로잡혀 있는 것을 감안하면 더욱 그러하다.

실제로 일본과 유럽연합의 '양적완화' 정책 확대는 경기부양 못지않게 디플레이션 경향으로부터 탈출하기 위해 실시되고 있다. 유로존의 물가상승률은 2014년 12월 -0.2%, 2015년 1월 -0.6%로 두 달 연속 물가하락을 보여 디플레이션 추세가 완연하다. 유로존 지역에서 아직도 2007년 수준의 GDP를 회복하지 못한 장기불황과 함께 이러한 디플레이션 추세에 대응하기 위해, 유럽중앙은행은 2015년 3월부터 최소한 2016년 9월까지 국채 매입 등을 통해 매월 600억 유로씩 유동성을 공급하는 전면적 양적완화(최소 규모 1조 800억 유로)를 실시하기로 2015년 1월 22일 결정했다.[19] 유럽연합이 양적완화 정책에 전면적으로 나서게 된 것이다.

특히 중국에서조차 디플레이션 조짐이 나타나고 있다. 2015년 1월 소비자물가지수CPI는 전년도 같은 기간 대비 0.8% 상승에 지나지 않았다. 세계금융공황 직후인 2009년 11월 이후 가장 낮은 상승률이다. 2014년 12월에는 1.5%였다. 그런데 중국의 생산자물가는 이미 2012년 2월 이후 35개월째 디플레이션 상황이다. 이러한 추세를 보면, 중국 역시 유로존과 마찬가지로 디스인플레이션disinflation을 거쳐 로플레이션lowflation[20] 상태에 놓여 있다고 볼 수 있다. 중국 정부는 2015년 2월 4일 지급준비율을 0.5%포인트 내리고 중앙은행인 인민은행을 통해 시중은행에 긴급유동성을 투입하는 등 통화팽창 정책에 적극 나서고 있다.

따라서 장기불황하에서 통화팽창 정책이 지속됨에 따라 자산거품은 더욱 부풀어 오를 것이며, 결국 그 자산거품의 불안정성 자체로 인해 2008년 세계금융공황과 마찬가지로 거품붕괴로 귀결될 수밖에 없을 것이다. 이것을 피할 수 없다는 것은 2008년 세계금융공황이 이미 보여주었다. 정부의 어떠한 '미세조정'도 거품붕괴를 막지 못했다. 자산거품붕괴의 계기는 곳곳에 있다. 예컨대, 미국의 주가거품붕괴, 그리스의 시리자 집권에 따른 반反긴축정책을 둘러싼 갈등으로 인한 유로존의 위기, 중국의 부동산거품붕괴, 신흥국에서 투기자금의 이탈에 따른 금융위기 등 선진국과 신흥국 가릴 것 없이 세계경제 전반이 취약한 상태에 놓여 있기 때문에 어느 하나의 계기가 촉발되면

2008년 세계금융공황처럼 순식간에 전 지구적 차원으로 확산되어 경제 붕괴를 가져올 것이다.

간헐적인 금융공황

한편, 선진국, 신흥국 가릴 것 없이 모든 나라들이 경기부양을 위해 부동산경기 부양에 매달려왔다. 선진국에서 특히 과잉유동성이 부동산으로 흘러들어가면서 미국, 독일, 영국 등 주요 나라들에서 부동산거품이 우려될 정도로 부풀어 오르고 있다. 중국 등 신흥국들에서는 2008년 세계금융공황 이후에도 부동산거품이 꺼지지 않고 지속되었는데, 이제 나타나기 시작한 거품붕괴를 막기 위해 안간힘을 쓰고 있다.

실물경제로 흘러가지 못한 돈은 금융, 부동산 등 자산시장으로 흘러들어가 자산거품을 조성했는데, 그 영향은 선진국과 신흥국에서 차별적으로 나타나고 있다. 신흥국의 경우, 선진국에서 풀린 돈이 신흥국에 투기적으로 들어오면서 주식시장, 부동산시장에서 자산거품을 다시 일으켰고, 2013년 미국이 양적완화를 단계적으로 축소하겠다(테이퍼링)는 발표만으로도 투기자본들이 빠져나가면서 거품붕괴 조짐을 보이고 있다.

주식시장은 2012년부터 거품이 다시 조성되기 시작했다가 2013년 7월 미국의 '테이퍼링' 방침 발표를 계기로 폭락하는 양상을 보이고 있다. 부동산시장은 중국, 홍콩, 싱가포르, 인도네시아, 터키, 브라질

그림 5.2 **미국 500대 기업의 주가지수(S&P 500)**

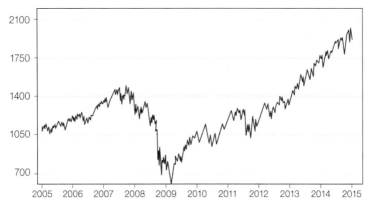

자료: http://www.spindices.com/index-finder/

등에서 주택거품이 크게 조성되어 2013년부터 주택투기 억제 대책이
실시되고 있다. 홍콩은 2008년 이후 5년 동안 집값이 134%가량 폭등
해 거품붕괴가 우려되고 있다.

선진국의 경우, 주식시장은 2012년부터 또다시 거품이 조성되어
2014년까지 지속되고 있다. 주택거품도 2012년 이후 미국, 영국, 독
일 등에서 대도시를 중심으로 다시 조성되고 있다. 미국의 20대 도시
주택가격은 2013년 13.6% 상승했다.[21]

특히 주식시장은 거침없는 거품행진이 계속되고 있다. 미국의 주
가지수는 이미 2013년 3월부터 세계금융공황 직전의 최고점을 돌파
했고, 사상 최고치를 계속 갱신하고 있다. 선진국 실물경제는 아직도
2008년 세계금융공황 이전의 수준을 회복하지 못하고 있는데도 불구
하고 선진국 주식시장의 거품이 세계금융공황 이전 시기보다 더 크

21세기 대공황의 시대

게 조성되고 있다. 미국 주식시장 거품양상은 그림 5.2에서 잘 드러난다.

선진국 주식시장의 거품이 과도하게 부풀어 올랐고, 따라서 조만간 그 붕괴가 예상되고 있다. 대표적으로 2013년 노벨경제학상 수상자인 로버트 실러 미 예일 대학 교수는 2014년 8월 18일 자신이 창안한 '케이스-실러 지수Case-Shiller Housing Price Index'를 근거로 미국 주식시장 거품붕괴를 경고했다. 이 지수가 현재 25까지 상승했는데, 이는 20세기 평균치인 15.21을 크게 웃도는 수준이고, 1881년 이후 이 지수가 25를 넘은 것이 1929년과 1999년 그리고 2007년 세 번뿐이었으며, 각각 1년 내외로 예외 없이 금융위기로 이어졌다는 것이 그 근거이다.

그뿐만 아니라 2008년 세계금융공황의 원흉이었던 파생금융상품과 관련해서는 상황이 더욱 심각하다. 현재 2008년 당시보다도 파생금융상품 거래 규모가 20%나 더 크게 확대되었다. 또 그때보다 훨씬 더 위험한 종류의 파생금융상품이 개발되어 유행하고 있다. 금융거품이 2008년 때보다 더 크게 조성되어 있는 것이다. 파생금융상품 거래의 대부분은 미국의 4대 은행(JP모건체이스, 시티뱅크, 뱅크오브아메리카, 골드만삭스)에 의해 이루어지고 있다(Snyder, 2014.5.27).

이러한 주가거품과 파생금융상품 거품은 바로 21세기 세계대공황을 벗어나기 위한 양적완화 정책 때문에 생긴 것이다. 미국은 4조 달러의 통화를 찍어냈고, 뒤이어 일본도 막대한 양적완화를 하고 있으며, 유럽연합도 편법적으로 양적완화 정책을 실행해왔다. 미국, 유럽연합, 일본의 양적완화에 의해 풀린 돈은 총 7조 달러에 달한다. 그렇게 풀린 막대한 돈이 실물경제로 흘러들어가지 않고 대부분 금융시장에 투기적으로 흘러들어간 결과가 현재 다시 조성되고 있는 거대한 금융거품이다.

IMF는 2014년 10월 8일 발표된 「금융안정 보고서」에서 선진국들이 경기부양을 위해 푼 과도한 자금이 금융시장의 새로운 위험이 될 것이라 경고했다. "너무 많은 돈이 위험자산으로 몰리면서 금융안정을 심각하게 위협하는 현실"을 지적하고, "이제는 금융안정 위협이 은행으로부터 오기보다는 헤지펀드와 머니마켓펀드MMF 등 '그림자금융'에서 더 많이 제기된다"며 "이러한 위험에 대한 감독 강화가 시급하다"고 강조했다. 그러면서도 "이러한 투기자금이 본격적으로 회수되기 시작하면 미약한 성장에 충격을 줄 수 있다"며 미 중앙은행(연준)의 출구전략이 급속히 추진되는 것에 대해서는 우려를 표명했다.

따라서 제2의 금융붕괴는 불가피하고, 임박한 것으로 보인다. 현재와 같이 금융시장이 거품으로 인해 매우 취약한 상태에서는 어떤 작은 충격도 계기가 되어 거품붕괴로 이어질 수 있다. 미 연준이 2013년부터 양적완화 정책의 단계적 축소(테이퍼링)를 매우 조심스럽게 시행했던 것도 이 때문이다. 미국의 양적완화 축소를 계기로 이미 신흥국들에서 2013년 8월, 2014년 1월 두 차례의 외환위기, 경제위기 소동이 발생했다.

2013년 7월 미 연준이 연내에 양적완화 정책을 단계적으로 축소하겠다(테이퍼링)고 발표하자 8월부터 선진국의 투기적 자본이 신흥국에서 이탈하면서, 인도, 인도네시아, 브라질, 남아공 등에서 주식, 채권, 통화가치가 동반 급락하면서 외환위기 조짐을 보였다. 그 여파는 타이, 말레이시아, 멕시코, 터키 등에서도 나타났다. 이 위기는 9월에 미 연준이 테이퍼링 연내 실시를 유보하면서 가라앉았다. 신흥국들의 금융위기가 선진국의 취약한 금융시장, 특히 미국을 강타해서 세계금융공황으로 발전할 수도 있는 상황이었다.

또한 미 연준이 2014년 1월, 2월 각각 100억 달러씩 채권 매입 규모를 축소하는 과정에서 1월 말경 다시 신흥국들에서 투기적 자본 이탈이 발생하고 아르헨티나, 터키, 남아공, 인도, 브라질, 러시아 등에서 통화가치가 폭락하는 사태가 발생했다. 인도, 터키, 브라질, 남아공은 중앙은행이 금리를 인상함으로써 자본유출 사태를 막으려 했다. 이 사태로 인해 신흥국 전반의 주가뿐 아니라 선진국 주가도 동시에 폭락했다.

이는 선진국의 양적완화 정책에 의해 풀린 돈이 신흥국들에 투기적으로 흘러들어가 자산거품을 조성했다가 양적완화 축소를 계기로 신흥국들에서 유출되면서 발생한 것이었다. 이러한 현상들은 그만큼 세계금융시장이 거품으로 인해 취약해졌다는 것을 잘 보여주고 있다. 시기만이 문제이지 제2의 금융거품붕괴는 불가피한 것이다.

그리고 다가올 제2의 금융붕괴는 이른바 '일본식 복합불황'을 훨씬 능가하는 심각한 복합불황을 세계적으로 확산시킬 것이다. 순수 경제적인 요소만 고려한다면, 이것은 세계경제가 제2의 금융붕괴로 인한 시스템 붕괴를 지난 2008년 세계금융공황 때처럼 어떻게 해서 저지한다고 하더라도, 지금까지 7년간의 장기불황에 이어 새로운 장기 불황을 더 심화·확대된 형태로 다시 시작한다는 것을 의미한다.

더구나 주요 선진국들은 높은 국가부채 비율과 이로 인한 재정위 기에 처해 있다. 유로존 나라들의 경우 평균 국가부채 비율은 2014년 GDP의 96%에 이른다. 독일 76%, 프랑스 95%, 이탈리아 137%, 스페인 99%, 포르투갈 131%, 그리스 174% 등이다. 2014년 일본의 국가 부채 비율은 245%, 미국 106%, 영국 92%이다(OECD 평균 106%). 반면, 신흥국들의 평균 국가부채 비율은 GDP의 40%에 지나지 않는다. 따라서 선진국들의 경우, 높은 국가부채 비율은 제2의 금융붕괴에 대한 국가 대응에 상당한 제약을 부과할 것이다. 금융 시스템 붕괴를 막기 위한 구제금융이 불가피하기 때문에 국가부채는 다시 크게 증가해 재정위기를 더욱 심화시키는 한편, 경기부양을 위한 양적완화 정책을 더욱 확대할 수밖에 없을 것이다.

단·중기적으로 세계적 차원의 계급 역관계가 변화하지 않는다면, 지구적 장기불황 속에서 이러한 금융붕괴가 간헐적으로 발생하면서 반복적으로 지구적 자본주의를 더욱 불황의 심연으로 끌어내릴 것이다. 개별 나라 차원에서 계급 역관계가 변화할 경우에도 세계적 차원의 계급 역관계가 변화하지 않는다면 마찬가지일 것이다. 예컨대, 그리스에서 급진좌파연합(시리자)이 집권해서 나타나는 바와 같이, 또는 앞으로 스페인의 '포데모스'가 집권할 경우에서와 같이 이들 나라에서 계급 역관계가 변화하면, 이들 나라에서는 긴축정책이 폐기되고 케인스주의적 경기부양책이나 더욱 급진적인 경제정책이 추진될 수 있다. 그러면 긴축정책의 폐해로 인한 불황은 완화될 것이다. 하지만 세계적 차원에서 계급 역관계의 변화가 이루어지지 않는 한, 초국적 자본·제국주의 세력의 견제와 보복으로 인해 그 완화 효과는 제한적일 것이다.

또한 불황이 장기화되고 심화되면 미국, 일본, 유럽의 양적완화 정책은 세계적 차원에서 환율전쟁을 격화시킬 것이다. 2015년 1월 유럽중앙은행이 미국·일본식의 전면적 양적완화 정책을 시행하기로 결정한 것을 전후해서 유로존 밖의 유럽 나라들인 스위스, 덴마크, 루마니아, 스웨덴 등이 마이너스 금리나 대규모 국채 매입 프로그램을 실시하는 정책을 시행하기 시작했고, 우즈베키스탄, 인도, 이집트, 페루, 터키, 캐나다, 파키스탄, 싱가포르, 알바니아, 러시아, 호주 및 중국 등 세계의 10개 이상의 나라들에서 통화팽창 정책이 급속히 확산되고 있다. 금리인하와 유동성 공급 확대로 인한 환율전쟁이 본격화되고 있는 것이다. 환율전쟁은 결국 서로 간에 불황과 디플레이션을 다른 나라로 전가시키려는 것이다. 이러한 추세는 역으로 2014년 말 채권 매입을 통한 양적완화 정책을 종료하고 금리인상 시기를 저울질하고 있는 미국에 반작용하고 있다. 미국은 상대적인 경기회복에도 불구하고 달러 강세로 인한 수출경쟁력 약화를 우려해 금리인상을 주저하고 있다.

한편, 돈을 찍어 무제한 공급함으로써 자국 통화가치를 평가절하해 수출을 늘리는 효과는 각국 중앙은행이 동시에 양적완화를 추구할 경우 효과를 상실하게 된다. 모든 통화가치가 동시에 떨어질 수 없기 때문이다. 일본의 공격적인 엔저 공세도 2013년에 수출증대를 가져오지 못해 경제성장에 크게 기여하지 못했다. 신흥국의 불황도 작용했지만 미국, 유럽 모두 일본과 마찬가지로 양적완화 정책을 쓰고 있으므로 효과가 제한적이었기 때문이다.

이러한 환율전쟁은 동시에 무역전쟁을 격화시킬 것이며, 달러위기와 함께 국제통화·무역질서의 재편을 가져올 것이다.

4. 달러위기와 국제통화·무역질서의 재편

달러 헤게모니의 위기

장기불황 속에서 미국·유럽·일본의 경쟁적인 통화팽창 정책은 환율전쟁과 무역전쟁을 격화시키면서 지구적 자본주의의 국제통화·무역 질서를 무너뜨릴 것이다. 미국·유럽·일본의 경쟁적인 통화팽창 정책은 브릭스 등 신흥국 통화의 가치절상을 초래해 수출 감소, 투기자본 유입 등 여러 부정적 효과를 가져왔다. 따라서 1929년 대공황의 경우에 발생했던 전형적인 국가 간, 블록 간 경제적 투쟁인 환율전쟁과 보호무역주의(무역전쟁)가 제국주의 나라들 상호 간에, 그리고 제국주의 나라들과 신흥국들, 특히 중국, 러시아, 브라질, 인도 등 신흥 강대국들 사이에 격화될 것이다.

미국의 재정위기와 그로 인한 달러증발 문제는 유럽연합의 개별 나라들과는 비교할 수 없을 정도로 심각하다. 미국은 2010년부터 국가부채 상한선을 계속 올려왔고, 2014년 국가부채가 18조 달러를 넘어섰다. 미국은 2009년부터 2012년까지 4년 연속 1조 달러가 넘는 재정적자가 지속되었다. IMF에 따르면, 미국의 국가부채는 계속 증가해 5년 후인 2019년에는 23조 달러에 이를 것으로 추정된다. 미국의 국가부채 규모는 상환 불가능한 수준이다. 그래서 미국의 입장에서는 달러 헤게모니, 즉 달러의 세계 기축통화로서의 지위를 유지하는 것이 결정적으로 중요하다.

그런데 2008년 세계금융공황 이래로 미국의 재정위기가 심화되면서 기축통화로서의 달러의 지위가 흔들리고 있다. 향후 일정 시점에서 미국 국채에 대한 투매가 발생하면, 달러가치 폭락, 원자재가격 폭등을 부르면서 초超인플레이션을 거쳐 달러가치의 붕괴를 가져올 수 있다. 달러의 무제한적인 증발로 달러가치 폭락이 예상됨에 따라 각국이 외환 보유고로서의 달러화 보유를 줄여가고 있다. 미 재무부 채권의 최대 매입자인 중국은 2009년부터 보유량을 줄이기 시작했다. 러시아, 브라질도 외환 보유액으로 보유 중인 미국 국채를 매각하기 시작했다. 러시아는 중국, 일본에 이은 세계 3위의 미 국채 보유국이고, 브릭스 나라들이 미 채권의 해외 보유의 33%를 차지한다. 그리고 2009년 브릭스(브라질, 러시아, 인도, 중국)의 첫 정상회담에서 세계 기축통화를 달러에서 IMF 특별인출권SDR으로 대체할 것이 공식적으로 제안되었다. 제3세계 나라들 가운데 국제결제통화로 달러 사용을 기피하는 나라들이 늘어나고 있는 것이다. 리비아, 이라크가 달러화에서 유로화로 결제통화를 전환하려고 한 것이 이들 나라에 대한 미 제국주의 침략의 주요 원인 가운데 하나였다. 최근 나이지리아 중앙은행이 달러 보유고를 줄이고 중국의 위안화 보유를 늘리고 있다. 짐바브웨는 그동안 자국통화로 달러화를 사용해왔는데, 최근 중국 위안화로 바꾸었다.

경제가 회복되지도 않았고 신흥국들에서 금융위기를 촉발함에도 불구하고 미 중앙은행이 양적완화 축소를 결정하고 강행하고 있는 것도 달러위기와 연관되어 있다. 달러가치 방어를 위해 달러증발을 가능한 한 줄이려고 하는 것이다. 대규모 양적완화로 미 국채를 사들이는 데도 불구하고 미 재무부 채권(10년채)의 금리가 2012년 1%대에서 2013년 3% 가까이 계속 상승하고 있다. 미 국채가격이 계속 떨어지고 있는 것이다. 이는 달러위기의 구체적 표현이다. 달러증발로 인한 달러가치 폭락을 방지하기 위해 미 중앙은행은 미국의 주요 상업은행과 함께 금 선물시장에 개입해 금값 하락을 조작하고 있다.[22] 달러 표시 금값이 바로 달러가치를 드러내주기 때문이다.

달러가치의 폭락은 달러화의 기축통화 지위를 상실하게 만들고, 이는 미국의 재정위기를 국가부도위기로 전환시킬 것이며, 미국경제의 붕괴를 초래할 것이다. 또한 달러화가 기축통화 지위를 상실해가는 과정은 동시에 국제통화·무역질서가 재편되어가는 과정일 것이고, 이는 동시에 지역블록화를 촉진할 것이다.

국제통화질서의 재편

2008년 세계금융공황 이후 달러화 위기에 대응해 각국이 달러화 대신 지역통화 등 대체결제통화를 만들거나 준비하면서 국제결제통화가 다원화하고 있다. 이는 지역블록화 경향을 촉진할 것이다.

중국은 2009년 7월부터 위안화 국제화를 추진하기 시작했다. 모든 수출입 기업의 위안화 해외 결제를 허용했고, 세계금융공황 이후 총 18개국과 1조 6000억 위안(약 289조 원) 규모의 통화스와프 계약을 체결했다. 중국은 이미 아세안 지역을 위안화로 결제하는 '위안화 경제권'으로 만들려고 하고 있다. 2012년 중국의 아시아 지역 교역량의 13% 정도가 위안화를 결제통화로 사용했는데, 위안화 사용 비율은 2015년 50%까지 높아질 것으로 예상된다. 아시아를 포함한 전 지역 기준으로 보면, 중국의 위안화 무역결제 비율은 2011년 8%에서 2014년 8월 기준 16.5%로 높아졌다. 2020년이면 위안화는 중국 무역결제액의 30% 정도를 차지할 것으로 예상된다. 한편, 위안화와 현지국가 화폐를 직거래하는 '위안화 역외 청산·결제 은행'은 홍콩, 마카오 등에서 시작되어 2014년 타이완, 싱가포르 등으로 확대되었고, 2015년 한국 서울, 영국 런던, 프랑스 파리, 독일 프랑크푸르트 등에 추가로 개설되었다. 이렇듯 위안화의 국제화가 빠르게 진행되고 있다.

브릭스 5개국(브라질, 러시아, 인도, 중국, 남아공) 차원에서는 2011년 4월 제3차 정상회담에서 브릭스 나라들 간의 무역에서 달러나 유로화가 아닌 상호 자국통화로 결제하고 자국통화로 대출하는 것을 추진하기로 합의했다. 또한 2014년 7월 제6차 정상회의에서 브릭스 5개국이 국제통화기금IMF과 세계은행WB에 대항하기 위해 '신개발은행New Development Bank: NDB'을 설립하기로 합의했다. 신개발은행은 브릭스 5개 회원국이 각각 100억 달러를 출자해 500억 달러의 초기 자본금을 조성해서 2016년부터 활동을 시작하고, 5년 안에 자본금을 1000억 달러로 확대할 계획으로 추진되고 있다.

중국은 또한 2013년 미국과 일본이 주도하는 아시아개발은행ADB에 맞서서 자국 주도의 아시아인프라투자은행AIIB 창설 계획을 발표했다. 이어서 2014년 11월 아시아인프라투자은행 참여를 결정한 인도 등 21개국은 양해각서MOU를 체결하고 초기자본금 500억 달러로 시작해 1000억 달러의 납입자본금 규모의 아시아인프라투자은행을 설립할 것을 공식 선언했다. 미국은 2013년 중국이 창설 계획을 발표한 이후 미국의 우방들에게 참여하지 말 것을 종용했으나 2015년 3월 서방에서도 영국을 필두로 독일, 프랑스, 이탈리아 등 유럽의 주요 국가들이 아시아인프라투자은행에 참여하기로 결정했고, 뒤이어 호주, 한국 등도 참여하기로 결정했다. 결국 미국과 일본이 배제된 대안적인 아시아 지역 개발은행이 중국의 주도로 57개국의 참여하에 설립되는 것이다.[23]

이처럼 미 제국주의 중심의 IMF와 세계은행 체제에 맞서기 위해 세계적 차원에서는 브릭스 중심의 신개발은행이, 아시아 차원에서는 중국 주도의 아시아인프라투자은행 등이 잠재적으로 일극적 통화체제를 대체할 다극적 국제통화체제가 수립되어가고 있다. 국제통화질서를 놓고 미국과 중국 간의 대립과 경쟁은 갈수록 치열해질 것이다.

한편, 중남미 대륙에서는 베네수엘라, 쿠바, 볼리비아, 에콰도르, 니카라과 등 '아메리카 민중을 위한 볼리바르 동맹ALBA' 8개국이 2010년부터 상호 무역결제에서 수크레SUCRE라는 지역공동통화를 사용하고 있다. 또 브라질은 무역거래에서 아르헨티나(2008년), 우루과이(2012년)와 미국 달러화 대신 상호 자국통화를 사용하기로 했고, 파라과이와도 상호 자국통화 결제를 추진하고 있다.

또한 사우디아라비아, 쿠웨이트, 카타르, 바레인 등 걸프협력협의회GCC 4개국도 2009년 걸프통화동맹협정을 맺고 유로화와 같은 역내 단일통화를 출범시킬 계획을 추진하고 있다.

이처럼 국제통화질서는 브릭스를 축으로 한 신흥국들이 달러화를 기축통화로 한 IMF체제에 맞서 다변화된 국제통화질서를 추진함에 따라 점차 개편될 것이다. 이 과정에서 달러화 위기는 가속화될 것이고, 달러가치가 붕괴되어 달러화가 세계 기축통화 지위를 상실하게 되면 국제통화질서는 '춘추전국시대'의 혼란을 거쳐 다극화된 국제통화질서로 재편될 것이다.

국제무역질서의 재편

21세기 세계대공황하에서는 통화뿐만 아니라 자원, 무역 등에서도 입체적으로 지역블록화가 강화될 것이다. 미국·유럽·일본 제국주의와 신흥 강대국들은 지역통합을 높이면서 이를 기반으로 블록 간 경쟁을 추구할 것이다. 이러한 추세는 기존 초국적 자본·제국주의 세력이 상호협력을 통해 세계화와 권역화를 보완적으로 동시 추진해온 점에 비추어보면, 제국주의 상호 간의 경쟁과 대립이 격화되면서 세계화는 후퇴하고 지역블록화가 강화되는 추세로 바뀌어가는 것이다. 아프리카, 중동, 중남미, 중앙·동남아시아, 구소련권 등을 놓고 미국·유럽·일본 제국주의와 신흥 강대국들 간의 대립이 격화될 것이다. 이 기본 대립구도하에서 제국주의 상호 간, 신흥 강대국 상호 간의 경쟁이 동시적으로 진행될 것이다.

유럽연합, 북미연합(미국, 캐나다, 멕시코 등), 중국을 중심으로 한 동아시아, 러시아를 중심으로 한 구소련권, 남미국가연합 등 다극화된 지역패권을 중심으로 블록화가 구축되는 과정에서 중동, 아프리카, 중앙·동남아시아, 중남미, 구소련권 등을 둘러싸고 치열한 경쟁과 군사적 충돌이 국지전 형태로 표출될 것이다.

아프리카·중동에 대한 중국, 러시아의 영향력을 제거하고 미국·유럽 제국주의가 재식민지화하기 위해 리비아, 시리아에 대한 침략전쟁과 말리에 대한 프랑스의 군사개입 등이 이루어졌고, 또한 미국·유럽 제국주의의 이란에 대한 경제제재와 압박이 이루어지고 있다.

2014년 2월 우크라이나 사태는 구소련권 나라들을 둘러싼 러시아와 유럽연합EU 간의 치열한 경쟁과 대립을 보여주고 있다. 유럽연합은 2009년부터 우크라이나, 몰도바, 조지아, 벨라루스, 아르메니아, 아제르바이잔 등 구소련권 6개국과의 협력을 강화하기 위한 프로젝트를 추진해왔다. 이에 맞서 러시아는 현재의 러시아-벨라루스-카자

흐스탄 3국 관세동맹을 구심체로 해서 2015년 1월 '유라시아경제연합Eurasian Economic Union: EEU'을 출범시켰고, 다른 구소련 국가들을 끌어들이려 하고 있다.

한편, 미 제국주의가 세계패권을 유지하기 위해 대중국 봉쇄전략을 추진하고, 또 이를 위해 아시아 지역에서 중국의 지역패권을 견제하려고 '아시아 재균형 전략'을 추진하자, 아시아 지역에서 블록화 경쟁이 가장 치열하게 전개되고 있다.

중국은 급속한 경제성장과 그에 따른 거대한 자본축적을 토대로 중국 주도의 동아시아 경제공동체를 추구하고 있다. 중국의 주도로 2012년 11월 동아시아 정상회의에서 한·중·일 FTA의 협상 개시가 선언되었고, 아세안ASEAN 10개국과 한국, 중국, 일본, 호주, 뉴질랜드, 인도 등 총 16개국을 묶는 광역 통상협정인 '역내포괄적경제동반자협정Regional Comprehensive Economic Partnership: RCEP'의 협상 개시도 선언되었다.[24] 중국의 이러한 노력에 의해 한·중 자유무역협정FTA이 2014년 11월 타결되었다. 앞서 살펴보았듯이, 중국은 다른 한편으로 브릭스를 통해 신흥 강대국들과 협력해 서구 제국주의에 대한 공동 대응도 적극 추진하고 있다.

또한 2014년 11월 제22차 아시아태평양경제협력체APEC 정상회의에서 중국의 제안으로 '아시아·태평양 자유무역지대Free Trade Area of the Asia-Pacific: FTAAP' 구축 구상의 로드맵이 정식으로 채택되었다.[25] FTAAP에는 아세안ASEAN 10개국과 한국, 중국, 일본, 호주, 러시아, 타이완, 캐나다, 미국, 페루, 칠레, 멕시코 등 21개국이 참여한다.

FTAAP는 중국이 주도적으로 제안한 것으로 미국이 주도하는 '환태평양경제동반자협정Trans-Pacific Partnership: TPP'에 대항하는 성격을 지닌다.

중국의 이러한 지역패권 추구에 맞서 미국은 대중국 봉쇄와 패권 유지를 위해 자유무역협정 공세를 펼치고 있다. 우선 미국은 2008년부터 중국을 배제한 '환태평양경제동반자협정TPP' 협상을 주도하고 있다. 환태평양경제동반자협정은 미국, 캐나다, 멕시코, 호주, 뉴질랜드, 싱가포르, 브루나이, 베트남, 말레이시아, 칠레, 페루 등 아시아·태평양 지역 11개국 간에 진행 중인 자유무역협정FTA이다. 2005년 6월 뉴질랜드, 싱가포르, 칠레, 브루나이 등 4개국 체제로 시작되었으나, 2008년 2월 미국이 참여하면서 미국이 주도하고 있다.

또한 미국은 2013년 2월 미국과 유럽연합EU 간의 FTA인 '범대서양무역투자동반자협정Transatlantic Trade and Investment Partnership: TTIP' 협상 개시를 선언하고 2014년 말까지 타결 목표를 잡았으나, 아직 타결하지 못하고 있다. 미국, 유럽연합은 전 세계 GDP의 47%를 차지하고 있다. 이들은 지식재산권, 환경, 노동, 경쟁정책, 국영기업 등에 대한 공통의 무역규범을 마련함으로써 미국·유럽 제국주의 주도로 신흥국들에게 국제표준으로 강제하려고 한다.

중국과 미국·유럽 제국주의 간의 치열한 블록화 경쟁에 일본이 미국·유럽 제국주의 쪽에 편승하고 있다. 일본 아베 정권은 2013년 3월 미국 주도의 환태평양경제동반자협정에 참여하기로 선언하는 한편, 2013년 4월부터 유럽연합과 경제동반자협정EPA 협상을 시작했다.

일본은 1997년 동아시아 위기 이후 미국 주도의 IMF에 맞서 아시아 통화기금Asian Monetary Fund: AMF 창설을 추진하는 등 한때 동아시아 지역패권을 놓고 중국과 경쟁했는데, 2008년 세계금융공황과 2011년 후쿠시마 핵발전소 폭발사고 이후 경제·사회적 위기에 빠지자 위기 타개책으로 군국주의로 방향을 잡고 있다. 2012년 12월 아베 정권의 출범 이후 미 제국주의와 함께 중국에 대립하면서 동아시아에서 미국의 하위 파트너로서 지역패권을 추구하고 있다.

미국 주도하에 유럽과 일본이 대對 중국 공동전선을 펼치는 동아시아에서의 블록화 경쟁은 향후 세계패권을 둘러싼 주요 전장이 될 것이다. 중국 대 미국·일본 제국주의의 대립구도로 동아시아 블록화가 경쟁적으로 추진되기 때문에, 그리고 미국·유럽·일본 제국주의의 공동전선도 그들 상호 간의 이해관계가 대립하기 때문에, 어느 협정이든 빠른 시일 안에 쉽게 타결되기는 어려울 것이다. 중기적으로는 블록화 경쟁이 진행되는 가운데 달러 헤게모니의 붕괴 등의 주요 변수에 따라 미국·유럽·일본 제국주의 상호 간의 이해관계의 대립은 더 첨예화될 수도 있다. 따라서 블록화 경쟁 과정에서 정치·군사적 요소가 필연적으로 개입될 것이다.

중기적으로 전망하면, 달러가 기축통화 지위를 상실하면 지구적 자본주의는 상호 경쟁하는 여러 지역블록으로 분열될 것이다. 여러 지역블록 간 쟁투와 협력에 의한 '춘추전국시대'를 거쳐 새로운 국제통화·무역질서로 나아갈 것이다. 이 과정은 단순한 경제적 과정이 아니라, 동시에 정치·군사적 과정으로서 이루어질 것이다.

5. 전쟁과 혁명

세계적 규모의 전쟁은 불가피한가

　21세기 세계대공황이 장기화되고 더욱 악화되고 있는 2015년 현재, 경제위기의 정도가 훨씬 더 심각하게 나타나고 있는 미국·유럽·일본 제국주의는 경제적 방식의 공황 극복책을 찾지 못하고 제3세계에 대한 침략전쟁과 재식민지화에서 그 활로를 모색하고 있다. 또한 불황이 더 길어지고 깊어질수록 제국주의 나라들에서 노동계급의 계급투쟁은 더욱 확산되고 급진화될 것이다. 경제위기가 가장 심각했던 유럽의 그리스와 스페인에서 전형적으로 드러나듯이, 계급투쟁은 전투적 대중투쟁을 거쳐 점차 정치적으로 급진화하고 있다. 이러한 계급투쟁의 확산과 급진화에 대응하기 위해서도 초국적 자본·제국주의 세력은 더욱더 대외적인 침략전쟁과 대내적인 파시즘화로 나아가게 될 것이다. 이데올로기적으로는 민족주의, 인종주의, 반이슬람주의를 선동적으로 확산시킬 것이다.

　단기적으로는 미 제국주의의 '신냉전' 전략에 따라 세계정치·경제적 지형은 급격하게 양분되어갈 것이다. 미국·유럽·일본 제국주의를 한 축으로, 중국과 러시아의 신흥 제국주의를 다른 한 축으로 양극화되는 추세이다. 이것은 20세기의 이념적인 양극체제와는 달리 지역 패권 또는 세계패권을 둘러싼 양극화이다. 이 두 진영이 브릭스 내부에서도 인도, 브라질, 남아공을 놓고, 또 중동, 중남미, 아프리카, 중앙·동남아시아 지역에서, 그리고 동유럽의 구소련 소속 나라들을 놓고 치열한 경쟁을 벌이고 있다.

경제적 차원에서는 신흥 제국주의로 빠르게 발전하고 있는 중국이 우선 아시아 지역에서의 지역패권을 놓고 미 제국주의와 치열하게 경합하고 있다. 이 경쟁과 대립은 동시에 그리고 날이 갈수록 세계패권을 둘러싼 대립과 투쟁으로 발전할 것이다. 앞서 살펴본 대로, 아시아·태평양 지역의 경제주도권을 둘러싸고 미국이 주도하는 '환태평양경제동반자협정TPP'과 중국이 주도하는 '신실크로드' 전략[26] 및 아시아·태평양 자유무역지대FTAAP가 치열하게 경합하고 있다. 그리고 동시에 미국과 일본이 주도하는 아시아개발은행과 중국이 주도하는 아시아인프라투자은행이 앞으로 경쟁을 벌일 것이다. 미국·일본 제국주의의 견제와 봉쇄에도 불구하고 중국은 풍부한 자본, 거대한 판매 및 투자시장 등 강력한 경제력을 발판으로 아시아·태평양 지역에서 경제적 주도권을 확대해나가면서 '신실크로드' 전략처럼 유라시아 대륙에서의 경제적 주도권을 지향하고 있다.

중국은 또한 중남미 지역과의 관계에서 2015년 초에 전환점을 마련했다. 2015년 1월 8~9일 개최된 제1차 중국-라틴아메리카 포럼 장관급 회의에서 중국은 앞으로 10년간 중남미 지역에 대한 직접투자 규모를 2500억 달러로 확대하고 양자 무역 규모를 5000억 달러로 확대할 것이라고 밝혔다. 또한 중남미에서 유가 하락으로 어려움을 겪고 있는 베네수엘라, 에콰도르에 대한 대폭적인 지원과, 마찬가지로 지구적 불황으로 인해 경제침체에 빠진 브라질, 아르헨티나 등에 대한 경제협력의 강화 등 개별 나라들과 협정을 맺었다. 그리고 향후 5년간 양자 협력을 강화하는 '5년 협력 계획'과 전면적 협력 동반자 관계를 추진하는 베이징 선언 등 3개 문건을 채택했다. 중국은 이를 통해 중남미 나라들의 요구를 충족시킴과 동시에 중국의 생산력 발전을 토대로 운하, 철도, 고속철 등 각종 인프라건설 프로젝트에 진출하고, 차관 등 각종 금융지원의 형태로 자본수출에 적극 나서고 있다. 중남미 지역에 대한 중국의 이러한 공세적 진출은 앞으로 이 지역을 둘러싸고 미국과의 경쟁을 더욱 격화시킬 것이다. 이처럼 아프리카, 아시아 지역에 뒤이어 중남미 지역을 놓고 미국과 중국 간의 제국주의적 경쟁이 본격화되고 있다.

미국과 중국의 세계패권을 둘러싼 치열한 경합 속에서 특히 우크라이나 사태 이후 중국과 러시아의 경제동맹이 한층 강화되고 있다.[27] 두 나라는 두 차례에 걸쳐, 즉 2014년 5월 4000억 달러, 그리고 11월 4300억 달러에 달하는 30년간의 장기 가스공급 계약을 체결했다. 이는 에너지 공급과 관련해 그 경제적 영향이 중국을 넘어서서 중·장기적으로 아시아 지역, 인도 등에 크게 미칠 것으로 보인다. 당연히 이 지역에서 중국의 경제적 주도권을 강화하는 쪽으로 작용할 것이다.

21세기 대공황의 한복판에서 벌어지고 있는 이러한 경제적 쟁투 과정에서 21세기 대공황을 벗어날 출구로 전쟁을 적극 추동하고 있는 쪽은 쇠퇴와 몰락 위기에 처한 미국·유럽·일본 제국주의이다. 미국·유럽 제국주의의 러시아에 대한 '신냉전' 전략, 그리고 미국·일본 제국주의의 중국에 대한 포위와 전쟁 공세는 미국·유럽·일본 제국주의의 군비증강은 물론이고, 중국, 러시아 등 신흥 강대국들의 군비증강도 강제하고 있다. 특히 미 제국주의의 포위 압박에 대응해 중국, 러시아가 군비지출을 크게 늘리고 있다. 세계 국방비 지출 규모 10위권은 미국·유럽·일본 제국주의와 주요 강대국들이다. 미 제국주의는 아시아·태평양으로의 귀환을 결정한 이후 동아시아에서 군사적 긴장을 격화시키며 군비경쟁을 주도하고 있다.

국제전략문제연구소IISS에 따르면, 2013년 국방비 규모 10위의 나라들은 미국 6004억 달러, 중국 1122억 달러, 러시아 682억 달러, 사우디아라비아 596억 달러, 영국 570억 달러, 프랑스 524억 달러, 일본 510억 달러, 독일 442억 달러, 인도 363억 달러, 브라질 347억 달러이다. 한국은 318억 달러로 세계 11위이다.

또한 스톡홀름 국제평화연구소SIPRI에 따르면, 2008~2012년 세계 재래식 무기 수출국 상위 순위는 전통적으로 미국(전체 수출량의 30%)과 러시아(26%) 외에 독일(7%), 프랑스(6%)가 차지하고 있다. 특히 프랑스는 2013년 무기 수출액이 30% 급증해서 63억 유로에 달했다. 주로 사우디아라비아, 아랍에미리트 등 중동 지역으로의 수출이 급격히 증가했다.

일본은 노골적인 군국주의를 표방하며 군비지출을 증강하는 한편, 군수산업을 신성장산업으로 육성하고 있다. 유럽연합은 미 제국주의의 압력에 의해 군비지출을 증대하고 있다. 미국은 재정위기로 인해 군비지출을 감축하고 있었으나, 2014년 '이슬람국가IS'의 출현을 계기로 '테러와의 전쟁'을 명분으로 다시 군비지출을 늘려가고 있다. 이처럼 군비경쟁이 격화되면서 세계적으로 군비지출이 크게 증가할 것이다. 제2차 금융붕괴 이후 21세기 세계대공황이 더욱 심화·악화되면 이러한 경제의 군사화는 더욱 가속화될 것이다.

그런데 전쟁과 경제의 군사화는 21세기 세계대공황의 해결책이 될수 있는가? 전쟁의 경제적 효과는 첫째, 군수산업 육성을 통한, 즉 경제의 군사화를 통한 고용과 경제성장의 유지이고, 둘째, 전쟁을 통해 정복한 나라의 경제적 이권(자원 약탈, 상품시장, 투자시장 등) 획득이다. 그리고 전쟁의 정치적 효과는 전쟁 분위기를 통해 국민 통제를 강화함으로써 지배세력으로 하여금 국내의 계급전쟁에서 유리한 고지를 차지하게 하는 것이다. 우선, 전쟁의 정치적·이데올로기적 효과는 충분히 가능할 수 있다. 그러나 경제적 효과는 미지수다. 과거 베트남 전쟁이 그러했고, 최근의 아프가니스탄 전쟁, 이라크 전쟁에서 드러났듯이, 장기화된 국지전은 경제회복에 도움이 되지 못했다. 오히려 막대한 군비지출로 인해 미국의 재정위기만 가중시켰을 뿐이다. 이는 국지전의 경제적 효과가 제한적임을 보여준다. 또한 국지전에서의 승리가 반드시 경제적 전리품을 보장해주는 것도 아니라는 것을 보여준다.

그리고 현재 제국주의 나라들의 경제 규모를 놓고 볼 때 국지전에서 기인하는 군수산업의 확장은 그 효과가 미미할 수밖에 없다. 제1·2차 세계대전과 같은 세계적 규모의 전쟁이 아니면 경제의 군사화를 전면화하기도 어렵다. 전면전, 즉 총력전이 필요한 세계적 규모의 전쟁이 아니면 대대적인 경제의 군사화가 어렵고, 또 대규모 전쟁과 그로 인한 대규모 파괴에 의한 과잉자본의 대대적인 파괴가 아니면 이윤율을 회복할 수 있는 조건도 마련되지 않기 때문이다.[28]

역사적 경험을 살펴보면, 자본주의체제 내에서 1929년 대공황의 극복은 군수산업과 제2차 세계대전에 의해서만 가능했다. 전쟁 전에는 후발 선진국인 독일, 이탈리아, 일본 등 파시즘 나라들이 보여주었듯이, 군수산업을 중심으로 한 경제의 군사화에 의해 가능했다. 이와 달리 뉴딜정책을 통해 대공황의 극복을 시도한 미국도 1937년 불황이 재발하자 결국 제2차 세계대전에 참전함으로써 대공황에서 벗어날 수 있었다. 1941년 미국의 참전 이후 미국에서 군수부문이 국내총생산GDP의 절반을 차지했다. 1943년에는 국가가 총투자의 90%를 책임졌다. 전시체제로 전환하고 3년 만에 실업자는 900만 명에서 100만 명 이하로 감소했고, 총생산량은 배로 증가했다.

전쟁 후에는 자본주의 세계 전체에서 전쟁을 통한 생산수단의 대규모 파괴에 의해 과잉자본을 파괴함으로써 비로소 이윤율 회복의 새로운 조건을 확보했다. 일본은 전 공장의 1/4이 파괴되고, 기계나 장비의 1/3을 상실했다. 독일은 총자본량의 약 20%가 파괴되었으며, 이탈리아는 철강산업의 1/4이 파괴되었다. 프랑스는 산업의 약 10%의 생산설비가 파괴되었다(암스트롱 외, 1993: 29~30). 전쟁에 의한 생산수단의 직접적인 물리적 파괴로 과잉자본·과잉생산 문제가 일거에 해소되었고, 이는 제2차 세계대전 이후 자본주의의 '황금시대'로 불리는 30년간의 장기호황의 물질적 토대가 되었다.

이러한 맥락에서 보면, 21세기 세계대공황에 대한 초국적 자본·제국주의 세력, 특히 현재까지 유일패권을 행사하고 있는 미 제국주의의 '신냉전' 전략과 대응태세로 보면, 세계적 규모의 전쟁으로서 제3차 세계대전이 일어날 개연성도 배제할 수 없다. 21세기 세계대공황을 극복하기 위해서는 단순한 지역적 국지전이 아닌 세계적 규모의 전쟁이 필요하기 때문이다.

이러한 개연성, 즉 제3차 세계대전은 더 이상 가상의 시나리오가 아니다. 이미 2007년에 부시 대통령은 만약 이란이 미국의 요구에 따르지 않는다면, 미국-나토군은 '어쩔 수 없이' 제3차 세계대전 상황에 들어갈 수밖에 없다고 분명하게 시사했다.[29]

제3차 세계대전의 개연성에 대해 핵전쟁 우려 때문에 비현실적이라는 견해가 많다. 그러나 미국의 핵 정책은 탈냉전 시대 이후 선제 핵공격을 허용하는 것으로 바뀌었다.

냉전기 동안에는 상호확증파괴(Mutually Assured Destruction: MAD)의 독트린이 지배적이었다. 즉, 소련에 대한 핵무기의 사용은 '공격자와 방어자 모두의 파괴'를 초래한다는 것이다. 탈냉전 시대에 미국의 핵 독트린은 재(再)정의되었다. 핵무기의 위험들은 모호하게 만들어졌다. 전술 (핵)무기들은 그 충격의 견지에서 냉전기의 전략 수소폭탄과 구별되는 것으로서 옹호되어왔다. …… 「펜타곤 2001년 핵태세검토보고서(The Pentagon's 2001 Nuclear Posture Review: NPR)」에서는 단지 '악의 축' 국가들(이란과 북한을 포함한)뿐만 아니라 러시아와 중국에 대해서도 핵무기의 공격적인 '선제 타격 사용'을 위한 이른바 '비상 계획'을 내다보고 있다. 2002년 말 미국 의회에 의한 NPR의 채택은 군사 계획과 방위 조달 및 생산의 측면에서 펜타곤의 선제 핵전쟁 독트린을 수행할 수 있는 '청신호(허가증)'를 제공했다. 의회는 저폭발력 핵무기에 대한 금지를 철회했을 뿐 아니라 '이른바 소형 핵폭탄(mini-nuke)에 관련된 작업을 추진할' 자금을 제공했다. 그 자금은 벙커 파괴(지표관통) 핵폭탄과 새로운 핵무기 개발에 배정되었다(초스도프스키, 2012: 35~36).

펜타곤은 '미국 국토 방어'를 위한 핵무기의 이용을 옹호하기 위해 대규모 선동과 대국민 선전전을 전개했다. 아주 왜곡된 논리에 의해 핵무기는 평화를 구축하고 '부수적인 피해'를 예방하는 수단으로 제시되었다. 이러한 견지에서 펜타곤은 (5000톤 미만의 폭발력을 가진) '소형 핵폭탄(mini-nuke)들'은 지하에서 폭발이 일어나기 때문에 시민들에게는 무해하다고 공표했다. 그럼에도 불구하고, 이 '소형 핵폭탄(mini-nuke)들' 각각은 그 폭발력과 방사능 낙진의 면에서 1945년 히로시마에 투하된 원자폭탄의 1/3 내지 6배 사이에 있다. …… 미국 의회는 2003년 펜타곤과 군산복합체들에게 전술 핵무기들을 '재래식 전구(戰區)들(예컨대 중동과 중앙아시아)'에서 재래식 무기와 함께 사용할 수 있는 청신호를 부여했다. 2003년 12월, 미국 의회는 이 신세대 '방어적' 핵무기들을 개발하는 데에만 630억 달러를 배정했다(초스도프스키, 2012: 39).

군사 문서들과 공식적인 발표들에 의해 확인되듯이, 미국과 이스라엘 양자는 이란에 대한 핵무기 사용을 고려하고 있다. 2006년 미 전략사령부는 전 지구상의 신속타격 대상들에 대해 핵무기 또는 재래식 무기를 이용한 작전능력을 확보했다고 발표했다. …… (오바마 행정부의 대이란 정책은) 부시-체니 시대와 관련하여 연속성을 가지고 있다. 즉 오바마 대통령은 대체로 전임 행정부에 의해 정식화된 선제적인 핵무기 사용을 수용해왔다. 「2010 핵태세검토보고서(NPR)」에서 오바마 행정부는, 혐의를 받고 있는 (현존하지 않는) 핵무기 프로그램과 관련하여 미국의 요구를 따르지 않고 있기 때문에 '이란에 대해 핵무기를 사용할 권리를 보유한다'고 확인했다. 오바마 행정부는 또한 이스라엘의 공격에 이란이 대응할 경우 핵무기를 사용할 것임을 내비쳤다. 이스라엘 역시 이란을 전술 핵무기로 폭격하는 '비밀 계획'을 수립해왔다 (초스도프스키, 2012: 129).

이처럼 이미 전술 핵무기가 국지전에도 사용할 수 있도록 배치되어 있을 뿐 아니라, 국지전은 쉽게 세계적 규모의 전쟁으로 발전할 개연성이 상존한다. 예컨대, 미국-나토-이스라엘의 대이란 전쟁은 중동대전으로 발전할 가능성이 크다.[30] 이러한 맥락에서 보면, 핵전쟁에 대한 우려 때문에 제3차 세계대전이 불가능하고 따라서 21세기 전쟁은 국지전 형태로만 수행될 것이라는 견해[31]는 안이한 현실 인식이다.

≪연합뉴스≫에 따르면 미 육군은 최근 펴낸 「육군 작전 개념AOC:

복잡한 세계에서 승리하기」라는 제목의 보고서에서 "중국, 러시아와 같은 '경쟁 강국', 이란·북한과 같은 '지역 강국', 알 카에다·이슬람국가IS와 같은 초국가적 테러조직 등과 무력충돌을 빚을 조짐들이 나타나고 있다"고 밝혔다. 이 보고서는 "전 세계에 걸쳐 미국의 지배력에 도전하는 지정학적 또는 경제적 적국을 제압하는 '총력전Total War' 개념을 담은 것으로, 펜타곤 주변에서는 속칭 '제3차 세계대전 시나리오'로도 불리고 있다. 미 육군이 공식 보고서를 통해 적국들과의 미래 무력 충돌 가능성을 제기한 것은 매우 이례적인 것"으로 보도되었다.[32]

이러한 세계적 규모의 전쟁은 핵전쟁과 인류의 절멸을 가져올 수 있으므로 전 세계 노동자와 민중의 반전·반제국주의 투쟁에 의해 저지되어야 할 것이다. 이 점에서 21세기 초 현재의 세계정세는 마치 80년 전인 20세기의 1930년대와 유사한 모습을 다시 보이고 있다. 세계대공황, 중산층의 몰락과 파시즘의 등장, 전쟁 등에서 그러하다.

전쟁이냐 혁명이냐

21세기 세계대공황을 벗어나기 위한 미국·유럽·일본 제국주의의 제3세계 침략전쟁은 예속을 더욱 심화시키고 자원 약탈, 초과착취와 수탈 등을 더욱 강화함으로써 제3세계 노동자와 민중의 삶을 더욱 황폐화시키고 파괴할 것이다. 미국·유럽 제국주의가 침략한 아프가니스탄, 이라크, 리비아, 시리아 등과 아프리카 분쟁 지역의 참상을 보라! 지난 30여 년간의 신자유주의 세계화로 세계적 차원에서 양극화가 심화되어 있는 상태에서 벌어지는 식민지 약탈전쟁은 양극화를 더욱 확대시키고, 따라서 여러 형태의 제3세계 약탈전쟁은 피압박·피지배 노동자와 민중의 저항을 초래할 것이다. 더 나아가 침략전쟁을 통한 노골적인 예속의 심화는 반제국주의 민족해방투쟁을 촉발하고, 서구 제국주의의 중동·아프리카 이슬람 세계에 대한 침략전쟁과 예속은 이슬람 문명 차원에서 서구 제국주의에 대한 저항을 촉발할 것이다. 중·장기적으로 세계적 양극화와 예속의 심화는 피압박·피지배 노동자, 민중의 저항을 격화시키고 혁명을 촉발할 것이다.

신자유주의 세계화는 자본주의 세계화이므로 제3세계에서 비非자본주의 영역을 침식해 들어가며 자본주의적 관계를 주요한 사회관계로 변화시키고 있다. 1990년대 이후 중국의 급속한 자본주의화가 이를 웅변하고 있다. 인도와 동남아시아 지역 나라들에 대한 초국적 자본의 급속한 진출과 그에 따른 자본주의화뿐만 아니라 최근 서구 제국주의가 아프리카 대륙에 자본수출을 급격히 확대하고 있는 것은 자원 약탈뿐만 아니라 저임금에 의한 초과착취도 노리고 있음을 보여준다. 따라서 제3세계 민중의 주요 부분이 노동계급화되면서 제3세계의 민족해방투쟁은 반제국주의적 지향뿐 아니라 반反자본주의적 지향도 갈수록 강화될 것이다. 특히 21세기 대공황의 심화와 확산은 그러한 추세를 더욱 강화할 것이다.

이미 중남미에서 반反제국주의, 반反자본주의 사회변혁 경향이 강화되고 있다. 베네수엘라의 볼리바르 혁명은 사회주의적 성격을 강화하고 있다. 중남미 전체적으로 반제국주의 지향이 일반화되고 있고 사회운동이 급진화하고 있다. 중남미 노동자와 민중의 역량이 그처럼 성장한 성과는 2014년 12월 미 제국주의가 53년 만에 쿠바에 대한 봉쇄 정책의 실패를 자인하고 쿠바와의 국교 정상화를 선언하게 만들었다.

이처럼 자본주의의 파산을 대중적으로 보여줄 21세기 세계대공황의 장기화와 제국주의의 파괴적인 침략전쟁은 세계 노동자와 민중을 각성시키고 계급투쟁을 급진화시킬 것이다. 제3세계 노동자와 민중은 제국주의의 침략전쟁에 맞서 반제국주의 투쟁과 국제연대의 강화로 나아갈 것이다. 쿠바, 베네수엘라, 볼리비아 등 중남미의 좌파 정권들을 중심으로 한 중남미 나라들의 반제국주의 단결과 반제국주의 국제연대가 여타 제3세계 나라들로 확산될 것이다. 선진국에서도 생계 파탄에 내몰린 노동계급 대중의 아래로부터의 압력에 의해 전투적 계급투쟁이 부활·복원되고 점차 급진화될 것이다.

전쟁이냐 혁명이냐의 기로에 서 있는 21세기 세계대공황이라는 객관 정세에서 세계 노동자와 민중은 선택의 여지가 별로 없다. 계급투쟁으로 전쟁을 저지하면서 자본주의를 근본적으로 변혁하는 방향으로 나아갈 수밖에 없다.

몇 십 년의 장기적 전망을 세세하게 예상하기는 어렵다. 그러나 그 방향성은 예상할 수 있다. 많은 우여곡절과 시간이 걸리겠지만, 대안이 없는 자본주의의 경제적 위기와 그에 따른 사회·정치적 위기, 그리고 인류의 파멸을 부를 수도 있는 전쟁, 더 나아가 자본주의적 발전에 의한 환경파괴로 인한 지구적 생태위기 등 총체적 위기에 직면해 세계 노동자와 민중은 필연적으로 자본주의를 극복하는 방향으로 나아갈 것이다. 제국주의와 자본주의에 맞선 세계 노동자와 민중의 투쟁이 '지구적 자본주의'를 21세기 사회주의로 변혁해나갈 것이다. 나라별로 상당한 시차를 두고 또 내용에서도 급진적이거나 온건하거나 하는 차이를 보이면서 노동자와 민중의 주체역량의 성장과 계급투쟁의 진전에 따라 더디지만 '지구적 자본주의'는 21세기 사회주의로 이행해갈 것이다.[33]

21세기 한국경제의 살 길은
재벌체제의 실질적인 해체와 대기업의 사회화다[*]

1. 21세기 한국 자본주의의 특징

21세기 한국 자본주의는 고도로 발전한 자본주의이다. 한국 자본주의의 생산력 발달은 세계 14위의 GDP 규모와 재벌들이 삼성전자, 현대·기아자동차로 대표되는 세계적인 초국적기업으로 성장한 데서 잘 드러난다. 그리고 한국 자본주의는 신자유주의로 패러다임이 개편된 자본주의이다. 1990년대 초반 김영삼 정권 때부터 재벌과 정부는 신경영, 신노동, 세계화 전략을 본격적으로 추진했고, 1997년 IMF

• 이 글은 2014년 12월 16일 서울대학교 경제연구소와 동반성장연구소가 공동 주최한 '21세기 한국 자본주의 대논쟁'에서 필자가 패널리스트로 참가해 한국경제의 당면 과제에 관해 발표한 토론문을 수정·보완한 것이다.

사태를 계기로 신자유주의 구조조정을 전면적으로 실시했으며, 한국 자본주의는 '지구적 자본주의Global Capitalism'에 깊숙이 통합되었다. 한국경제는 과거 박정희 군사독재하에서의 '압축성장'과 유사하게 신자유주의적 자본주의로 압축적으로 전환되었다. 이는 세계 최고 수준의 노동유연화와 그에 따른 사회 양극화에서 가장 극명하게 나타나고 있고, 재벌들이 한국계 초국적 자본으로서 중국, 동남아시아 등 신흥국들에 자본을 수출하는 '아류-제국주의'로 나아가고 있는 데서 확인된다.

자본주의의 위기는 계급모순에서 비롯된 사회 양극화와 공황으로 표현된다. 신자유주의적 자본주의는 자본주의의 모순과 위기를 극단적으로 증폭시켰다. 2008년 세계금융공황으로 표출된 이래 장기불황으로 지속되고 있는 21세기 세계대공황이 이를 잘 보여주고 있다. 2008년 세계금융공황 이후의 세계대공황에서 OECD 나라들 가운데 예외적인 사례로 독일과 한국만이 일시적이지만 빠르게 경제가 회복되었다. 그러나 2014년 독일도 2/4분기 마이너스 성장을 보이며 경기는 하강 기조로 전환되었고, 한국도 저성장, 저물가의 디플레이션 공포를 예외 없이 겪고 있다.

따라서 한국 자본주의의 첫 번째 특징은 고도로 발전한 자본주의이며 극단적인 신자유주의적 자본주의라는 점이다. 노동의 유연화, 탈규제와 자유화, 세계화 등은 지구적 자본주의 시대의 보편적 특징인데, 신자유주의와 노동의 유연화, 그리고 세계화가 세계 최고 수준 또는 극단적인 형태로 진행되었다는 점이 한국 자본주의를 규정하는 가장 큰 특징이다.

한국 자본주의의 두 번째 특징은 재벌체제이다. '대규모 기업집단'으로서의 재벌체제는 대규모 기업집단이라는 독점자본 등장 이래의 보편적 특징에 더해 한국에만 고유한 특징이다. 이는 19세기 말 20세기 초까지의 '금융과두제 plutocracy'와 유사하며, 1930년대 일본의 '재벌'과 유사한 특징이다. 21세기 지구적 자본주의에서는 선진국이든 신흥국이든 한국의 재벌에 필적하는 체제는 없으므로, 재벌체제는 한국 자본주의의 '대규모 기업집단'이 가지는 독특한 특징이라 할 수 있다.

한국 자본주의를 주도하고 또 지배하고 있는 재벌의 민낯은 최근 한진그룹 대한항공의 '땅콩 회항' 사건을 통해 극적으로 드러났다. 그러나 이 사건은 하나의 에피소드에 지나지 않는다. 이 땅의 재벌은 법 위에 존재하고 있고, 한국사회에 무소불위의 지배력을 행사하고 있다. 2005년 '삼성 X파일' 사건 등을 통해 삼성의 후계자 승계를 위한 불법과 비리, 뇌물 증여 등이 폭로되자, 2006년 삼성그룹은 8000억 원의 사회공헌금을 내고 소유·경영권 승계와 관련된 불법·탈법 행위에 대해 면죄부를 받았다. 현대차그룹 역시 같은 해에 똑같은 후계자 승계를 위한 불법·편법 행위에 대해 1조 원의 사회공헌금을 내고 면죄부를 받았다. 금권정치의 실상은 2007년 삼성그룹에 대한 '김용철 변호사 양심선언'에 의해 구체적으로 폭로되었다.[1] 그러나 이명박 정권은 2010년 경제회생을 명분으로 삼성 이건희 회장에 대해 초유의 '단독사면'을 내렸고, 이건희 회장은 경영일선에 복귀했다. 현대차그룹은 현대자동차의 사내하청이 위장도급인 데다가 불법파견임을 확인한 대법원의 2012년, 2014년의 최종판결도 무시하고 사내하청 노동자들의 정규직화를 거부하고 있다. 이처럼 재벌들의 초법적인 금권정치는 공공연하게 이루어지고 있다. 노무현 대통령조차 "권력은 시장에 넘어갔다"고 말했다.

한국 자본주의에서 재벌체제의 성격 변화에 대해서는 일찍이 김기원 교수가 갈파한 바 있다. 한국의 재벌체제는 '정부 우위의 정경유착'에서 '재벌 우위의 정경유착'으로 바뀌었고, 한국사회가 군사독재에서 재벌독재로 변화되었다는 것이다. 그는 재벌독재에 대해, 재벌의 대표주자이자 재벌 내에서도 독보적인 위상을 차지하고 있는 삼성을 빗대어 '삼성독재'로 표현했다.

'삼성독재'를 혁파하는 삼성 개혁이 필요하다. 삼성독재란 삼성 내부적으로는 총수의 독재체제가 자리 잡고 있고, 외부적으로는 삼성이 국민경제, 나아가 나라 전체를 독재적으로 지배하는 '이중적 독재체제'다. 물론 군사독재에 비해 삼성독재는 덜 폭력적이다. 하지만 '시장경제와 민주주의'를 망가뜨리긴 마찬가지다. 이를 바로잡지 않고서는 우리가 선진사회로 나아갈 수 없다(김기원, 2005: 29).

재벌들은 정계에 정치자금을 대주고 특혜 등을 로비하는 것은 기본이고, 검찰·지식경제부·금융감독원 등 관계, 법조계, 언론계, 학계 등에 광범위하게 뇌물을 통해 로비를 하거나 인적 네트워크를 형성해 자신들의 이해관계를 관철시키는 식으로 영향력을 행사하고 있다. 특히 재벌들의 정점을 이루고 있는 삼성그룹은 이러한 측면에서 독보적이다. 삼성은 이른바 '떡값'을 주고 양성한 '삼성장학생'을 통해 국가기구에 영향력을 행사하고 이데올로기와 여론을 지배하고 있다. 오죽했으면 "권력이 삼성에 넘어갔다"는 말이 유행했겠는가.

재벌독재는 이처럼 초법적일 뿐 아니라 더 나아가 폭력적이기까지 하다. 재벌들의 '무노조 경영'이 대표적이다. 현대차그룹에만 예외적으로 민주노조가 존재하고, 대다수 재벌들은 사실상 '무노조 경영'을 고수하고 있다. 이 점에서도 삼성이 재벌들을 대표한다. 삼성은 '무노조 경영'을 위해 불법적이고 폭력적인 방법으로 노동자를 탄압하고 노동자의 인권을 유린해왔다. 미행, 감시, 강제발령, 납치와 감금, 해고, 구속, 인간관계를 이용한 온갖 회유와 협박, 그리고 핸드폰 불법복제와 죽은 사람의 명의를 도용한 위치추적, 경찰 및 행정관청과 결탁해 '복수노조複數勞組'를 악용한 노조 건설 원천봉쇄 등 온갖 수단과 방법을 동원해 무노조 경영을 관철시켜왔다. 삼성 계열사뿐 아니라 삼성 하청기업 노동자와 비정규 노동자들에게까지 무노조 경영을 강요하며 탄압해왔다. 두 명의 노동열사가 나온 삼성전자 서비스 노조에 대한 탄압은 그 최근의 사례일 뿐이다.

재벌독재가 기업 내부적으로 얼마나 독재적이고 인간파괴적인가를 충격적으로 보여준 것은 2011년 삼성전자의 26세 청년노동자 김주현 군의 자살 사건이다. 이를 통해 21세기 세계 초일류기업 삼성전자의 무노조 경영하의 노자관계의 실상이 세상에 알려졌다. 삼성전자 노동자들은 하루 14~15시간씩 장시간 노동을 하고 1~2개월에 겨우 한 번 집에 갈 수 있을 정도로 잔업과 특근이 강제되었다. 그래서 기본급이 100만 원인데, 잔업과 특근으로 받은 월급이 300만~400만 원이나 되었다. 김주현 군은 생전 그의 일기에 다음의 글을 남겼다.

돈을 많이 벌어도 쓸 시간이 없다. 무의미하다. 상급자들이 밥도 안 먹고 일해서 밥을 먹을 수가 없다. 근무시간이 불규칙하다. 그래서 잠을 못 잔다. 일을 제대로 가르쳐주지도 않고 "이거 해"라고 시킨다.

그는 자동화된 최첨단 설비에 부속품으로 예속되어 장시간 노동에 시달리며 억압적 통제하에서 몸과 마음이 병들고 파괴되어 죽음으로 내몰렸던 것이다. 삼성전자 반도체 기흥 공장의 자살 사건만 6건이 제보될 정도로 2009년부터 노동자들의 자살 사건이 이어지고 있다. 그뿐만 아니라 삼성전자 공장에서 일하다 수백 명의 노동자들이 암과 희귀질환 등의 직업병에 걸렸고, 그로 인해 수십 명이 사망했다. 삼성전자는 최근에 이르러서야 직업병으로 희생된 노동자들의 죽음을 산업재해로 부분적으로 인정하기 시작했다.

재벌독재는 재벌기업 외적으로는 국민경제, 즉 한국경제를 양극화시켜 붕괴 위기로 몰아가고 있다.

2. 한국 자본주의의 붕괴 위기

한국경제가 안고 있는 문제 또는 위기적 현상은 모두가 인정한다. 재벌(특히 4대 재벌)로의 경제력 집중, 소득분배 악화와 사회 양극화, 수출 대기업과 내수 중소기업의 양극화, 노동계급의 절반을 차지하는 비정규직 노동자 문제, 높은 자영업 비중, 높은 수출의존도, 가계부채의 급증 문제, 저성장 등이 그것이다. 중요한 것은 이러한 문제들 간의 연관과 이를 야기한 원인이 무엇인가이다. 이에 대한 진단에 따라 이 문제들을 해결하기 위한 해법도 달라진다. 필자의 진단은 다음과 같다.

첫째로, 재벌로의 경제력 집중 문제야말로 모든 문제의 원천이고, 또 그 집중 수준이 '위험한' 수위에 도달해 있다. 공정거래위원회의 자료에 따르면, 10대 재벌의 GDP 대비 자산은 2003년 48.4%에서 2012년 84%로, 매출은 2003년 50.6%에서 2012년 84.1%로 크게 증가했다. 특히 이명박 정권 때 실질 GDP 성장률은 연평균 2%에 그쳤는데, 10대 재벌의 연평균 자산과 매출액 증가율은 각각 10.93%와 7.69%에 달했다.

이러한 높은 수준의 경제력 집중은 선진국이든 신흥국이든 어느 경우에도 흔히 볼 수 없는 현상이다. 경제개혁연구소에 따르면, 매출액 상위 10대 기업이 각국의 GDP에서 차지하는 비율은 2012년 말 기준으로 미국 15.1%, 일본 22.0%, 프랑스 29.4%, 독일 30.1% 등인데, 한국은 이보다 훨씬 더 높은 47.1%에 이른다(위평량, 2014 참조).

범 4대 재벌가(삼성, 현대, SK, LG)의 GDP 대비 자산 비율은 2000년 45.82%에서 2012년 말 69.74%로 1.5배 증가했다. 범 4대 재벌가의 자산이 국가 전체 자산에서 차지하는 비율도 같은 기간 22.9%에서 25.6%로 증가했다. 총수가 있는 30대 재벌(금융법인 제외)의 자산이 국가 전체 자산(비금융법인 자산총액)에서 차지하는 비율은 2001년 31.7%에서 2012년 37.4%로 증가했다. 이러한 경제력 집중은 당연히 광공업부문에서의 독과점 시장구조를 심화·고착화시키고 있다.

　재벌로의 이러한 경제력 집중은 이른바 황제경영식 소유·지배 구조에 의해 가능할 수 있었다. 공정거래위원회가 발표한 '2014년 대기업 주식소유 현황'(2014년 4월 1일 기준)에 따르면, 63개 대기업집단 중 총수 일가가 있는 40개 기업집단의 내부지분율은 54.7%에 달했다. 재벌총수 일가는 4.2%의 지분을 소유하고서 1420개의 계열기업들을 거느리며, 이들 그룹 기업을 지배하기 위해 24개 기업집단은 117개의 금융 및 보험 기관을 사금고로 이용하고 있다. 재벌의 황제경영식 소유·지배 구조는 IMF사태 이후 개선되기는커녕 김대중, 노무현, 이명박 정권하에서 계속 악화되어왔다. 총수가 있는 상위 10대 재벌의 총수지분율과 내부지분율의 변동을 살펴보면, 1997년 각각 2.5%, 42.7%에서 2007년 1.3%, 47.9%로, 그리고 2014년 0.9%, 52.5%로 변화해 소유와 지배의 괴리가 더욱 커졌다.

　재벌은 이러한 막대한 자본축적과 국민경제에 대한 지배력을 토대로 한편으로는 국민과 정부를 협박하고, 다른 한편으로는 금권정치를 구사하며 재벌독재 시대를 열었다.

둘째로, 한국사회의 양극화를 현재와 같이 극단적으로 심화시킨 신자유주의 구조조정을 주도한 것은 재벌이다. 재벌들은 IMF사태 이전이었던 1990년대 초반부터 신자유주의적 개편을 시작했다. 삼성은 1990년대 초반부터 "마누라와 자식만 빼고 다 바꾸라"며 '신경영'을 선도했고, 대우그룹은 "세계는 넓고 할 일은 많다"며 '세계경영'을 주도했다. 재벌들의 이러한 주도에 따라 김영삼 정권은 '신노동' 정책과 '세계화' 정책으로 신자유주의 구조개편을 뒷받침했다. 소사장제 등으로부터 시작한 노동의 유연화·차별화 공세는 노동계급을 대기업 정규직 노동자와 여타 중소·영세(외주하청) 노동자 및 비정규직 노동자로 양극화시켜 중소·영세·비정규직 노동자들을 초과착취하는 구조를 만들어냈다.

IMF사태는 재벌들이 신자유주의 전략을 전면화하는 계기로 활용되었다. 예컨대, 삼성자동차 진출 실패 등으로 위기에 몰린 삼성은 '평생직장'이라는 삼성신화를 깨고 1997년 말~1999년 말까지 2년 동안 총 고용노동자 16만 7000명 가운데 32%에 달하는 5만 4000명의 대규모의 인력 감축을 실시했다(송원근, 2008: 33). 재벌대기업의 상시 구조조정 체제에 의한 조기퇴직 등의 정리해고는 '사오정(45세 이상은 정리해고 대상)'이라는 말을 유행시켰고, 이렇게 밀려난 정리해고자들은 자영업으로 내몰려 자영업 비중을 비정상적으로 확대시켰다.

재벌들은 또한 하청계열화된 중소기업들을 수탈했다. 재벌들은 중소기업에 대한 수요독점자로서 시장에서의 지배·종속관계를 이용해 부당한 납품가격 결정과 가격인하, 대금 지급기일의 지연, 납품 발주의 부당한 취소, 중소기업 기술의 부당한 탈취 등의 방법으로 하청중소기업들을 수탈했다. 더 나아가 하청중소기업의 임금결정에도 직접 개입해 임금인상을 억제했으며, 비정규직화와 2차·3차 재하청화로 중소·영세기업 노동자들의 저임금을 구조적으로 강제했다. 재벌들의 이러한 하청중소기업에 대한 수탈은 2008년 세계대공황 이후 더욱 심화되고 있다(이상호, 2011 참조).

노동의 유연화에 따른 노동계급의 빈곤화와 그로 인한 내수기반 중소기업의 정체와 몰락, 그리고 재벌들의 수탈로 인한 하청중소기업의 정체와 몰락은 한국 산업구조의 이중화를 심화시켜왔다. 재벌 주도의 수출산업과 중소기업의 내수산업이 갈수록 양극화되어 이중구조가 고착되면서, 재벌의 수출증가와 성장이 연관효과를 통해 중소기업의 성장으로 확산되는 이른바 '낙수落水 효과'가 사라진 것이다. 이는 자동화 등 기술 발전에 따른 불가피한 결과가 아니라, 노자관계나 대기업과 중소기업 간의 관계 등 사회관계에서의 초과착취와 수탈 관계에서 비롯된 것이다. 이처럼 대기업과 중소기업 간의 관계는 기술적 문제가 아니라 사회관계적 문제이기 때문에 '동반성장'이 제기되는 것이다(중소기업의 자본투자가 부족해 대기업과의 기술격차가 크고 따라서 노동생산성이 낮기 때문에 저이윤과 저임금이 필연적이라는 설명은 원인과 결과를 전도하고 있다. 왜 중소기업의 자본투자가 부족한가? 재벌대기업의 수탈 때문이 아닌가?[2]).

'재벌 우위의 정경유착'에 의한 금권정치는 재벌의 수출증대를 위한 한·미 FTA, 한·유럽연합 FTA, 한·중 FTA 등 무차별적인 전면개방

정책을 실시하게 했고, 농산물시장을 개방함으로써 농업을 해체시키고 농민을 몰락시키고 있다. 또한 백화점, 대형마트에 이어 최근 심각한 문제로 제기되고 있는 재벌대기업에 의한 골목형 대형마트의 골목상권 침투로 인해 소상인 등 독립자영업자들도 더욱 몰락해가고 있다. 이처럼 재벌의 황제경영식 소유·지배 구조와 그에 의한 경제적 지배력이 급속히 확장될수록 재벌을 제외한 노동계급, 농민·소상인 등 자영업자들은 빈곤화되어 몰락해가고 있으며, 중소·영세기업들도 몰락해감으로써 국민경제가 붕괴되어가고 있다.

최근의 실증연구들은 한국경제의 양극화가 얼마나 심각한지를, 그리고 붕괴 위기 상황을 잘 드러내주고 있다. 비정규직 노동자의 규모는 고용노동자의 50%를 넘어서고 있고, 비정규직의 임금 수준은 정규직의 50%이며, 저임금계층은 24.5%로 OECD 나라 가운데 가장 많다. 법정최저임금 미달자가 2014년 8월 227만 명(12.1%)이다.[3] 한국노동연구원에 따르면, 대기업 대비 중소기업의 상대임금은 2003년 58.7%에서 2014년 54.4%로 더욱 낮아졌다.

국세청 소득세 자료를 근거로 개인소득을 분석한 김낙년 교수에 따르면, 2010년 기준 개인소득자 3122만 명 가운데 1000만 원 미만이 48.4%, 1000만~4000만 원이 37.4%, 4000만~1억 원이 12.4%, 1억 원 이상이 1.8%였다. 1000만 원 미만의 소득자 가운데 2/3가 500만 원 미만이다. 전체 평균소득이 2046만 원이지만, 중위소득은 1074만 원(평균소득의 52.5%)에 지나지 않는다. 반면, 상위 10%의 소득 비율은 48.05%, 상위 1%의 소득 비율은 12.97%이다(김낙년, 2014). 이러한 결과는 그동안의 가계조사 등 통계치가 현실을 제대로 반영하지 못했다는 것을 말해준다. 가구소득이 아니라 개인소득을 기준으로 분석한 것이기 때문에 좀 더 보완한 분석 작업이 필요하겠지만, 대체로 분배 악화와 사회 양극화가 심화된 현실과 부합하는 결과로 보인다. 노동계급 내에서 대기업 정규직을 제외한 중소·영세·비정규직 노동자의 비중과 자영업의 대다수를 차지하는 영세 자영업자의 비중을 고려하면 연소득 4000만 원 미만이 86%에 달하는 것은 현실과 부합된다. 또 중위소득이 평균소득의 절반에 지나지 않는 것은 노동계급과 자영업자들의 빈곤화가 얼마나 심각한지를 잘 보여준다.

이러한 사회 양극화와 빈곤화의 최대 피해자는 청년세대와 노인세대이다. 청년의 경우 높은 실업률과 비정규직 일자리밖에 없는 현실[4]이 '이태백(20대 태반이 백수)', '88만 원 세대', '삼포세대(연애·결혼·출산 포기)'라는 신조어를 유행시켰고,[5] 노인의 빈곤과 곤경은 OECD 최고의 자살률로 표현되고 있다.[6]

또한 사회 양극화와 빈곤화의 급속한 진행은 최근 한국경제 위기의 '뇌관'으로 이야기되는 가계부채의 급증을 초래했다. 국민경제가 붕괴 위기에 몰려 있는 것이다. 2014년 9월 말 기준 1060조 원의 가계부채는 GDP 대비 95%로 아시아 최고 수준이다.[7] 더 나아가 빈곤화와 가계부채의 급증은 만성적인 내수 부족을 가져왔고, 그로 인해 GDP 대비 수출 비율이 2000년 35%에서 2014년 56%로 급속히 증가해 대외의존적 경제구조를 초래했다. 이는 또한 재벌들의 막대한 사내유보금으로 귀결되었다. 재벌닷컴에 따르면, 10대 그룹의 96개 상장 계열사의 사내유보금은 2014년 말 503조 9000억 원으로 1년 전보다 37조 630억 원(8.1%) 증가했다.[8] 2014년 1년 동안 가계부채가 68조 원 늘어날 때, 10대 재벌은 유보금으로 37조 원이나 더 쌓은 것이다. 유보율(유보금/납입자본금)은 1327.1%에 달한다.

이처럼 한국 자본주의는 현재의 재벌체제로는 더 이상 지속 불가능한 한계 상황에 처해 있고 붕괴 위기에 몰려 있다.

3. 해결책은 재벌체제의 실질적 해체와 대기업의 사회화다

한국경제의 붕괴를 막기 위해서는 재벌체제가 해체되어야 한다. 현재의 재벌체제를 유지한 상태에서는 백약이 무효하다. 국민경제 붕괴의 원흉이 재벌이기 때문이다. '동반성장'이든 '소득주도 성장'이든 '이해관계자 자본주의'든 어떠한 개혁도 재벌독재하에서는 구조적으로 불가능하다. 이는 군사독재하에서 어떤 작은 민주화도 불가능했던 것과 마찬가지로 재벌독재하에서는 어떤 작은 경제민주화도 불가능하기 때문이다. 그래서 군사독재가 청산되어야 했고 청산되었듯이, 재벌독재도 청산되어야 하고 청산될 수 있다.

자본주의체제에서도 재벌은 해체될 수 있다. 2012년 이스라엘 정부는 경제력을 집중한 20대 재벌의 독과점 폐해를 시정하기 위해 재벌의 금산金産분리를 법제화함으로써 재벌해체를 결정했다. 물가폭등과 30만 명이 넘는 시민들의 대규모 항의시위가 이러한 재벌해체의 계기가 되었다. 또한 마이크로소프트MS가 2000년 독점위반으로 컴퓨터 운용체제O/S와 응용프로그램 관련 부분 등으로 회사를 분할하라는 판결을 받기도 했다.

역사적으로 전례도 많다. 금융과두제로서 재벌이 해체된 경우로, 미국 록펠러Rockefeller 재벌의 '스탠더드 오일 트러스트Standard Oil Trust'는 미 정유업의 90%를 독점했는데, 1911년 반反트러스트법에 의해 34개사로 분할되었다. 또한 미국 JP모건 재벌은 금융(은행, 보험), 철도, 해운, 전기, 철강 등에 진출한 금융과두제로 1907년 미국에서 금융공황이 발생했을 때 중앙은행 역할을 하기도 했으나, 1929년 대공황 직후인 1933년 '글래스-스티걸법Glass-Steagall Act'에 의해 금융과 산업으로 회사가 분할되었다. 그리고 한국 재벌의 선례이자 모델인 일본의 재벌은 1945년 패전 직후 태평양전쟁의 원흉으로 지목되어 미 군정에 의해 해체되었다. 비록 냉전체제의 필요에 의해 불완전하게 해체되어 계열系列(기업집단)로 여전히 잔존하지만 말이다.

21세기 세계대공황 상황이 재벌해체의 계기로 작용할 것으로 보인다. 세계경제, 즉 지구적 자본주의는 2008년 세계금융공황 이래 7년이 지났는데도 회복되지 못하고 장기불황 또는 장기침체가 지속되고 있다. 이제는 장기불황을 '뉴 노멀new normal'로 인정하는 추세이며, 최근에는 유럽을 필두로 선진국, 신흥국 모두 저성장과 저물가가 결합된 디플레이션 공포에 시달리고 있다. 물론 한국도 예외가 아니다.

지구적 자본주의의 상황에 대해 2013년 노벨경제학상 수상자인 로버트 실러 미국 예일 대학 교수는 2014년 9월 13일 자 《가디언》

지의 기고에서 심각하게 경고했다. "1929년 뉴욕 증시 대폭락으로 시작된 불황이 8년 후인 1937년에는 더욱 악화"되었는데, 현재의 상황이 바로 그때와 유사하다는 것이다. 그리고 그 당시 "진정한 회복은 6000만 명의 생명을 앗아간 제2차 세계대전 이후 대규모 경기부양책이 시행된 이후에야 찾아왔다"고 지적했다. 지금의 상황이 1937년과 유사한 점은 "무엇보다 지금도 그때처럼 많은 사람들이 오랫동안 경기회복 수준에 실망하고 있으며 절박한 상황 속에 있다는 점"이라고 말했다.

　이러한 상황 속에서 한국의 재벌들 가운데 부실화되거나 부실 징후를 보이는 재벌 수가 급증하고 있다. 경제개혁연구소의 분석에 따르면, 2013년 공정거래위원회가 지정한 62개 상호출자제한 기업집단 가운데 공기업집단 8개와 금융그룹 4개를 제외한 50개 그룹 중 4개 그룹(금호아시아나, STX, 웅진, 동양)은 이미 워크아웃 또는 법정관리가 진행 중이고, 2012년 기준 10개 그룹(한진, 동부, 현대, 효성, 한국지엠, 동국제강, 코오롱, 대성, 한라)이 부실 징후를 보이고 있다. 부채비율이 200%를 초과하면서 이자보상배율(영업이익/이자비용)이 1배 미만인 것이다. 이러한 부실 징후 그룹 수는 2010년 2개, 2011년 5개, 2012년 10개로 매년 빠르게 늘고 있다(이수정 외, 2013). 재벌닷컴에 따르면, 2014 회계연도 기준 매출액 1조 원 이상 157개 상장사(금융회사 제외) 중 이자보상배율이 1배 미만인 상장사는 모두 37개사로 전체의 23.6%로 나타났다. 이 비율은 2013년 21.7%보다 2%포인트가량 늘어난 것이다.

이러한 부실 대기업의 증가는 금융권의 수익을 크게 잠식하고 있다. 2014년 4/4분기에 동부건설, 대한전선, 모뉴엘 등 3대 부실기업으로 인해 은행권 전체가 1조 원이 넘는 관련 손실을 입었다. 2015년 들어서도 경남기업, 대한전선, 성동조선해양, STX조선해양, SPP조선 등의 부실화로 인해 수조 원의 추가 은행대출이 검토되고 있다. 세계적 차원에서 장기불황이 본격화됨에 따라 2015년부터 건설, 조선, 해운, 철강 등 4개 분야를 중심으로 대규모 구조조정이 본격화될 것으로 보인다.[9]

앞으로 지구적 자본주의는 2008년 세계금융공황 못지않은 심각한 경제위기를 다시 겪을 것으로 보인다. 그리고 세계경제위기 속에서 한국 자본주의도 1997년 IMF사태 못지않은 경제위기를 겪게 될 것이다. 이번에는 2008년 세계금융공황 이후처럼 빨리 회복할 수 없을 것이기 때문이다. 그 당시에는 중국의 대규모 경기부양과 통화팽창 정책에 의해 중국경제가 성장을 지속한 덕분에 한국경제는 세계금융 공황의 충격에서 빨리 벗어날 수 있었다. 그러나 다가올 세계경제위기에서는 중국경제도 위기의 중심에 놓일 것이므로 한국 자본주의도 심각한 위기를 피할 수 없을 것이다. 한국의 전체 수출에서 중국의 비율은 1/4이 넘고 금융과 관광산업에서도 중국에 대한 의존도가 높기 때문이다.[10]

제2의 세계금융위기가 한국경제의 위기를 촉발하는 경로는 외환위기와 같은 금융위기 형태는 아닐 것이다. 한국의 외환 보유고 규모가 매우 크고 또 단기외채 규모를 크게 줄인 데다가 여러 나라와 통화스와프를 체결하고 있기 때문이다. 제2의 세계금융위기는 실물경제를 통해 한국경제의 위기를 촉발할 것이다. 유럽, 미국은 물론 중국으로의 수출 급감이 실물경제 불황을 초래해 이에 대한 대응과정에서 대규모 구조조정(기업부도 및 정리해고)이 불가피하게 되고, 그 결과 대량실업 사태로 인한 가계부채 문제가 폭발할 것이다. 이는 주택거품의 붕괴와 주택담보대출을 매개로 은행위기 등 금융위기로 발전할 것이다. 이러한 경로를 통해 제2의 IMF사태와 같은 경제공황이 예상된다.

이때 부도나거나 부실화된 재벌대기업들을 공적자금을 투여해 사실상 국유화해서 구제하고 사후에 다시 민영화할 것이 아니라 확실히 국유화한다면 재벌체제를 해체시킬 수 있다. 대기업이나 금융기관을 구제함으로써 이윤은 사유화하고 손실은 사회화하는 이른바 '대마불사'라는 우愚를 반복하지 않는다면 얼마든지 가능하다.

2008년 세계금융공황 때 유럽과 미국에서 각국 정부는 부도위기에 몰린 금융기관과 대기업들을 실제로든 사실상으로든 국유화해서 구제했고 나중에 사유화했다. 예컨대, 미국과 유럽의 대은행들과 미국의 GM, 크라이슬러 등 초국적대기업이 그러했다.[11] 이처럼 국유화된 금융기관과 대기업을 다시 사유화하지 않고 국유화를 계속 유지하면서 관리도 사회화함으로써 재벌체제를 해체하고 대기업을 실질적으로 사회화할 수 있다. 대기업의 사회적 관리는 대기업의 조건과 노동계급의 주체역량에 맞게 낮은 수준의 경영참여로부터 공동경영, 노동자 자주관리 등으로 그 수준을 점진적으로 높여나가면 된다.

대기업에 대한 사회화의 필요성은 낮은 수준에서는 그동안 독일식 '이해관계자 자본주의' 모델로 널리 제기되어왔다. 대기업에서 주주만이 아니라 노동자, 하청중소기업, 소비자, 시민사회 등 관련 당사자들의 이해관계가 모두 존중될 필요성과 그것을 확보할 소유·지배 구조가 필요하다는 것이다. 대기업의 사회화는 이러한 필요를 더욱 확실하게 충족시킨다. 그럼으로써 독일식 '이해관계자 자본주의' 모델보다 더 확실하게 그리고 더 충분하게 대기업을 사회적 필요에 맞게 운영할 수 있을 것이다.

이러한 재벌해체와 대기업의 사회화는 위기대응책일 뿐 아니라, 재벌이 온갖 특혜와 부정, 비리 및 투기 등에 의해 형성되고 압축적으로 성장한 지난 역사적 과정에 비추어보면 "사실상 국민재산인 재벌 기업"(김기원, 2005: 26)의 사회화이기 때문에 명분과 정당성에서도 올바른 방향이다. 더 나아가 이는 지구적 자본주의의 위기하에서 한국사회 변혁의 '이행기 강령'의 주요 내용이 될 것이다.[12]

주

제1장 신자유주의적 자본주의: 지구적 자본주의

1 '황금시대' 경제체제의 주요 내용과 특징을 보통 '포드주의'라고 말한다. 포드주의 생
산방식, 포드주의 축적체제 등 포드주의란 말은 노동과정에서의 변화에서 유래했다.
미국의 포드자동차 설립자 헨리 포드(Henry Ford)는 1910년대에 노동과정을 세분화·
단순화해 단순반복노동으로 분해한 테일러주의에 컨베이어벨트(조립라인 공정)를 도
입해 대량생산체제를 성립시켰다. 컨베이어벨트의 도입으로 포드자동차의 생산성은
비약적으로 증가해 1900년 불과 4000여 대 생산에서, 1910년에는 18만 7000대, 1920
년에는 190만 대 생산으로 늘어나게 되었다. 그러나 이러한 높은 생산성은 빠른 작업
속도의 단순반복노동이라는 노동의 비인간적 소외를 대가로 한 것이었다[찰리 채플
린(Charles Chaplin)의 〈모던 타임스(Modern Times)〉라는 영화가 이를 잘 보여주었
다]. 결국 노동자들의 이직률이 크게 증가해 생산성 증가효과를 상쇄했다. 이에 헨리
포드는 노동과정에서의 노동자의 고통과 불만을 보상하는 획기적인 고임금정책을 실
시했다. 당시 일당의 2배 이상인 5달러로 임금을 올리고 노동시간을 9시간에서 8시간
으로 단축했다. 이처럼 컨베이어벨트의 도입에 의한 고생산성과 대량생산체제, 그리
고 고임금에 의한 대량소비체제가 포드주의 생산방식이다. 이러한 포드주의 생산방
식은 제2차 세계대전 이후 선진국 공장 내 생산과정에 일반적으로 도입되었다. 또한
케인스주의 정책이 본격화되면서 노동조합이 인정되고 단체교섭이 제도화되는 한편,
생산성-임금연동제, 물가-임금연동제 등의 도입으로 실질임금이 상승하고 사회보장
제도가 확장됨에 따라 '대량생산-높은 생산성-높은 임금-대량소비-높은 이윤-높은

투자'라는 선순환 구조로 발전했다. 이를 '포드주의 축적체제'라 한다.

2 제2차 세계대전 이후 성립된 자본주의인 케인스주의적 자본주의의 일반적 특징과 모순에 대해서는 박승호(2015: 334~443)를 참조할 수 있다.

3 이 시기의 계급투쟁 내용에 대한 자세한 논의는 박승호(2015: 444~461)를 참조할 수 있다.

4 제2차 세계대전 패전국인 일본은 자본 부족이 심각한 상태에서 1950년대 초 일본 노동운동을 철저히 파괴했다. 이후 극단적인 노동강도 강화, 비용·절감 등을 추구했고, 이과정에서 적시 생산, 다기능, 직무순환, 팀작업, 품질관리, 수량적·기능적 유연화, 대규모 외주 등을 특징으로 하는 일본적 생산방식을 확립했다. 이러한 생산방식이 전형적으로 확립된 것이 도요타 자동차공장이었기에 이를 '도요타주의'라 부른다. 서구에서는 이를 '린 생산방식(lean production system)'이라고도 부른다(박승호, 2015: 497).

5 이에 대한 상세한 논의는 박승호(2015: 466~518)를 참조할 수 있다.

6 '제3세계'란 미국, 유럽, 일본 등의 선진국 또는 제국주의 나라들을 제외한 나라들을 가리킨다. 이 용어는 제2차 세계대전 이후 서방 자본주의 나라들을 제1세계, 소련을 중심으로 한 사회주의 나라들을 제2세계, 그리고 나머지 식민지·반(半)식민지로부터 독립한 신생독립국들을 제3세계로 부른 데서 유래되었다. 대체로 1990년대 소련·동유럽이 붕괴된 이후에는 선진국을 제외한 모든 나라들을 제3세계라고 부른다. 제3세계는 크게 개발도상국(또는 개도국)과 저개발국으로 구별된다. 개발도상국은 자본주의적 산업화가 급속히 이루어지고 있는 나라들을 지칭하고, 저개발국은 아프리카의 사하라 이남 나라들처럼 자본투자 또는 산업화가 거의 이루어지지 않은 나라들을 지칭한다. 개발도상국은 '신흥국' 또는 '신흥시장'에 포함되는 나라들과 거의 중복된다. 그래서 제3세계, 개발도상국, 신흥국은 많은 경우 그 지칭하는 나라들이 동일하다. 논의의 맥락에 따라 다른 용어를 사용할 뿐이다.

7 세계자본주의는 초기에는 유럽을 그 주된 범위로 포괄하고 있었으나 점차 전 지구적으로 확장되어왔다. 특히 19세기 말 제국주의 나라들에 의해 비(非)자본주의 지역들이 식민지·반식민지로 편입됨에 따라 전 지구적으로 확장되었다. 여기에서의 '지구적 자본주의'란 1980년대 이후의 현 단계 세계자본주의를 특정해 말한다. 즉, 1970~ 1980년대 신자유주의의 세계화에 의해 재구성된 세계자본주의라고 할 수 있다. 신자유주의적 세계화 또는 신자유주의적 구조조정의 진행을 반영하는 '세계화(globalization)'라는 용어가 대중적으로 사용되기 시작한 것은 1980년대 후반부터이다.

8 신자유주의 시대의 '새로운 팽창의 토대'인 '가혹한 자본주의적 재구성'은 다음을 통해 이루어졌다. ① 노동자계급 조직들을 공격하고 개발도상국의 주권을 훼손함으로써, ② 착취율을 증가시키고 제조업의 물리적 공간들을 재배치함으로써, ③ (가속화된 '원시적 축적'을 통해) 거대한 전 지구적 신규 산업예비군을 창출함으로써, ④ 특히 동아시아 지역에 대규모 해외직접투자를 통해, ⑤ 린 생산방식과 같은 작업조직과 노동 강화의 새로운 체제와 신기술들(로봇공학, 컴퓨터)을 도입함으로써 등이다(맥널리, 2011: 75~76).

9 1989년 미국 국제경제연구소(Institute for International Economics: IIE)의 정치경제학자 존 윌리엄슨(John Williamson)이 자신의 저서에서 당시 경제위기로 어려움을 겪고 있던 중남미 국가들에 대한 개혁 처방을 '워싱턴 컨센서스'로 명명한 데서 유래되었다. 그는 중남미 경제위기 극복을 위해 긴축재정, 사회 인프라에 대한 공공지출 삭감, 외환시장 개방, 시장자율금리, 변동환율제, 무역자유화, 외국인 직접투자 자유화, 탈규제, 국가 기간산업의 민영화, 재산권 보호 등 10가지를 제시했다. 이후 1990년대 초 미국 행정부와 국제통화기금(IMF), 세계은행(IBRD)이 모여 있는 워싱턴에서 정책 결정자들 사이에 이러한 개혁 처방에 대한 합의가 이루어졌다.

10 이와 관련한 풍부한 사례연구에 관해서는 초스도프스키(1998)를 참조할 수 있다.

11 이에 대한 상세한 논의는 박승호(2015: 533~584)를 참조할 수 있다.

12 이에 대한 상세한 논의는 박승호(2015: 584~601)를 참조할 수 있다.

제2장 '지구적 자본주의'의 위기

1 『세계 부 보고서(Global Wealth Report)』(2011년 말)에 따르면, 미국 상위 1%(300만 명)가 연간 국민소득의 20%, 국부의 1/3을 차지하고, 미국 상위 10%(3000만 명)가 국민소비지출의 50%를 차지한다. 미국 국민의 50%는 연 소득이 2만 6000달러 이하이다.

2 2007년 미국 투자은행 메릴린치의 레버리지 비율(자기자본에 대한 대부자본의 비율)은 32:1, 모건스탠리와 베어스턴스 33:1, 리먼브러더스 44:1이었다.

3 "1996년 그린스펀의 비이성적 과열에 대한 연설은, 현재까지 투기적 급등의 역사에서 최대 사례라 부를 만한 현상이 주식시장에서 시작되었을 무렵 행해졌다. 다우지수는 1994년 초 3600 정도였지만 …… 2000년 1월 14일 …… 11722.98을 기록하여 고점을 찍었다. 5년 만에 3배가 된 것이다. …… 1994년에서 2000년 사이의 주식시장의 가격

상승은 분명히 어떤 합리적인 이유로도 정당화할 수가 없다. …… 같은 기간 동안 미국의 GDP 증가는 40% 미만이었고, 기업이윤의 증가도 60% 미만이었다"(실러, 2014: 33~34).

4 엄밀하게 구별하면, 모기지담보부증권(MBS)과 부채담보부증권(CDO)은 구조화채권(structured note)이고, 신용부도스와프(CDS)가 파생금융상품이다. 그러나 구조화채권도 채권과 파생상품이 결합되어 만들어진 상품이므로 광의의 파생금융상품으로 볼 수 있다.

5 "조지 부시 대통령은 우리의 새로운 사회에 '소유사회'라는 이름을 붙였다. 사적 재산은 단지 몇몇 부자 자본가들의 것이 아니라 모두의 것이라는 것이다. 부시는 많은 사람들이 주택을 소유하기를 원했고, 아울러 사회보장의 퇴직 저축계좌를 통해 주식시장에 투자하도록 장려했다. 또 사적 재산을 전통적인 영역을 훨씬 넘어서서 의료 저축계좌와 학교의 바우처에까지 확장시켰다. 아울러 경제학자들 역시 경제적 유인 요소를 제대로 배치하여 책임 있는 시민을 만드는 사적 재산의 장점을 찬양했고, 이러한 사고가 공적인 정책으로 이어졌다"(실러, 2014: 85~86).

6 '증권화'란 주택융자금, 기업대출, 신용카드 빚, 학자금대출 등과 같은 부채에 대한 권리를 묶어 새로운 현금 흐름을 가진, 이른바 '구조화채권'을 만들어내는 과정이다. 모기지담보부증권은 바로 주택융자를 증권화한 것이다. 이러한 금융혁신을 통해 만들어진 모기지담보부증권은 거래 불가능했던 대출자산을 거래 가능한 형태로 변형시킴으로서, 전 세계 투자자들에게 새로운 투자처를 제공해주었고, 글로벌 유동성이 미국의 주택시장으로 유입될 수 있도록 해주었다.

7 파생금융상품을 이해하기 위해서는 먼저 파생상품을 이해해야 한다. 최초의 파생상품은 농업 분야에 국한되었다. 농부들은 그해의 농사를 시작할 때부터 자신의 곡물가격을 안정적으로 보장받고 싶어 하고, 곡물상은 곡물가격이 오를 것으로 예상하고 농부로부터 추수 뒤에 바로 살 것을 계약함으로써 물건을 사전에 확보하고 싶어 한다. 이처럼 농부와 곡물상이 서로 각자의 이해관계에 따라 오늘 현재 계약 시점에 서로 합의한 가격으로 미래 시점인 추수 후에 곡물을 사고 팔 것이라는 미래계약, 즉 선물(先物)계약을 맺는 것이 '파생상품'이다. 교환계약 조건이 실제 상품의 가격에서 파생되어 나오기 때문에 '파생상품'이라 부른다. 이처럼 파생상품은 미래의 불확실성을 회피하기 위한 보호 장치로 설계된 것이다, 즉 헤지(hedge)를 위한 것이다. 다음으로 파생금융상품의 등장배경을 보자. 1971년 달러의 금태환이 정지되고 국제통화제도가

고정환율제에서 변동환율제로 전환된 이후 환율 자체가 불안정화되었고, 이에 따라 경제도 불안정화되었다. 이러한 가격변동에 대한 예측 게임, 즉 내기놀음에 돈을 걸 수 있도록 설계된 것이 파생금융상품이다. 이후 환율뿐 아니라 금리, 주가 등의 가격 변동과 관련한 파생금융상품이 등장한다.

8 주택거품이 한창이던 2005년부터 주택거품의 '붕괴'에 대한 경고가 미 주류 언론에도 자주 언급되기 시작했다. 그러나 미 연방준비제도이사회 벤 버냉키(Ben Bernanke) 의장은 2005년 10월 "이러한 가격 상승은 주로 튼튼한 경제적 펀더멘털(Fundamental) 을 반영한다"면서 주택거품의 존재를 부인했다(포스너, 2013: 107). 이는 그린스펀 의 장이 1998년 IT거품이 한창일 때 '신경제'의 생산성 향상 효과로 주가 폭등을 정당화한 것과 비슷하다. 요컨대, 주택거품은 정책적으로 조장되었던 것이다.

9 3주 뒤 CNN은 6000명 이상이 사망한 것으로 보도했다. 의료진은 최소 1만 명 이상이 사망한 것으로 추정했다.

10 9·11 사건은 이슬람 극단주의 세력의 테러공격인가 미국의 자작극인가? 이 사건은 서 구 세력의 아랍 민족에 대한 제국주의적 지배·수탈과 이에 대한 아랍민족의 저항이라 는 역사적 맥락에서 발생한 것이었지만, 미국 네오콘 세력이 중동·아랍 지역에 군사 적 개입과 지배를 확대하기 위한 공작이라는 직간접적 증거들이 많이 제시되고 있다. 미국 네오콘 세력이 처음부터 기획·실행한 자작극이거나 이슬람 극단주의 세력의 테 러 정보를 입수하고 이를 방조하고 증폭시켜 역이용했을 수 있다는 것이다. 9·11 사 건이 하나의 공작이라는 주장에 대한 객관적인 증거들이 많이 제시되고 있다. 첫째, 세계무역센터 빌딩은 비행기 충돌로 무너지지 않았다는 것이다. 100층이 넘는 거대 철재구조물이 녹아내리려면 화씨 2000도(섭씨 1093도) 이상에서 많은 시간 노출되어 야 하는데, 일반 석유를 쓰는 민항기 연료로는 그렇게 짧은 시간에 자유낙하 속도로 붕괴될 수 없다는 것이고, 세계무역센터 빌딩은 전형적인 건물 폭파공법의 형태로 붕 괴되었다는 것이다. 둘째, 국방부 청사 붕괴는 보잉기 충돌 때문이 아니라, 미사일 피 격 때문이라는 것이다. 셋째, 비행기 피랍에 대해 당일 북미방공사령부가 훈련 중 이었는데도 전혀 대응하지 않았다는 것이다. 넷째, 엄청난 사건임에도 불구하고 그에 대한 책임으로 해고되거나 처벌된 사람은 아무도 없고, 공식적인 진상보고서가 아직 도 제출되지 않고 있다는 것이다. 다섯째, 1999년부터 빈라덴과 알 카에다 일당이 항 공기로 세계무역센터 건물을 테러할 것이라는 정보가 CIA를 통해 보고되었고, 2001 년 8월에도 부시 대통령에게 이 정보가 보고되었다는 것이다. 이 외에도 많은 증거들

이 제시되고 있는데, 이러한 여러 증거와 정황은 9·11 사건이 미국의 자작극임을 말해주고 있다. 이에 관해서는 2014년에 제작된 9·11 사건의 진실에 관한 다큐영화 〈September 11, The New Pearl Harbor〉와 초스도프스키(2002)를 참조할 수 있다. 미국은 수차례 역사적으로 비슷한 공작을 자행한 전례가 있다. 대표적으로 스페인과 전쟁을 벌이기 위한 메인호 사건 조작(1898년), 제2차 세계대전 참전의 명분을 만들기 위한 진주만 피습사건(1941년), 베트남 전쟁에 개입하기 위한 자작극 통킹 만(Gulf of Tonking) 사건(1964년) — 당시 국방장관 로버트 맥나마라(Robert McNamara)는 1995년에 자작극이었음을 공개적으로 인정했다 — 등이 그것이다.

11 '악의 축(axis of evil)'은 조지 부시 미국 대통령이 2002년 1월 30일 연두교서에서 사용한 용어로, '악의 축' 국가란 '대량살상무기 개발과 테러 지원 국가'를 뜻한다. 그동안 미국은 북한, 쿠바, 이란, 이라크, 리비아, 수단, 시리아 등 반미 국가들을 소위 '불량국가', 즉 '테러 지원국'으로 지칭해왔는데, '악의 축'이라는 용어를 새롭게 도입해 특히 이란, 이라크, 북한을 지목한 것이다. 이는 미 제국주의의 제3세계 침략전쟁을 정당화하기 위해 주요 반미 국가인 이란, 이라크, 북한을 악마화하려는 이데올로기 공세이다. 미국 로널드 레이건 대통령은 1980년대 초 소련에 대한 냉전 공세로 군비경쟁을 강화하면서 소련을 '악의 제국(Evil Empire)'으로 지칭한 바 있다.

12 연합군은 미군 4491명을 포함해 총 4809명이 사망했고, 이라크 치안병력은 1만 7690명이 사망했다. 위키피디아 참조(http://en.wikipedia.org/wiki/Iraq_War#Casualty_estimates).

13 이는 1999년 유니세프(UNICEF)의 보고서에 나온 추정치이다(마하잔, 2002: 22).

14 제1회 포럼은 2001년 1월에 열린 다보스포럼과 때를 맞추어 브라질 히우-그란지두술(Rio Grande do Sul) 주 포르투알레그리(Porto Alegre)에서 개최되었다. 초국적 자본·제국주의 세력의 연례 전략·전술회의이자 세계경제포럼(WEF)으로 불리는 다보스포럼이 신자유주의 세계화를 지향하는 선진국 중심의 국제회의로서, 개발도상국과 제3세계 국가들을 철저히 외면하고 있다는 비판에서 출발했다. 제1회 포럼 이후 해마다 다보스포럼과 같은 시기에 열린다. 제1회 때는 전 세계 100여 개국에서 세계화에 반대하는 정치인, 시민운동가, 노동운동가, 학자 등 1만 5000여 명이 참가했다. 2002년 제2회 때는 110개국에서 5만여 명이 참가했다. 포럼의 주요 의제는 부의 집중, 빈곤의 세계화, 지구의 파괴를 앞당기는 신자유주의 세계화를 중단시키고 대안을 모색하는 것이다. 이를 위해 개발도상국의 부채 탕감, 아동학대 금지, 여성운동 활성화,

인종주의 청산, 유전자변형식품 금지, 민주주의의 개혁, 국제투기자본 규제를 위한 토빈세 제정 등 분야별로 주제를 정해 다양한 워크숍·토론회·세미나 등을 개최한다.

제3장   21세기 세계대공황의 원인

1 '뉴 노멀'이라는 용어는 2008년 세계금융공황 직후 세계 최대 채권운용회사 '핌코 (PIMCO)'의 최고경영자 무하마드 앨 에리언(Mohamed El Erian)이 처음 사용했다. 그는 그의 저서『새로운 부의 탄생』에서 금융위기 이후 세계경제의 '뉴 노멀'로서 저성장, 저소비, 높은 실업률, 고위험, 규제 강화, 미국경제 역할 축소 등을 제시했다.

2 대표적으로 조절이론의 아글리에타(Michel Aglietta)가 그러하다. 자세한 내용은 아글리에타(2009)를 참조할 수 있다.

3 대표적으로 김성구(2011)를 들 수 있다. 김성구는 이번 위기를 순환적 공황과 신자유주의 금융위기의 결합으로 파악한다.

4 순환적 공황은 평균 7~10년의 주기를 가진 경기순환에서의 공황을 말한다. 순환적 공황은 2~3년의 불황을 거쳐 경기회복으로 전환되고 호황으로 이어진다. 이러한 순환적 공황과 구별되는 구조적 위기 또는 대공황은 공황의 심각성과 범위가 양적인 측면에서 순환적 공황보다 훨씬 더 클 뿐 아니라 공황 이후 10~20년의 장기불황을 수반한다. 순환적 공황과의 이러한 차이의 원인에 대해서는 여러 이론이 제시되어 논쟁하고 있다. 역사적으로는 1873~1896년의 대불황, 1929~1945년의 대공황, 1960년대 말~1980년대 초반의 장기침체 등이 이에 해당한다. 여기에서는 주로 1929년 대공황과 비교하고 있다.

5 일본의 케인스주의 경제학자 시바야마 게이타(柴山桂太)는 이번 대공황의 역사적으로 특수한 형태에 근거해 '조용한 대공황'으로 부르고 있다. 자세한 내용은 시바야마 게이타(2013)를 참조할 수 있다. 한편, 필자의 이러한 입장은 서구 자본주의가 1948년부터 1973년까지 25년간 대호황기를 거친 뒤, 위기 혹은 침체에 빠져들어 그 이래로 거의 40년 동안 결코 회복되지 않았다는 이른바 '만성적 위기'론과도 구별된다. 이 '만성적 위기'론은 신자유주의적 자본주의 자체가 '구조적 위기'라고 보는 견해이다. 포스터·맥도프(2010), 브레너(2002), 하먼(2012), 캘리니코스(2010) 등이 이처럼 주장한다. 이러한 견해에 대해 비판하면서 맥낼리(David McNally)는 1982년부터 신자유주의적 회복이 시작되었고 2007년까지를 '신자유주의적 팽창기'로 파악한다. 그는

그 주요 논거로 세계경제가 1982년 이후 규모 면에서 3배나 증대했고, 전 세계적 자
본축적의 새로운 중심축들이 생겨났으며, 중국이 그 중요한 예라고 제시한다(맥널리,
2011: 55~56; 322~ 323). 브레너(2002)의 입장에 대한 구체적 비판은 박승호(2015:
431~437; 523~ 531)를 참조할 수 있다.

6 이번 경제위기를 순환적 공황이 아니라 대공황으로 파악하는 입장으로는 맥널리
(2011), 클라이먼(2012), 김수행(2011), 정성진(2012) 등을 들 수 있다.

7 이번 대공황을 신자유주의적 금융화 위기로 보는 뒤메닐·레비(2014), 아리기(2009),
Foley(2009) 등의 견해에 대한 비판은 정성진(2012: 44~51)을 참조.

8 이윤율 저하론의 입장에 선 클라이먼(2012)은 포스터·맥도프(2010), 하비(2012) 등의
과소소비론을 비판한다.

9 "이윤율 저하 위기론이란 이윤율 저하가 자본주의에서 되풀이해 발생하는 경제위기
의 근본 원인이라 간주하는 입장을 가리킨다. 오늘날 마르크스주의자들 사이에서는
경제위기의 원인으로 이윤율 저하가 자본의 유기적 구성의 고도화에 의해 야기되는
가, 아니면 임금상승-이윤압박, 혹은 경쟁 격화-가격 하락으로부터 비롯되는가를 둘
러싸고 논란이 계속되고 있지만 자본주의 위기의 근본 원인이 이윤율 저하라는 점은
대체로 승인되고 있다. 하지만 그렇게 되기까지는 상당한 우여곡절이 있었다. 마르크
스 사후 제2인터내셔널과 코민테른에서 마르크스주의 위기론의 '정통'을 경쟁했던 것
은 과소소비설과 불균형설이었다." 1929년 그로스먼(Henryk Grossman)이 마르크스
위기론의 핵심은 『자본론 3』의 이윤율 저하 이론임을 논증했음에도 이는 1970년대
마르크스주의 공황논쟁에서 로만 로스돌스키(Roman Rosdolsky), 폴 마틱(Paul
Mattick), 헬렌 야페(Helen Yaffe) 등 이른바 '근본주의' 마르크스주의자들이 재발견
할 때까지 공인받지 못했다"(정성진, 2012: 27).

10 이에 대한 개괄적인 검토는 클라크(2013)를 참조할 수 있다.

11 2008년 21세기 대공황의 원인논쟁을 통해 1970년대 마르크스주의 공황논쟁 구도를
거의 그대로 재현한 것은 클라이먼(2012)이다.

12 2008년 대공황의 원인에 대해 이윤율 저하론을 주장하는 클라이먼(2012)의 논리는
질적으로 보면 1970년대 공황논쟁 때보다 더 단선적이고 빈약하다. 클라이먼은 이윤
율 저하의 양적 추세에 대한 실증연구를 주요 근거로 이윤율 저하 위기를 주장하고
있다.

13 하비(David Harvey)는 이처럼 잉여가치의 생산조건과 실현조건의 모순과 충돌이라

는 관점에서 파악하고 있지는 않지만, 자본의 순환 (또는 재생산) 과정에서의 잠재적 장애물들에서 공황의 계기들을 찾으려고 한다. "생산을 거쳐 이루어지는 자본의 흐름을 살펴보면, 자본이 재생산되기 위해 극복되어야 하는 6개의 잠재적 장애물을 발견할 수 있다. ① 불충분한 화폐자본, ② 노동공급의 부족 혹은 정치적 어려움, ③ 소위 '자연의 한계'라 불리는 부적절한 생산수단, ④ 부적절한 기술과 조직형태, ⑤ 노동과정에서의 저항 혹은 비효율성, ⑥ 시장에서 지불되는 화폐로 뒷받침되는 수요의 부족. 이 6가지 중에서 어느 하나라도 장애가 생기면 자본 흐름의 연속성이 단절되고, 이것이 오래 지속되면 결국 감가의 위기가 발생한다"(하비, 2012: 75). 이처럼 공황의 원인을 하나의 단일 요인으로 환원하기보다는 자본의 순환과정에서 생산과정과 유통과정의 입체적이고 복합적 요인들의 작용에서 찾는 것이 마르크스의 방법론에 더 부합한다.

14 클라이먼(Andrew Kliman)은 "미국 법인들의 지속적인 수익성 하락이 이번 대침체의 근본적인 원인"(클라이먼, 2012: 28)이라고 주장한다. 또 "나는 마르크스의 이론이 이윤율의 저하를 위기의 간접적인 원인으로 간주한다는 것을, 그리고 이윤율의 저하는 오직 금융시장의 불안정과 낮은(저하와 구분되는 것으로서) 수익성에 의해 야기된 불안정과 관련되어 위기에 이른다는 것을 주장한다"(클라이먼, 2012: 34)라고 말한다. 이윤율의 저하가 근본적인 원인이지만, 간접적인 원인인 근거를 클라이먼은 마르크스에게서 찾는다. 즉, "이윤율의 저하는 과잉생산, 투기, 그리고 공황을 촉진하며, 과잉인구와 과잉자본의 병존을 일으킨다"(마르크스, 2004b: 290).

15 미국 브라운 대학 산하 왓슨국제문제연구소(WIIS) 보고서(2013.3.14).

제4장 21세기 세계대공황의 경과

1 처음에는 비우량주택의 융자 연체와 그에 따라 차압률이 높아진 것이 주택가격이 하락세로 전환하게 된 직접적 원인이었지만, 주택가격이 하락하면 이제는 이 가격 하락이 연체를 더욱 촉진해 차압률을 더 높게 만든다. 왜냐하면 주택가격이 주택융자금보다 낮게 하락하면 상환 부담이 더욱 가중되기 때문이다.

2 초기 구제금융을 포함해 GM에 총 495억 달러, 크라이슬러에 총 108억 달러의 공적자금이 투입되었다. GM과 크라이슬러에 직접 고용되거나 부품공급업체 등 관련업체에 고용된 노동자는 300만 명에 달했다(포스너, 2013: 130~137).

3 한국도 2008년 10월 환율이 급등하고 거의 제2의 외환위기 직전까지 몰렸다. 하지만 12월 일본과, 2009년 3월 중국과 통화스와프를 체결함으로써 위기를 모면했다(그 당시 외환위기를 예언한 인터넷 논객 미네르바는 구속되었다).

4 이 과정에서 중국의 역할이 최근 재조명되고 있는데 중국이 대규모 경기부양책뿐 아니라 비공개 '양적완화'를 통해 막대한 돈을 풀었다는 것이 밝혀지고 있다. "(12월) 15일 블룸버그에 따르면, 인민은행 자산은 2003년 1월(=100)부터 지난달 말 사이에 9배 가까이 불어났다. 2007년 이후에는 더욱 가파르게 늘었다. 위안화를 찍어 시장에 풀면서 인플레이션 방지 차원에서 유동성을 흡수하는 작업(불태화)을 하지 않아서다. 전형적인 양적완화(QE) 기법이다. 더 놀라운 사실은 인민은행 자산이 공개적으로 양적완화를 선언한 미국과 일본은행보다 더 많이 늘어났다는 점이다. 같은 기간 미 연방준비제도이사회 자산은 6배 정도, 일본은행은 2.5배 정도 불었을 뿐이다." "중국, 은밀한 돈 풀기 … 또 71조 원 긴급 투입", ≪중앙일보≫, 2014년 12월 16일 자. 중국의 이러한 '양적완화'는 과잉투자·과잉생산을 통해 지난 7년간 중국의 경제성장률을 일정하게 유지함으로써 세계경제의 추락을 저지하는 데 크게 기여했지만, 이제는 그 후유증으로 세계경제 위기의 새로운 '뇌관'으로 작용하고 있다.

5 TRAP 특별감독관, 「Neil Barofsky 보고서」(2009.7.20).

6 '시퀘스터'는 연간 1100억 달러씩 10년간 총 1조 2000억 달러의 미 연방정부 지출을 자동 삭감하는 조치이다. 2008년 세계금융공황 이후 미국의 재정적자가 심해지자, 미국 의회는 2011년 8월 '예산관리법(Budget Control Act)'을 의결해, 연간 1100억 달러씩 10년간 총 1조 2000억 달러의 미 연방정부 지출을 자동 삭감하기로 했다. '시퀘스터'는 2013년 1월 1일 발동될 예정이었으나, 민주당과 공화당이 2013년 1월 초 재정절벽(fiscal cliff) 법안을 극적으로 통과시키면서 3월 1일로 기한을 두 달 연기했다. 3월 1일부터 발동된 '시퀘스터'로 미국 정부 예산은 국방비를 포함해 9월 30일 끝나는 2013년 회계연도 기준 850억 달러가 삭감되었다.

7 한국의 2012년 국가부채 비율은 GDP 대비 33.6%(446조 원)로 매우 낮으나, 한국토지주택공사(LH공사) 등 공기업 부채(442조 원)를 포함하면 65.9%에 달했다. 2011년 한국은행 발표에 따르면, 공적연금 부족액, 통화안정증권 등 공공부문 부채를 국가부채 산정에 포함하면 2011년 한국의 국가부채 비율은 기존 기준(IMF의 1986년 기준)으로는 34.4%이지만, 새 기준(IMF의 2001년 기준)으로는 106%에 달한다.

8 미국의 500대 기업 중심의 S&P 500 지수는 1차 양적완화로 2008년 12월 2일~2010년

3월 30일 사이 37.8% 올랐고, 2차 양적완화 기간이었던 2010년 11월 3일~2011년 6월 30일 사이에는 8.2% 올랐다. 2012년부터는 주가가 폭등해 선진국에서는 세계금융공황 이전을 능가하는 주가거품이 다시 조성되었다.

9 유로존 가입 나라는 2010년까지 16개국이었으나, 에스토니아가 2011년 1월 1일에, 라트비아가 2014년 1월 1일에, 리투아니아가 2015년 1월 1일에 가입해 현재 19개국, 약 3억 3000만 명이 넘는 사람들이 유로존에 속해 있다.

10 이는 일본의 역대 최고치 1973년 36%, 한국의 역대 최고치 1991년 38%를 능가한 비율이다(이정구, 2014 참조).

제5장 21세기 세계대공황의 전망

1 신흥 강대국은 중국, 러시아를 필두로 한 인도, 브라질, 남아공 등 브릭스 나라들을 주로 지칭한다. 특히 중국, 러시아는 급속한 자본주의적 발전을 통해 자원 확보, 상품 및 투자시장의 확보를 위한 자본수출, 이를 위한 정치·군사적 진출에 적극 나서고 있다. 또한 이 모든 측면에서 미국·유럽·일본 제국주의와 경쟁과 대립이 격화되고 있다는 점에서 신흥 제국주의적 성격이 강화되고 있음을 알 수 있다. 브릭스 나라들은 모두 경제력을 토대로 경제적·정치적·군사적으로 지역패권을 추구하고 있다는 점에서 어느 정도 제국주의적 성격을 띠고 있다고 볼 수 있다. 김어진(2012)은 초강대국, 즉 미국·유럽 제국주의에 일정하게 종속되면서도 지역패권을 추구하는 나라들을 아류(亞流)제국주의[또는 준(準)제국주의]나 소(小)열강으로 규정하고 있다. 김어진(2012)은 "지정학적인 중요성과 강대국의 원조, 시장지향적인 국가자본주의, 제국주의 중심부에 대한 경제적 의존 및 독자적으로 세계화 추구, 지역경제공동체 형성과 경제영토 확대, 군사적인 팽창 욕구" 등 5가지 지표를 기준으로 이를 모두 충족시키는 아류제국주의 국가군으로 브라질, 인도, 한국, 호주, 남아공, 터키를 제시한다. 그리고 지역에서의 군사패권 추구라는 좀 더 느슨한 규정으로 볼 경우 이스라엘, 파키스탄, 이란, 이집트 등도 아류제국주의 국가군에 포함시킨다. 김어진이 분류한 이 아류제국주의 나라들은 미국·유럽·일본 제국주의와 부분적 경쟁이나 갈등은 있지만(미 제국주의가 적대시하는 이란을 별도로 하면) 제국주의적 경쟁이나 대립 관계를 형성하고 있지 않다는 점에서 중국, 러시아와는 구별된다.

2 실제로 이 분노는 2011년 9월에 '월가를 점령하라(Occupy Wall Street: OWS)' 시위운

동으로 나타났고, 미국에서 시작해 전 세계로 확산되었다.

3 이 용어는 세계적인 외환투기꾼 조지 소로스(George Soros)가 돈을 내서 꾸린 연구 팀이 제시한 대안을 지칭한다(칼레츠키, 2011). 한국에서도 ≪조선일보≫, ≪동아일보≫ 등 보수언론에서 신자유주의의 위기와 그에 대한 대안으로 대대적으로 선전되었다. 자본주의 1.0 버전은 자유방임 시장주의, 자본주의 2.0 버전은 케인스주의이다.

4 2015년 3월 말~4월 초에 미-이란 간 핵동결 협상의 잠정 타결은 이러한 정세 변화를 반영하고 있다. 여러 요인들이 작용하고 있지만, 이슬람국가(IS)를 퇴치하기 위해 미-이란 공조가 불가피해지는 등 상황에 밀린 미 제국주의의 전술의 변화로 볼 수 있다. 그러나 예멘 내전에서 친이란 세력인 후티 반군이 친미 정권이었던 압드라부 만수르 하디(Abdrabuh Mansur Hadi) 예멘 대통령 세력을 축출하자 사우디아라비아가 주도하고 아랍연맹의 제후국들이 참여하는 연합군이 3월 26일 후티 반군에 대한 공습에 나서기 시작했다. 그리고 미국, 이스라엘, 터키, 파키스탄, 이집트 등이 이 연합군을 지지·지원하고 있다. 핵동결 협상의 잠정타결과 동시에 예멘에서 미-이란은 다시 대립하고 있는 것이다. 앞으로 예멘은 중동 지역에서 또 하나의 주요 전쟁터가 될 것으로 보인다. 이처럼 미-이란 핵동결 협상의 잠정타결은 중동 지역의 역동적인 정세 변화에 따라 그 향방이 매우 가변적일 것으로 보인다.

5 '새로운 미국의 세기를 위한 프로젝트'가 2000년 9월 발표한 「미국 방위 재구축 Rebuilding America's Defenses」이라는 보고서에서는 "현재 미국에 맞서는 세계적인 경쟁 상대는 없다. 미국의 거대 전략은 이러한 우위를 최대한 먼 미래에까지 보존하고 확대하는 데 목표를 두어야 한다"고 밝혔다. 21세기 미국의 주된 전략적 목표는 '팍스 아메리카나(Pax Americana)의 보존'이라는 것이고, 이를 위해 '해외 기지'와 전진 작전을 전 세계에 걸쳐 수립함으로써 '미국 안보 범위'를 확장할 필요가 있다는 것이다(포스터, 2008: 182~183).

6 우크라이나 사태에 관한 서구 언론과 이를 받아쓰는 국내 언론의 왜곡보도와는 다른 우크라이나 사태 전개에 관한 실체적 진실에 관해서는 다음의 글을 참조할 수 있다. Chossudovsky·Faulkner(2014.3.12); Engdahl(2014.3.16); Johnstone(2014.3.22); Marsden·Hyland(2014.4.7); Chossudovsky(2014.11.15).

7 미 제국주의의 '신냉전' 전략을 소개하는 다음 글을 참조할 수 있다. Friedman(2014. 4.8); GEAB(2014.3.16).

8 스웨덴의 스톡홀름 국제평화연구소(SIPRI)의 연례보고서에 따르면, 2013년 주요 강

대국의 GDP 대비 군비지출 비중은 미국 3.8%, 영국 2.3%, 프랑스 2.2%, 일본 1.0%, 중국 2.0%, 러시아 4.1%이다. "전 세계 군비지출 2년째 감소", ≪연합뉴스≫, 2014년 4월 14일 자.

9 서구의 주류 언론과 이를 그대로 받아쓰는 국내 언론의 보도와는 다른 '우산혁명'의 실체적 진실에 관해서는 Cartalucci(2014.10.5; 2014.11.7)과 Korybko(2014.10.5)를 참조할 수 있다.

10 동아시아 지역에서의 미 제국주의 신냉전 전략은 중국에 대한 봉쇄, 고립화를 추구하고 있기 때문에, 한반도는 '신냉전' 체제의 최전선으로 재규정될 것이다. 이는 과거 한반도에 분단체제가 고착화된 것이 '냉전체제'의 산물이었던 것과 유사하다. 또한 최근 유라시아 서쪽에서의 우크라이나 사태와 내전이 미 제국주의의 러시아에 대한 봉쇄, 고립화를 추구하는 '신냉전' 전략의 산물인 것과 똑같다. 제주 해군기지 건설 문제, 그리고 최근의 고고도 미사일 방어체계인 사드(Terminal High Altitude Area Defense: THAAD)의 한국 배치 문제도 이런 맥락에서 추진되고 있다. 따라서 한국의 재벌들이 21세기 대공황하에서 하나의 경제적 출구로서 남북경협을 적극 추진하려고 하지만, 미 제국주의의 '신냉전' 전략에 의해 봉쇄되고 있다. 미 제국주의에 종속된 한국의 지배세력은 자신의 경제적 이해관계에도 불구하고 미 제국주의의 정치·군사적 요구에 굴복하고 있다. 이러한 모습은 아시아인프라투자은행(AIIB) 참여 문제에서도 선명하게 드러났다. 2014년 7월 3일 중국의 시진핑(習近平) 주석이 한국을 방문했을 때 겉으로는 환대를 받았지만 사실상 빈손으로 돌아갔다. 일본의 과거사 왜곡에 맞서 한중 공동전선을 펴는 것을 공동성명에 넣지 못했고, 중국이 주도하는 AIIB에 한국의 참여를 요청했으나 답변을 받지 못했다. 두 문제 모두 미 제국주의에 의해 한국이 참여하지 못하도록 공개적으로 제동이 걸렸기 때문이다. 한국이 뒤늦게 AIIB에 참가 신청을 하게 된 것은 미 제국주의의 주요 유럽 동맹국인 영국, 독일, 프랑스, 이탈리아 등이 모두 AIIB 참가 신청을 한 이후였다. 이처럼 미 제국주의의 중국에 대한 '신냉전' 전략의 구사는 남북관계는 물론 한국경제의 미래를 직접적으로 규정하게 될 것이다.

11 지배세력의 이러한 속내는 지난 2008년 세계금융공황 발발 시 영국 수상 고든 브라운(Gordon Brown)에 의해 실제로 그대로 표명된 바 있었다(Brown, 2013.10.7).

12 베네수엘라의 볼리바르 혁명에 대해서는 전태일을 따르는 민주노동연구소(2007a), 조돈문(2009)을 참조할 수 있다.

13 2009년 9월 아프리카-남미 정상회의(ASA)는 세계대공황이라는 위기와 제국주의의

침략 공세에 맞선 반제국주의 남남협력(南南協力)이 급속하게 확대·발전하고 있음을 보여주었다. 베네수엘라의 마르가리타 섬에서 아프리카 49개국, 남미 12개국 등 61개국 대표들이 참가한 아프리카-남미 정상회의는 몇 가지 중요한 결정을 했다. 제국주의의 지배와 수탈에 맞서 싸울 것이라는 반제국주의 입장을 명확하게 선언하면서, 남반구 민중의 단결을 증진하기 위한 남반구 라디오 창설, 남미은행 개설 합의, UN 안보리의 민주적 개혁 요구 등을 결의했다. 이러한 성과를 토대로 베네수엘라 차베스 대통령은 2009년 11월 19일부터 21일까지 베네수엘라 수도 카라카스에서 열린 '좌파 정당들의 국제회합'에서 제5인터내셔널 소집을 호소했다. 이 국제회합에는 39개 나라 55개 정당 및 조직들이 참가했다. 이 국제회합에서 "제국주의에 대항한 투쟁, 자본주의를 전복하고 사회주의를 건설하기 위한 공통 전략을 조화시킬 수 있는, 사회주의를 지향하는 정당, 사회운동 및 흐름들을 위한 공간으로서 제5인터내셔널"의 창립을 지지하는 특별 결의안이 대다수의 대표들에 의해 승인되었다. 그리고 제5인터내셔널 창립회의를 2010년 4월 카라카스에서 개최하기로 결의했다. 이 국제연대 흐름은 여러 이유로 결실을 맺지 못하고 무산되었다. 이러한 시도는 2008년 세계대공황의 발발 이후 미국·유럽 제국주의의 제3세계 침략전쟁 위협에 직면해 민족해방을 추구하는 급진적 민족주의 세력에서부터 혁명적 사회주의 세력에 이르기까지 광범하게 결집하는 반제국주의·반자본주의 통일전선적 성격의 국제연대조직을 모색한 것이었다. 이에 대한 간략한 소개는 박승호(2010)를 참조할 수 있다.

14 이후 집회는 2012년 7월 6일 15만 명, 7월 13일 15만 명, 7월 20일 9만 명, 7월 29일 20만 명 등이다.

15 예컨대, 한국의 경우 부채에 의존해 생존해가고 있는 이른바 좀비기업[한 해 벌어 이자마저 갚지 못하는 이자보상배율(Interest Coverage Ratio) 100% 미만의 기업]이 한국은행의 조사에 따르면 2014년 전체 기업의 31.9%를 차지했다. "저금리 불구 기업 투자 줄고 좀비기업만 활개", ≪매일경제≫, 2015년 4월 28일 자.

16 이 보고서는 스위스 국제통화금융연구센터(ICMB)와 영국 경제정책연구센터(CEPR)이 매년 발간하는 연간보고서로 2014년 9월 29일 발표되었다.

17 "高부채·低성장 세계 경제 … 다시 위기 빠질 수도", ≪한국경제≫, 2014년 9월 30일 자.

18 "맥킨지 '한국, 가계 빚 더 악화 … 7대 취약국가' 경고", ≪이데일리≫, 2015년 2월 5일 자.

19 유럽중앙은행의 이번 결정은 양적완화 정책에 반대하는 독일과 타협한 것이었다. 국

채 등 매입의 80%를 유럽중앙은행이 직접 매입하는 것이 아니라 19개 각국의 중앙은행이 매입하기로 한 것이다. 이는 국채 등의 매입으로 인한 손실 등의 위험을 유로존 차원에서 공동으로 책임지는 것이 아니라 각국이 각자 책임지는 방식이다. 그래서 이 결정은 21세기 대공황이 심화되는 상황에서 유로존의 향방에 중요한 영향을 미칠 것이다. 유로존의 정치적 통합을 강화하기보다는 민족주의를 강화하는 방향으로 작용할 것이다. 왜냐하면, 유로 단일통화에 의한 통화동맹을 완성하기 위해서는 부채 공동관리(debt mutualisation)의 방향으로 나아갈 것이 요구되는데, 이번 결정은 정반대로 부채의 각국의 부담과 책임을 강조한 것이기 때문이다. 유럽중앙은행의 이번 결정이 갖는 정치적 함의가 장기적으로 유로존 내에서 민족주의를 강화하고 유로존을 해체하는 방향으로 작용할 것이라는 분석으로는 Beams(2015.1.23)와 Freedman(2015.1.20)을 참조할 수 있다.

20 디스인플레이션이 시간이 흐를수록 물가상승률이 낮아지는 현상이라면, 로플레이션은 물가가 디스인플레이션 단계를 거쳐 안정목표보다 현저하게 낮게 형성되어 지속되는 현상을 말한다. 즉, 디플레이션 전(前) 단계이다.

21 미국 주요 대도시의 주택가격 상승이 투기적 성격을 띤다는 것은 주택거래의 1/3이 사모펀드 등을 통해 투자회사들이 차압되어 경매에 나온 값싼 주택을 사들인 것이라는 데서 확인된다. 이 투자회사들은 구입한 주택을 임대하고, 그 임대료를 근거로 파생금융상품을 만들어 높은 수익을 올리고 있다. 이와 관련된 구체적인 자료에 대해서는 Snyder(2013.4.30)와 Gottesdiener(2014.6.24)를 참조할 수 있다.

22 그림 4.1의 금값의 역사적 추이'에서 드러나듯이, 2011년 9월을 정점으로 금값이 하락하고, 특히 2013년 4월 금값이 폭락하게 된 것은 미 중앙은행인 연준과 미국의 주요 은행들이 함께 여러 방법으로(예컨대, 금 선물시장 개입 등) 금값을 조작한 결과이다. 미 연준과 주요 은행들은 이러한 금값 조작을 통해 양적완화로 인한 달러가치 폭락을 저지했다. 이에 관한 폭로에 대해서는 Roberts·Kranzler(2014.1.18)를 참조할 수 있다.

23 57개국은 아시아 34개국, 유럽 20개국, 아메리카 1개국(브라질), 아프리카 2개국(이집트, 남아프리카공화국) 등으로 구성되어 있다.

24 RCEP은 2015년 2월 제7차 협상이 개최되었고, 2015년 말 협상 타결을 목표로 역내 국가 간의 포괄적이고 높은 수준의 FTA 협상을 추진 중이다. 2015년에는 7차 협상을 포함한 네 차례 공식 협상과 두 차례 장관급 회의 및 한 차례 정상회담 개최가 예정되

어 있다.

25 FTAAP는 장기적 과제로 추진되는 것으로, 2016년 말까지 회원국 공동연구 결과물을 만들어내는 것이 목표이다.

26 '신실크로드' 전략 또는 '일대일로(一帶一路)'는 중국-중앙아시아-유럽을 연결하는 육상 '실크로드 경제벨트'와 중국과 동남아시아에서 서남아시아를 거쳐 아프리카와 유럽을 잇는 '21세기 해상 실크로드'를 건설하는 중국의 '전략 로드맵'이다. 중국 국제금융유한공사에 따르면, 중국 정부는 이 '일대일로'에 향후 10년간 1조 6000억 달러를 투자할 것으로 추산된다. 이는 중국판 '패권전략'으로 지구적 불황 속에서 막대한 자본 투자처가 될 것이다. 아시아인프라투자은행(AIIB)도 중국의 이 전략과 연계해서 중국 주도로 설립되고 있다. AIIB는 통합적인 지역개발을 지향해서 건설·토목 인프라뿐 아니라 전력·상하수도·통신 등 생활에 필요한 거의 모든 인프라 건설자금 공급에 나설 것으로 전망된다. 영국, 독일, 프랑스 등 미국의 주요 유럽 동맹국들과 한국, 호주 등이 미국의 반대에도 불구하고 AIIB에 창립회원국이 되려고 하는 것은 AIIB를 통해 거대한 투자기회를 확보하기 위해서이다.

27 중국과 러시아의 관계는 미 제국주의의 패권 유지 전략에 따라 두 나라에 대한 미국의 견제와 포위 공세에 의해 미 제국주의에 맞선다는 양국 공동의 이해관계가 형성됨으로써 2000년대 이후 급속히 가까워졌다. 1994년 중국과 러시아의 관계는 "건설적 동반자 관계"로 명명되었다. 그 후 1996년 양국의 관계는 "21세기를 지향하는 상호협력의 …… 전략적 동반자" 관계로 격상되었다. 2001년 부시 정권이 들어서면서 미국의 「국방검토보고서」에서 중국을 "전략적 경쟁자"로 재규정하고 미국이 중국에 대해 공격적 태도를 취하기 시작하면서 중국과 러시아 관계는 가까워지기 시작했다. 2001년 6월, 중국, 러시아, 그리고 중앙아시아 4개국은 지역 안정에 대한 일반적 위협들(특히 이슬람 분리주의 운동)을 다루는 포럼인 상하이협력기구(SCO)를 공식 발족했다. 그리고 2001년 7월 중국과 러시아는 다극적 국제질서에 대한 양국의 지지를 재확인하는 협정인 '선린우호협력조약'을 맺었다. 9·11 사건과 특히 이라크 전쟁으로 미국이 발이 묶여 있는 사이에 중국과 러시아의 관계는 더욱 긴밀해졌다. 2005년 양국 군대는 1950년대 말 중국-러시아 관계 단절 이래 처음으로 연합전쟁가상훈련('평화의 사명 2005')을 실시했다. 또 2009년 중국과 러시아의 주도로 첫 브릭스 정상회의를 개최하고 매년 정례화했다(굴릭, 2012: 208~221쪽 참조). 2012년 미 제국주의가 일본을 앞세워 센카쿠 열도(댜오위다오)를 둘러싼 영토분쟁을 일으키고, 2013년 말 미-유럽

제국주의가 우크라이나 사태를 도발하는 등의 과정에서 중국과 러시아의 공동의 이해관계는 더욱 강화되었다. 무엇보다도 양국관계가 정치군사적 동맹관계에서 경제동맹관계로 더욱 심화되는 결정적 계기는 우크라이나 사태였다.

28 메자로스(István Mészáros)는 베트남 전쟁의 함의로서 세계자본주의의 현 발전단계에서 국지전(局地戰)이 더 이상 경제위기의 돌파구가 될 수 없음을 도출한다. 구체적인 내용은 Mészáros(2008) 참조.

29 "우리 앞에는 이스라엘을 파괴하고 싶다고 선언한 이란 지도자가 있다. 하여 우리는 만약 당신이 제3차 세계대전을 피하는 데 관심이 있다면 그들이 핵무기 제조에 필요한 지식을 확보하지 못하게 하는 데 관심을 가져야 할 것이라고 말했다. 나는 핵무기를 보유한 이란의 위험을 매우 심각하게 받아들이고 있다." 조지 부시(George W. Bush), *Huffington Post*, October 17, 2007. 초스도프스키(2012: 29)에서 재인용.

30 "현재 중동·중앙아시아 지역에는 세 개의 분리된 전구(戰區)가 있다. 이라크, 아프가니스탄-파키스탄, 팔레스타인이 그것이다. 이란이 동맹군들에 의한 '선제적' 공습의 목표가 된다면, 지중해 동부로부터 아프가니스탄과 파키스탄에 국경을 맞대고 있는 중국 서부전선까지 그 지역 전체가 불타오르게 될 것이다. 그것은 잠재적으로 우리를 제3차 세계대전의 시나리오로 이끌고 간다. 그 전쟁은 또한 레바논과 시리아로 확대될 것이다"(초스도프스키, 2012: 96).

31 예컨대, "자본주의가 변하는 만큼, 자본주의 세계의 전쟁들도 변한다는 것이다. 1914년의 세계에서는 대부분의 유럽인들은 소비의 주체였다기보다는 주로 생산의 주체였다. 가난한 노동자나 농민, 수공업자들을 총동원해 전선으로 보내고 공장 등에서의 빈자리를 여성 등으로 채우는 것은 그때만 해도 가능했다. 그러나 오늘날의 대중적 소비 위주의 경제에서는, 100년 전과 같은 총동원은 곧바로 경제의 빈사 상태를 초래할 것이다. 더군다나 미국과 러시아, 중국 등 핵 보유국들 사이의 총동원 전쟁은, 핵전쟁 등 지구 자멸 사태로 이어질 확률도 크다. 지배자들이 이러한 사태까지 원할 만큼 제정신을 잃은 것은 결코 아니다. 그러기에 세계전쟁의 형태도 변했다. 100년 전과 같은 정면충돌은 완충지대에서의 대리전 등의 형태로 바뀐 것이다." 박노자, "제3차 세계대전은 지금 진행 중", ≪한겨레≫, 2014년 9월 31일 자.

32 "미 육군, 속칭 '제3차 세계대전 시나리오' 작성", ≪연합뉴스≫, 2014년 10월 16일 자.

33 21세기 사회주의는 자본주의를 넘어선 대안으로서의 사회주의이며, 20세기 현실 사회주의의 실패를 비판적으로 성찰한 사회주의를 말한다. 이에 관한 풍부한 논의에 대

해서는 메자로스(2012)를 참조할 수 있다.

부록 21세기 한국경제의 살 길은 재벌체제의 실질적인 해체와 대기업의 사회화다

1 금권정치의 구체적인 실상에 대해서는 김용철(2010)을 참조할 수 있다.

2 2015년 들어 한국경제도 심각한 경제불황 조짐이 구체화되자 박근혜 정부가 전례 없이 '소득주도 성장'을 운운하며 기업들의 임금인상을 촉구하고 최저임금 인상을 언급하고 있다. 그런데 정부의 이러한 요구에 대해 재벌들은 천문학적인 이윤을 남기면서도 위기라며 '임금동결'을 선언하는 한편, 국제경쟁력 저하를 명분으로 내세워 최저임금 인상조차도 거부하고 있다. 재벌들의 독점적 이윤은 바로 중소·하청기업들에 대한 가혹한 수탈에 기초하고 있기 때문이다. 최저임금 인상이나 중소·하청기업의 임금인상은 재벌들의 독점이윤을 직접적으로 잠식하는 것이다.

3 정부는 비정규직 규모를 608만 명(32.4%)으로 추정하나, 이는 정부가 분류를 잘못한 것으로 852만 명(45.4%)이 맞다고 한다. 그런데 통계청의 경제활동인구조사 부가조사에서 사내하청 노동자들을 정규직, 특수고용노동자들을 자영업자로 잘못 분류하고 있기 때문에 실제 비정규직 규모는 50% 선을 넘어설 것이라 한다(김유선, 2014b). 또한, 300인 이상 대기업에서 일하는 비정규직은 191만 명(43.8%)으로 간접고용이 148만 명(33.9%), 직접고용이 43만 명(9.9%)으로 구성되어 있다. 그리고 300인 이상 대기업에서도 기업규모가 클수록 비정규직 비율이 더 높다(김유선, 2014a).

4 통계청이 2014년 11월 12일 발표한 고용동향에 따르면, 대학 졸업 후 공무원시험 등 각종 '고시'를 준비하는 사람, 정규직을 원하는 편의점 아르바이트생, 구직 단념자 등을 포함한 '사실상 실업률'은 2014년 10월 기준 10.1%로 공식 실업률(3.2%)의 3배가 넘었다. '사실상 실업자'는 10월 기준 287만 5000명으로 공식 실업자(85만 8000명)를 크게 웃돌았다.

5 15~24세 청년층 고용률의 OECD 평균은 39.3%, G7은 42.4%였으나 한국은 24.2%로 G7의 절반 수준에 그쳤다. 한국의 청년층 고용률은 유로존(31.3%)보다도 한참 낮다. 반면 55~64세 노년층 고용률은 한국이 64.7%에 달해 OECD 평균(56.5%)과 유로존(50.3%)은 물론 G7 국가들(59.7%)보다도 5.0%포인트 높았다. 한국의 고용구조가 청년층은 취업난에 시달리고 노년층은 생계 문제로 일을 계속해야 하는 현실이 다시 확인된다. "한국 청년층 고용률 G7의 절반 수준", ≪아시아투데이≫, 2014년 2월 2일 자.

6 한국의 65세 이상 노인의 빈곤율은 2012년 기준 48.5%로 OECD 가입국 중 가장 높으며, 65세 이상 노인 자살률 역시 2011년 기준 인구 10만 명당 81.9명으로 1위를 차지했다. 이는 미국(14.5명)의 5.6배, 일본(17.9명)의 4.7배에 달하는 수치다. 또한 이처럼 높은 노인 자살률은 한국이 10년째 OECD 가입국 중 가장 높은 자살률을 보이는 주요 이유이기도 하다. 노인의 빈곤이 자살로 이어지고 있는 것이다. "한국 자살률 10년째 OECD 1위", ≪가톨릭신문≫, 2014년 7월 13일 자; "노인 빈곤율 50% 육박", ≪온라인 중앙일보≫, 2015년 1월 21일 자.

7 세계 1위 컨설팅 회사 맥킨지가 최근 한국경제를 '잠재적 가계부채 위험국'으로 분류하고 가계부채 위험성을 경고했다. 맥킨지글로벌연구소(MGI)는 2015년 2월 5일(현지 시간) 「부채와 (많지 않은) 디레버리징」이라는 제목의 보고서를 통해 "2007년 글로벌 금융위기는 당시 가계부채 비율이 높은 상태에서 급격하게 주택가격이 하락하면서 발생했다"며 "(그럼에도) 한국과 캐나다, 호주의 가계부채는 2007년 이후 빠르게 늘고 있다"고 지적했다. 맥킨지는 한국과 네덜란드, 캐나다, 스웨덴, 호주, 말레이시아, 태국을 가계부채 부문 '잠재적 취약국가'로 분류했다. "맥킨지 '한국, 가계 빚 더 악화 … 7대 취약국가' 경고", ≪이데일리≫, 2015년 2월 5일 자.

8 이 가운데 4대 그룹의 유보금이 394조 2300억 원으로 10대 그룹 유보금의 78.2%를 차지한다. 즉, 삼성 196조 7100억 원, 현대차 102조 1500억 원, SK 53조 500억 원, LG 42조 3200억 원이다.

9 대기업뿐만 아니라 중소기업 등 한국경제 전체에서 부실기업이 증가하고 부실화가 갈수록 심해지고 있다. 최근 한국금융연구원의 한 보고서에 따르면, 이자보상배율이 1배 이하 기업의 비중은 2010년 21%까지 떨어졌다가 계속 증가해 2013년 28%를 기록해 기업부문의 부실이 심화된 것으로 나타났다. 2013년 현재 상장기업의 20%인 334개사가 2년 연속, 12%인 213개사가 3년 연속 1배 이하를 기록하고 있다. 한편, 부채 비율을 살펴보면, 2013년 현재 상장기업의 15%인 257개사가 2년 연속, 12%인 205개사가 3년 연속 200% 이상을 기록하고 있다. 그리고 이자보상배율 1배 이하인 동시에 부채 비율 200% 이상인 이중 부실기업은 2010년 상장기업의 6.2%인 93개사에서 2013년 10.1%인 177개사로 크게 증가했다. 또한 이중부실 상태가 3년간 지속된 만성 부실기업 비중은 2010년 0.9%에서 2013년 3.4%로 크게 증가했다. 이들 만성 부실기업들은 단기부채 비중이 높아 유동성위험에 노출된 상태인데, 이들 기업이 기업부문 총 단기차입금에서 차지하는 비중은 2010년 0.9%에서 2013년 7.8%로 대폭 증가했

다. 만성 부실기업의 수익성과 재무건전성은 매우 열악해서 상장폐지 기업에 가까운 수준으로 나타나며 부도 위험성이 매우 크다(이지언, 2015).

10 대중국 무역의존도는 2014년 현재 수출의 26.1%, 소재부품 수출의 35%를 차지하고 있고, 갈수록 심화되고 있다. 또한 한국은 부가가치 자체 조달 비중이 점차 감소하고 있는 가운데, 해외 부가가치 조달국은 일본에서 중국으로 점차 전환하고 있다. 1995~2011년 사이 한국의 최종 수요에 대한 부가가치 중 국내에서 자체로 조달하는 비중은 62.8%에서 56.6%로 점진적으로 감소했는데, 같은 기간 중국으로부터 조달하는 부가가치의 비중은 1.8%에서 10.3%로 대폭 증가한 반면, 일본으로부터 조달하는 부가가치 비중은 12.0%에서 8.5%로 감소했다. 한편, 2013년 현재 국내 서비스수지는 중국(34억 9000달러), 중동(33억 7000달러), 중남미(19억 달러) 등 순으로 중국과의 서비스무역에서 가장 큰 흑자를 냈다. 또 최근 2년간 한국의 여행수지 흑자 대상국은 중국, 일본뿐이며 특히 중국은 우리의 최대 여행수지 흑자국으로 부상했다. 2013년 현재 한국의 대중국 여행 수입은 약 41억 달러로 지난 1998년 약 3억 달러에 비해 14 배 급증해 한국의 대중국 여행수지가 2012년부터 흑자로 전환했으며, 2013년에는 20 억 2000달러로 최대 흑자를 기록했다. 2012~2013년 누적 기준으로 대중국 서비스수지 흑자 중 여행수지 흑자 비중은 약 70%에 이른다. 다른 한편, 국내 거주자의 외화예금은 2014년 10월까지 잔액 기준으로 미 달러는 384억 달러로 전체 외화예금의 약 60%이고, 위안화는 전체의 32.7%인 217억 달러로 지난 2011년 말 8000달러(0.3%)보다 약 270배 급증했다. 국내 주식 및 채권시장으로 유입된 중국 자금은 2014년 9월까지 잔액 기준 약 24조 원으로 전체의 4.4%를 차지해 전체 국내 투자국들 중 5위(미국이 35.5%로 1위)에 머무르고 있으나, 추세적으로는 중국 자금의 유입이 급증하고 있다. 2014년 1~9월까지만 보면 국내 주식 및 채권 시장 유입 자금 중 중국 자금 비중은 약 27%에 달했다(현대경제연구원, 2014).

11 프랑스에서는 대위기가 아닌 일상적 상황에서도 1982년 미테랑 사회당 정부가 르노 자동차 등 기간산업에 대한 대대적인 국유화 조치를 단행한 후 국민세금을 투입해 국제경쟁력이 뒤떨어진 대기업들의 현대화를 추진했고, 나중에 다시 사유화했다. 이처럼 대기업이나 은행의 국유화는 자본주의체제에서도 그렇게 급진적인 것이 아니다. 필요하거나 위기에 처할 때 자주 사용되는 방법이다.

12 한국사회 변혁의 이행강령에 대한 더욱 풍부한 모색은 전태일을 따르는 민주노동연구소(2007b)를 참조할 수 있다.

21세기 대공황의 시대

참고문헌

굴릭, 존(John Gulick). 2012. 「중국과 러시아의 지경학적 통합: 자원이 부족한 지구에서 중국의 헤게모니」. 『중국, 자본주의를 바꾸다(China and the Transformation of Global Capitalism)』. 하남석 외 옮김. 미지북스.

김기원. 2005. 「'삼성독재'의 현실과 개혁 방향」. ≪역사비평≫, 통권 제72호(가을).

김낙년. 2014. 「한국의 개인소득 분포: 소득세 자료에 의한 접근」. 낙성대경제연구소. ≪Woking Paper≫, 제8호.

김성구. 2011. 「신자유주의 금융위기와 순환적 공황」. 『현대자본주의와 장기불황: 국가독점자본주의론의 시각』. 그린비.

김수행. 2011. 『세계대공황: 자본주의의 종말과 새로운 사회의 사이』. 돌베개.

김수행·장시복 외. 2012. 『정치경제학의 대답: 세계대공황과 자본주의의 미래』. 사회평론.

김어진. 2012. 「제국주의 이론을 통해 본 한국 자본주의의 지위와 성격에 관한 연구: 한국 자본주의의 아류제국주의적 성격을 중심으로」. 경상대학교 대학원 정치경제학과 박사학위논문.

김용철. 2010. 『삼성을 생각한다』. 사회평론.

김유선. 2014a. 「300인 이상 대기업 비정규직 규모: 고용형태 공시제 결과(2014년 3월 현재)」. ≪KLSI 이슈페이퍼≫, 제19호.

_____. 2014b. 「비정규직 규모와 실태: 통계청, '경제활동인구조사 부가조사'(2014.8) 결과」. ≪KLSI 이슈페이퍼≫, 제22호.

뒤메닐(Gérard Duménil)·레비(Dominique Lévy). 2014. 『신자유주의의 위기: 자본의 반격 그 이후(The Crisis of Neoliberalism)』. 김덕민 옮김. 후마니타스.

라모네, 이냐시오(Ignacio Ramonet). 2003. 『21세기 전쟁(Guerres Du XXIE Siècle)』. 최연구 옮김. 중심.

라잔, 라구람(Raghuram G. Rajan). 2011. 『폴트라인: 보이지 않는 균열이 어떻게 세계 경제를 위협하는가(Fault Lines)』. 김민주·송희령 옮김. 에코리브르.

마르크스, 카를(Karl Marx). 2004a. 『자본론 2(Capital II)』. 김수행 옮김. 비봉출판사.

_____. 2004b. 『자본론 3(Capital III)』. 김수행 옮김. 비봉출판사.

마하잔, 라울(Rahl Mahajan). 2002. 『21세기 십자군 전쟁: 무한정의, 무한전쟁, 문명의 십자로를 넘어(The New Crusade: America's war on terrorism)』. 유강은 옮김. 미토.

맑스코뮤날레 집행위원회 엮음. 2013. 『세계자본주의의 위기와 좌파의 대안』. 한울.

맥널리, 데이비드(David McNally). 2011. 『글로벌 슬럼프: 위기와 저항의 글로벌 정치경제 이야기(Global Slump: The Economics and Politics of Crisis and Resistance)』. 강수돌·김낙중 옮김. 그린비.

메자로스, 이스트번(István Mészáros). 2012. 『21세기 사회주의(The Challenge and Burden of Historical Time)』. 전태일을 따르는 민주노동연구소 옮김. 한울.

박승호. 2010. 「제5 사회주의 인터내셔널에 대한 차베스의 역사적 호소」. ≪문화과학≫, 통권 제61호(봄).

_____. 2015. 『좌파 현대자본주의론의 비판적 재구성』(2판). 한울.

브레너, 로버트(Robert Brenner). 2002. 『붐 앤 버블(The Boom and the Bubble)』. 정성진 옮김. 아침이슬.

송원근. 2008. 「삼성의 경제력과 성장의 그늘」. 『한국사회, 삼성을 묻는다』. 후마니타스.

시바야마 게이타(柴山桂太). 2013. 『조용한 대공황』. 전형배 옮김. 동아시아.

실러, 로버트(Robert J. Shiller). 2014. 『비이성적 과열(Irrational Exuberance)』. 이강국 옮김. 알에이치코리아.

아글리에타, 미셸(Michel Aglietta). 2009. 『위기, 왜 발발했으며 어떻게 극복할 것인가?(La Crise: Pourquoi en est-on arrivé là? Comment en sortir?』. 서익진 옮김. 한울.

아리기, 조반니(Giovanni Arrighi). 2009. 『베이징의 애덤 스미스(Adam Smith in Beijing)』 강진아 옮김. 길.

암스트롱(Philip Armstrong)·글린(Andrew Glyn)·해리슨(John Harrison). 1993. 『1945년 이후의 자본주의(Capitalism Since 1945)』. 김수행 옮김. 동아출판사.

위평량. 2014. 「재벌 및 대기업으로 경제력 집중과 동태적 변화 분석(1987~2012)」. ≪경제개혁리포트≫, 제2호.

이상호. 2011. 「한국 자동차산업 불공정 하도급관계의 실태와 정책대안: 현대자동차의 사례를 중심으로」. ≪마르크스주의 연구≫, 제8권, 제2호.

이수정 외. 2013. 「상호출자제한기업집단의 연결재무비율 분석」. ≪경제개혁리포트≫, 제

14호.

이정구. 2014. 「중국경제: 세계 자본주의의 또 다른 불안 요소」. 제3차 한중 마르크스주의 연구자회의 발표논문(2014.10.24~25). 경상대 사회과학연구원.

이지언. 2015. 『최근 기업부문 건전성 분석을 통한 금융 안정성 평가와 시사점』. ≪KIF 연구보고서≫, 3월호.

정성진. 2012. 「2007~2009년 글로벌 경제위기와 마르크스주의 공황론」. 『정치경제학의 대답』. 사회평론.

전태일을 따르는 민주노동연구소. 2007a. 「'21세기 사회주의' 혁명, 민중이 만들어가다!」. 베네수엘라 방문조사 보고회 자료집(9월).

_____. 2007b. 「'사회주의 이행'(연대사회 건설) 12대 강령 시안 발표회 자료집」(10월).

조돈문. 2009. 「베네수엘라 차베스 정권의 변혁성과 체제이행의 정치」. ≪동향과 전망≫, 제77호.

초프도프스키, 미셸(Michel Chossudovsky). 1998. 『빈곤의 세계화: IMF 경제신탁통치의 실상(The Globalization of Poverty: Impacts of IMF and World Bank Reform)』. 이대훈 옮김. 당대.

_____. 2002. 『전쟁과 세계화: 9·11 배후의 진실(War and Globalization. Centre for Research on Globalization)』. 김현정 옮김. 민.

_____. 2012. 『제3차 세계대전 시나리오: 다가오는 이란전쟁과 그 위험(Towards a World War III Scenario: The Dangers of Nuclear War. Centre for Research on Globalization)』. 박찬식 옮김. 한울.

칼레츠키, 아나톨(Anatole Kaletsky). 2011. 『자본주의 4.0(Capitalism 4.0: The Birth of a New Economy)』. 위선주 옮김. 컬처앤스토리.

캘리니코스, 알렉스(Alex Callinicos). 2010. 『무너지는 환상: 2008년 경제위기 이후 세계는 어떻게 달라지는가(Bonfire of Illusions: The Twin Crises of the Liberal World)』. 이수현·천경록 옮김. 책갈피.

클라이먼, 앤드루(Andrew Kliman). 2012. 『자본주의 생산의 실패: 세계대침체의 원인(The Failure of Capitalist Production: Underlying Causes of the Great Recession)』. 정성진·하태규 옮김. 한울.

클라크, 사이먼(Simon Clarke). 2013. 『마르크스의 공황이론(Marx's Theory of Crisis)』. 장시복 옮김. 한울.

포스너, 리처드(Richard A. Posner). 2013. 『포스너가 본 신자유주의의 위기(The Crisis of 08 and the Descent into Depression)』. 김규진·김지욱·박동철 옮김. 한울.

포스터, 존 벨라미(John Bellamy Foster). 2008. 『벌거벗은 제국주의: 전 지구적 지배를 추구하는 미국의 정책(Naked Imperialism: America's Pursuit of Global Hegemony)』. 박종일·박선영 옮김. 인간사랑.

포스터(John Bellamy Foster)·맥도프(Fred Magdoff). 2010. 『대금융위기(The Great Financial Crisis: Cause and Consequences)』. 박종일 옮김. 인간사랑.

하먼, 크리스(Cris Harman). 2012. 『좀비 자본주의: 세계경제 위기와 마르크스주의(Zombie Capitalism: Global Crisis and the Relevance of Marx)』. 이정구·최용찬 옮김. 책갈피.

하비, 데이비드(David Harvey). 2012. 『자본이라는 수수께끼(The Enigma of Capital and the Crises of Capitalism)』. 이강국 옮김. 창작과 비평사.

현대경제연구원. 2014. 「한국경제의 대중국 의존도 현황과 시사점」. ≪경제주평≫, 통권 제619호.

홉스봄, 에릭(Eric Hobsbaum). 1997. 『극단의 시대: 20세기의 역사(Age of Extremes: the Short Twentieth Century, 1914~1991)』. 이용우 옮김. 까치.

홍호펑(孔誥烽) 외. 2012. 『중국, 자본주의를 바꾸다(China and the Transformation of Global Capitalism)』. 하남석 외 옮김. 미지북스.

Beams, Nick. 2015.1.23. "Financial markets celebrate European Central Bank launch of €1 trillion quantitative easing program." *WSWS*. retrieve from https://www.wsws.org/en/articles/2015/01/23/bank-j23.html

Brown, Ellen. 2013.10.7. "Martial Law and the Economy: Is Homeland Security Preparing for the Next Wall Street Collapse?" *Global Research*. retrieve from http://www.globalresearch.ca/martial-law-and-the-economy-is-homeland-security-preparing-for-the-next-wall-street-collapse/5353267

Cartalucci, Tony. 2014.10.5. "Hong Kong 'Occupy Central' Protest Scripted in Washington. Leaders Mislead Grassroots." *Global Research*. retrieve from http://www.globalresearch.ca/hong-kong-occupy-central-protest-scripted-in-washington-leaders-mislead-grassroots/5406352

_____. 2014.11.7. "'Hong Kong Occupy Central's' Dirty Money, Leaders engaged in Unethical 'Shadow Funding'." *Global Research*. retrieve from http://www.globalresearch.ca/hong-kong-occupy-centrals-dirty-money-leaders-engaged-in-unethical-shadow-funding/5412515

Chossudovsky, Michel. 2014.11.15. "Malaysian Airlines MH17 Downed by Ukrainian Military Aircraft. Kiev Regime False Flag." *Global Research.* retrieve from http://www.globalresearch.ca/malaysian-airlines-mh17-downed-by-ukrainian-military-aircraft-kiev-regime-false-flag/5414173

Chossudovsky, Michel and Bonnie Faulkner. 2014.3.12. "Ukraine's 'Democratic' Coup D'état: Washington's 'Neo-Nazi Neoliberal' Proxy Government." *Global Research.* retrieve from http://www.globalresearch.ca/ukraines-democratic-coup-detat-washingtons-neo-nazi-neoliberal-proxy-government/5373073

Engdahl, F. William. 2014.3.16. "Ukraine Protests Carefully Orchestrated: The Role of CANVAS, US-Financed 'Color Revolution Training Group'." *Global Research.* retrieve from http://www.globalresearch.ca/ukraine-protests-carefully-orchestratedthe-role-of-canvas-us-financed-color-revolution-training-group/5369906)

Foley, Duncan K. 2009. "The Anatomy of Financial and Economic Crisis." retrieve from http://marxismocritico.files.wordpress.com/2012/02/anatfineconcrisesrev.pdf

Freedman, George. 2014.3.8. "U.S. Defense Policy in the Wake of the Ukrainian Affair." *Stratfor.* Geopolitical Weekly. retrieve from http://www.stratfor.com/weekly/us-defense-policy-wake-ukrainian-affair#axzz3OhwWiF7w

_____. 2015.1.20. "The European Union, Nationalism and the Crisis of Europe." *Stratfor.* Geopolitical Weekly. retrieve from https://www.stratfor.com/weekly/european-union-nationalism-and-crisis-europe#axzz3PMtY6OsF

Global Europe Anticipation Bulletin(GEAB), 2014.3.16. "Global systemic crisis-escalation in the US reaction for survival: trigger a cold war to make it easier to annex Europe." *Public announcement GEAB,* No.83. retrieve from http://www.leap2020.eu/GEAB-N-83-is-available-Global-systemic-crisis-escalation-in-the-US-reaction-for-survival-trigger-a-cold-war-to-make-it_a15801.html

Gottesdiener, Laura. 2014.6.24. "America's Housing 'Recovery': Transforming 'Foreclosed Homes' Into Rental Empires. Private Equity Firms Drowning in Profits." *Global Research.* retrieve from http://www.globalresearch.ca/americas-housing-recovery-transforming-foreclosed-homes-into-rental-empires-private-equity-firms-drowning-in-profits/5388327

Johnstone, Diana. 2014.3.22. "Color Revolutions: Ukraine and Yugoslavia." *Global Research.* retrieve from http://www.globalresearch.ca/color-revolutions-ukraine-

and-yugoslavia/5374794

Korybko, Andrew. 2014.10.5. "The US Grand Strategy for Eurasia: Hong Kong's 'Umbrella Revolution' and Secessionist Politics in China." *Global Research.* retrieve from http://www.globalresearch.ca/the-us-grand-strategy-for-eurasia-the-umbrella-revolution-and-secessionist-political-contagion-in-china/5406379

Mandel, David. 2014.3.12. "Ukraine: 'Popular Uprising for Democracy' or 'Fascist Putsch'." *Global Research.* retrieve from http://www.globalresearch.ca/ukraine-popular-uprising-for-democracy-or-fascist-putsch/5373207

Marsden, Chris and Julie Hyland. 2014.4.7. "NATO's Aggression against Russia and the Danger of War in Europe." *Global Research.* retrieve from http://www.globalresearch.ca/natos-aggression-against-russia-and-the-danger-of-war-in-europe/5376957

Mészáros, István. 2008. *The Challenge and Burden of Historical Time.* New York: Monthly Review Press.

Roberts, Paul Craig and David Kranzler. 2014.1.18. "Naked Gold Shorts: The Inside Story of Gold Price Manipulation." *Global Research.* retrieve from http://www.globalresearch.ca/naked-gold-shorts-the-inside-story-of-gold-price-manipulation/5365360.

_____. 2014.8.11. "The De-industrialization of America: 'The True U.S. Rate of Unemployment is 23.2%'." *Global Research.* retrieve from http://www.globalresearch.ca/the-de-industrialization-of-america/5395635

Snyder, Michael . 2013.4.30. "Will The New Housing Bubble That Bernanke Is Creating End As Badly As The Last One Did?" The Economic Collapse Blog. retrieve from http://theeconomiccollapseblog.com/archives/will-the-new-housing-bubble-that-bernanke-is-creating-end-as-badly-as-the-last-one-did

_____. 2014.5.27. "The Size of the Derivatives Bubble Hanging Over the Global Economy Hits a Record High." *Global Research.* retrieve from http://www.globalresearch.ca/the-size-of-the-derivatives-bubble-hanging-over-the-global-economy-hits-a-record-high/5384096

찾아보기

용어

지은이

박승호

현재 경상대학교와 성공회대학교 정치경제학 강사이다. 서울대학교에
서 경제학 박사학위를 받았다. 전태일을 따르는 민주노동연구소 소장을
지냈으며, 자본주의 비판과 대안사회로서 21세기 사회주의에 대해 연구
하고 있다. 주요 저서로는『박정희 체제의 성립과 전개 및 몰락』(2007,
공저),『좌파 현대자본주의론의 비판적 재구성』(2판, 2015) 등이 있다.

이 책에 나오는 한울의 책

좌파 현대자본주의론의 비판적 재구성(2판)

박승호 지음/ 668면

저자의 문제의식은 마르크스 이후 마르크스주의의 교조화에 따른 불모성과 경제주의에서 오는 협소함, 그리고 현대 좌파이론의 패배주의와 전망의 부재를 극복하는 것이다. 이를 위해 저자는 마르크스의 초기 저작들에 근거해 마르크스의 인간해방사상과 역사유물론을 복원시키려는 대담한 시도를 한다. 특히 정통좌파에 의해 부정되었던 마르크스 초기의 '인간주의'를 재평가한다. 또 제2차 세계대전 이후 케인스주의적 자본주의의 등장 및 1970년대를 전후한 몰락과 신자유주의적 자본주의의 등장이 세계적 차원에서의 계급투쟁에 의해 구성되었음을 해명함으로써 역사유물론을 현대적으로 복원시킨다. 11년 만에 나온 이번 2판에서는 마르크스의 프랑스어 판『자본론』을 참고해 기존에 있던 오류를 바로 잡았다.

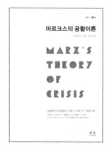

마르크스의 공황이론

사이먼 클라크 지음/ 장시복 옮김/ 384면

이 책은 마르크스와 마르크스주의의 공황이론이 내놓은 다양한 논점을 부각시키며 마르크스 공황이론의 형성사를 추적하고 있다. 마르크스의 공황 논의를 원전에 근거를 두고 시기별로 추적하며 분석하고, 마르크스 이후 마르크스주의에서 벌어진 논쟁이 어떻게 발전해왔는지를 해명한다. 또한 이윤의 생산과 취득을 목적으로 하는 자본주의 사회형태에서 공황이 발생할 수밖에 없는 근본 이유를 명확하게 해명하고, 마르크스와 마르크스주의의 공황이론이 현대적으로 어떻게 수용되었는가를 제시하고 있다. 따라서 이론의 발전과정에서 마르크스와 마르크스주의의 공황이론이 가진 고유한 특징을 이해하려는 독자들에게 이 책은 훌륭한 길잡이가 될 것이다.

자본주의 생산의 실패
세계대침체의 원인

앤드루 클라이먼 지음/ 정성진·하태규 옮김/ 352면

이 책은 저자의 독자적인 마르크스 가치론 해석인 '시점 간 단일체계 해석(TSS)'의 관점에서 마르크스의 이윤율 저하 경향의 법칙을 재해석하고, 이 경우 이윤율 공식의 분모인 자본스톡을 현재비용이 아닌 역사적 비용으로 측정해야 함을 논증한다. 세계 경제위기의 원인으로 다른 진보좌파 경제학자들이 주목하는 금융화나 과소소비가 실제로는 이윤율의 장기적 저하에 대한 대응 혹은 결과였음을 보이고, 따라서 금융개혁이나 복지국가 재건 같은 자본주의 개혁은 현재 세계 경제위기에 대한 근본적 해결책이 될 수 없다고 주장한다. 즉, 사회주의 혁명 없이는, 혹은 1930년대 대공황 수준의 자본가치의 전면적인 파괴 없이는 현재 세계 경제위기를 극복할 수 없다는 것이 저자의 결론이다.

제3차 세계대전 시나리오
다가오는 이란 전쟁과 그 위험

미셸 초스도프스키 지음/
박찬식 옮김/ 172면

이 책의 저자인 초스도프스키는 지난 1998년 『빈곤의 세계화』라는 책으로 우리에게 IMF 사태의 본질을 이해하는 데 도움을 준 바 있다. 이란과의 전쟁의 위험이 눈앞에 펼쳐지고 있는 지금, 저자는 이 책을 통해 이란 전쟁의 실체와 그 위험을 폭로하고 있다. 누구를 위한 전쟁인지, 미디어가 어떤 허위 정보를 유포하고 있는지, 미국과 나토의 전략은 무엇인지 등등 제3차 세계대전으로 비화될 수 있는 이란 전쟁의 시나리오를 예상하며, 어떻게 하면 전쟁의 흐름을 반전시킬 수 있을지 조목조목 집어내고 있다. 현 사태를 다각도로 분석하여 파악하며, 논리적 근거와 판단에 비추어 이유 있는 비판을 가하는 저자의 역량이 돋보인다.

21세기 사회주의

이스트번 메자로스 지음/ 전태일을 따르는 민주노동연구소 옮김/ 216면

소련의 붕괴를 전후해 마르크스주의 학자들은 대부분 마르크스주의와 사회주의를 버리고 자본주의에 투항해 사회민주주의 수준으로 후퇴했다. 이런 대세와는 반대로, 이 책의 저자는 자본주의의 내적 모순에 대한 과학적 분석을 토대로 세계자본주의가 구조적 위기에 직면해 있고 이로 인해 제3차 세계대전과 같은 세계적 차원의 전쟁으로 나아감으로써 인류를 파멸로 몰아갈 것이라고 경고했다. 다른 한편 소련의 내부 파열에 대한 분석을 토대로 20세기 사회주의의 오류와 한계를 비판적으로 성찰함으로써 자본주의에 대한 대안으로서의 사회주의를 '21세기 사회주의'로 복원해냈다.

위기, 왜 발발했으며 어떻게 극복할 것인가?

미셸 아글리에타 지음/ 서익진 옮김/ 128면

이 책은 2008년 금융위기에 관한 '10+1'가지 핵심 질문을 제기하고 거기에 답하는 형식으로 구성되어 있다. 저자는 이 미증유의 글로벌 금융위기가 어떻게 발생해 전개되어왔는지를 해명하고, 이를 극복하려면 어떤 조치를 취해야 하는지, 나아가 위기의 재발을 방지하기 위한 개혁안을 제시한다. 2008년 금융위기에 관해 대다수가 금융기관들의 탐욕스런 행동, 보험사나 신용평가회사의 이기적인 협력, 나아가 국내 및 국제 감독기관의 무능과 나태 등을 강조했다. 하지만 저자는 이런 금융 행태의 측면과 제도로서의 시스템 측면을 구별하고 동시에 양자를 결합적으로 다룸으로써 현 위기에 관한 종합적인 이해를 할 수 있게 한다.

한울아카데미 1807

21세기 대공황의 시대
다시 등장하는 파시즘과 제국주의 침략전쟁에 맞서기 위하여

ⓒ 박승호, 2015

지은이 박승호
펴낸이 김종수
펴낸곳 도서출판 한울
편집책임 이교혜
편집 양혜영

초판 1쇄 인쇄 2015년 7월 16일
초판 1쇄 발행 2015년 7월 24일

주소 413-120 경기도 파주시 광인사길 153 한울시소빌딩 3층
전화 031-955-0655
팩스 031-955-0656
홈페이지 www.hanulbooks.co.kr
메일 hanul@hanulbooks.co.kr
등록번호 제406-2003-000051호

Printed in Korea.
ISBN 978-89-460-5807-1 93330